장애인 포용사회로 가는 길

장애인문학론

장애인 포용사회로 가는 길

장애인문학론

Introduction to literature of the Disabled

초판 인쇄 2019년 6월 1일
초판 발행 2019년 6월 1일

지은이 방귀희
발행인 방귀희
펴낸곳 도서출판 솟대
등 록 1991년 4월 29일
주 소 서울시 금천구 서부샛길606 대성지식산업센터 B동 2506-2호
전 화 (02)861-8848
팩 스 (02)861-8849
홈주소 www.emiji.net
이메일 klah1990@daum.net
제작·판매 연인M&B (02-455-3987)

정가 25,000원

ISBN 978-89-85863-74-2 (93300)

장애인 포용사회로 가는 길

장애인문학론

Introduction to literature of the Disabled

방귀희 지음

도서출판 솟대

| 머리말 |

장애인 포용사회, 문학이 길이다

「장애인문학론」을 출간하게 될 줄 몰랐다. 그동안 장애인예술의 한 부분으로 언급되어 왔기 때문이다. 하지만 필자는 장애인문학이 더 친근하다. 내가 장애를 가진 글 쓰는 사람이고, 25년 동안 무려 100호의 장애인문학지 『솟대문학』을 만들었기 때문이다.

나에게 『솟대문학』은 희망이자 분신이다. 『솟대문학』으로 나는 자존감을 가질 수 있었다. 『솟대문학』을 스탠퍼드대학교 도서관에서 구입해 갔을 때 너무나 자랑스러웠다. 온갖 설움을 받던 초라한 문예지를 명문대학교에서 교육자료로 사용한다는 것은 최고의 영광이다.

얼마 전 장애와문학학회가 창립되었으니 우리나라에서도 장애인문학에 대한 연구가 활발히 이루어질 것이다. 한 가지 바람이 있다면 독자문예운동이 일어났으면 하는 것이다. 독자들이 장애인문학에 관심을 갖고 장애인문학을 읽으며 그 담론을 형성해 가는 것이다. 독자문예운동이 얼마나 중요한가는 2017년 12월에 출간된 「회색인간」의 사례에서 잘 알 수 있다. 김동식 작가는 10년 동안 공장에서 노동하며 머릿속으로 수없이 떠올렸던 이야기들을 2016년부터 거의 매일 인터넷 커뮤니티 공포게시판 '오늘의 유머' 에 올린 것이 300여 편이 넘자 출판을 권유하는 사람이 있었다.

김동식 자신은 책으로 낼 생각을 하지 못하였지만 그 말에 도전을 하게 되었는데 선뜻 출간을 하겠다는 출판사가 없어서 속앓이를 하다가 어렵게 책이 출판되었는데 책이 나오자마자 '오늘의 유머' 회원들이 구매하고 댓글도 달고 입소문을 내어 베스트셀러로 만들었다.

그는 2018년 한 해 동안 무려 6권의 책을 출간하며 전업작가가 되었다. 김동식을 작가로 만든 것은 바로 독자라는 점에 주목해야 한다. 우리 장애인문학을 성장시킬 수 있는 사람도 독자들이다. 장애인문학을 외면하지 말고 적극적인 독서 운동으로 열악한 환경 속에서 글을 쓰고 있는 장애문인들에게 힘이 되어 주었으면 한다.

우리나라 장애인문학을 정리하면서 故 구상 선생님과 오진권 대표님 두 분의 도움이 없었더라면 장애인문학이 형성되지 못했을 것이란 사실을 더욱 가슴 깊이 받아들이게 되었다. 장애인문학을 위해 애써 주신 분이 어찌 두 분뿐이겠는가. 시인 김초혜 선생님, 소설가 조정래 선생님, 대학에 계셨던 김재홍, 김종회, 김삼주 교수님, 『솟대문학』 편집부에서 함께 고생해 준 시인 김종태, 정승재 교수님 그리고 『솟대문학』의 가치를 인정해 주신 LS 구자홍 회장님 등 정말 많은 분들의 사랑으로 『솟대문학』 100호의 기적이 일어날 수 있었다. 이 지면을 빌어

『솟대문학』과 함께했던 모든 분들께 머리 숙여 감사를 드린다.

「장애인예술론」에 이어 「장애인문학론」까지 세상에 내놓고 나니, 내가 해야 할 일을 다 한 것 같아서 마음이 홀가분하다. 내가 이 세상을 떠난 후에도 이 두 권의 책이 방귀희의 정체성으로 남을 것을 기대하면서 행복을 느낀다.

「장애인문학론」은 장애인예술의 각론(各論)이기도 하지만 문학을 통해 장애인관을 탐색하고 설명한 장애인식론이기도 하다. 장애인복지 제도는 양적으로 발전했지만 장애인 당사자들이 여전히 사회적 배제를 경험하고 있는 것은 우리나라의 장애인 인식이 선진화되지 못하였고 장애인지감수성이 미성숙한 상태이기 때문이다. 장애인지감수성을 높이기 위하여 장애인식론이 대학을 비롯한 모든 교육과정에 개설되어 교육을 시켜야 우리 사회에서 가장 비합리적 현상인 장애인 차별을 해소하여 진정한 장애인 포용사회를 이룰 수 있을 것이다.

2019년 5월

방귀희

차례

표

제1장

장애인문학

3.1 독립선언문

우리 조선은 이에 우리 조선이 독립한 나라임과 조선 사람이 자주적인 민족임을 선언하노라. 이로써 세계 모든 나라에 알려 인류가 평등하다는 큰 뜻을 똑똑히 밝히며, 이로써 자손 만대에 일러, 민족의 독자적 생존의 정당한 권리를 영원히 누리도록 하노라.

제1장 장애인문학

예술은 인간의 부족함을 보충해 주기 위한 도구인데 가장 먼저 사용하는 도구가 문학이다. 문학의 주제는 어떻게 사랑하며 사는가인데 인간적인 사랑이 인간의 아픔을 보듬어 주며 함께 살아가게 만드는 기제가 된다. 문학은 궁극적으로 인간이 진정 사람답게 제대로 살아가도록 인간을 지키는 것이 목적이기 때문에 장애인문학은 장애인이 진정 사람답게 제대로 살아가도록 장애인을 지키기 위해 존재한다. 문학의 이런 속성으로 장애인문학이 탄생한 것이다.

우리나라의 장애인문학은 장애인복지가 틀을 갖추기 시작한 1980년 초부터 그 존재가 드러나지만 장애인복지 초기라서 장애인의 생명권 보장을 위한 서비스 위주의 정책에 우선순위를 둘 수밖에 없는 상황이라서 장애인문학은 뒷순위로 밀릴 수밖에 없었다. 한국의 장애인문학은 1990년 12월 장애문인에 의해 태동되었고, 1991년 장애인문학지 『솟대문학』을 창간하여 단 한 번의 결간 없이 25년 동안 꾸준히 발간해 오면서 3회 추천 제도와 솟대문학상(故 원로 시인 구상 선생님 2억 원 상금 쾌척으로 2005년부터 구상솟대문학상으로 개칭) 시상으로 역량 있는 160여 명의 장애문인을 배출하였다. 『솟대문학』 100호 발간은 국내 문단은 물론 해외에서도 그 가치를 인정하여 2016년 3월 미국 스탠퍼드대학교 도서관에 비치되어 한국장애인문학이 국제사회에 소개되었다.

2015년 겨울 100호를 마지막으로 『솟대문학』이 폐간된 것은 문화계 블랙리스트라는 불행한 권력 횡포 때문이었지만 장애문인들은 이에 굴하지 않고 2017년 가을 『솟대문학』의 가치를 드높이기 위하여 국내 최초로 평론 기능을 갖춘 장애인문학 평론지 『솟대평론』을 창간하여 본격적인 장애인문학에 대한 담론을 형성하고 있다.

1. 장애인문학의 의미

지금도 장애인문학에 대한 용어의 문제는 논란이 되고 있다. 그 누구도 결론을 내리지 못하는 가운데 『솟대문학』에 실린 글을 통해 정리를 해 보는 수준으로 장애인문학을 정의하고자 한다. 시인 김홍열은 '장애인문학의 위상과 발전방향' (『솟대문학』, 창간호)을 통해 장애인문학이라고 구분지어 말하는 것에 대해 주저하지 않을 수 없다고 전제하면서 여류 시인, 여류 소설가라고 불리우는 것이 못마땅하다는 여성작가들의 주장에 동의하기 때문이라고 이유를 밝혔다.

장애인문학도 마찬가지다. 장애인이 썼기 때문에 장애인문학이라고 이름 붙이는 것이 아니라 장애인이든 비장애인이든 모든 인간은 평등하다는 이념으로 장애인이 주체적으로 장애인의 삶을 문학을 통해 표출하고 있다면 여성문학과 같은 차원에서 논의될 수 있을 것이다. 장애인문학은 장애를 가진 문인들 사이에서 자생적으로 형성된 것이라는데 의미가 있다. 문학에 장애인이라는 구획을 그어 버린 것은 스스로에게 장애라는 올가미를 씌우는 것일 수도 있지만 그럼에도 불구하고 장애인문학을 표방한 것은 문학에 목말라하는 장애문인들이 창작 활동을 가로막는 장벽을 허물기 위하여 정체성을 드러낸 하나의 외침이었다.

문학이야말로 장애에 대하여 자유로운데 문학도 제도권 안에 있는지라 충족시켜야 할 조건이 있고, 장애문인은 장애 때문에 그 조건을 충족시키지 못하여 제도권 안으로 진입하지 못하고 있다. 하지만 문학을 포기할 수 없는 장애문인들이 모여 1991년 봄호를 창간호로 장애인문학지 『솟대문학』을 발간하기 시작하여 2015년 겨울 통권 100호 기록을 세웠다. 『솟대문학』 25년 동안의 활동으로 장애인문학이 문학의 한 장르로 형성되었다.

그렇다고 장애인문학이 장애인이 쓴 문학작품만을 의미한다고 한정지어서는 안 된다. 장애를 소재나 주제로 장애인이 등장하는 문학작품도 장애인문학으로 보아야 한다. 따라서 장애인문학은 아주 폭넓은 문학이다. 제4회 솟대문학 신인상을 수상한 이현준은 '장애인문학은 장애문학이 아니다' (『솟대문학』, 창간호)에서 이렇게 주장하였다. 이 명제의 의미는 두 가지 측면에서 살펴볼 필요가 있다. 장애인문학은 포괄적인 개념이고, 장애문학은 구체적인 개념이라고 할 수 있다. 즉 장애인문학은 장애문인이 하고 있는 문학 일반을 가리키고, 장애문학은 문학의 한 범주로서의 문학을 가리킨다. 그런데 장애문학의 또 다른 의미는 주류문학과는 동떨어진 문학, 결핍의 문학, 함량 미달의 문학이란 인식 때문에 문학에 장애라는 수식어가 붙는 것을 매우 경계하였다.

장애인문학이라는 용어는 국어사전에도 문학대백과사전에도, 그 어느 곳에도 실려 있지 않다. 한국문학에 있어서 장애인문학은 아직은 사생아이다. 세계 그 어느 나라에서도 장애인문학을 정의해 놓지 않았지만 장애인예술에 대한 정의는 있다. 영국예술위원회에서 정의한 장애인예술(Disability Arts)은 장애인의 문화와 개성, 장애의 정치적 체험, 장애와 구체적으로 연관된 예술 내부에서 생산된 작업 등을 반영하는 장애인에 의해서 생산된 예술 작품이고, 예술에 장애인의 참여를 지원해 주는 과정이라고 정의하고 있다.

이와 같은 장애인예술의 정의에 의하면 장애인문학은 장애인의 문화와 개성을 통해 장애인에 의해 생산된 문학작품이라고 할 수 있지만 문학은 미술이나 음악, 무용 등의 예술 장르와는 달리 사상이나 이념을 주제로 창작을 할 수 있기에 창작의 주체만으로 정의를 내리는 것은 합리적이지 않다.

2. 장애인문학 실태

1980년대 신문 등 언론 매체를 통해 장애인이 책을 출간했다는 소식이 간간히 소개되었다. 장애가 심해서 정규교육을 한 번도 받아 본 적이 없는 강동석 씨가 장편소설을 썼다든지, 고등학교 2학년 때 추락 사고로 전신마비 장애를 갖게 된 김옥진 씨가 「산골소녀 옥진이 시집」을 출간한 것은 큰 화제가 되었다. 그 밖에도 뇌성마비 소설가 김재찬 씨가 1987년 『문학정신』 장편소설 공모에 당선되었고, 지체장애인 강종필 씨가 1990년 동아일보 신춘문예 희곡 부문 당선 소식이 들렸다. 1991년 김래성 추리문학상 수상자 이승영 씨가 근육병 장애인이라는 것이 알려지면서 장애인문학 활동의 가능성을 보여 주었다.

장애인문학이 본격적으로 수면 위로 드러난 것은 1990년 12월 7일 한국장애인문인협회가 창립되면서부터이고 1991년 봄 장애인문학을 표방한 『솟대문학』이 창간되면서 장애인문학의 탄생을 공식화하였고, 『솟대문학』 100호 발간으로 장애인문학이란 장르가 구축되었다. 장애인문학의 발전은 장애인문학 도서의 양적 확대에서도 잘 나타난다. 1993년 『솟대문학』 통권 9호에 장애문인이 출간한 작품 분석을 보면 『솟대문학』에서 수집한 장애인 도서가 130권이었는데, 2015년 12월 국립중앙도서관에 필자가 기증한 장애인문학 도서가 2천여 권에 이르고 보면 장애문인의 작품 활동이 매우 활발해졌다는 것을 알 수 있다.

도서를 통한 데뷔 이외에 문학상을 통한 등단도 활발하다. 『솟대문학』 통권 100호에 의하면 『솟대문학』에서 제정한 구상솟대문학상으로 배출된 작가는 160여 명이고, 대한민국장애인문학상은 371명(2015년까지), 신춘문예 12명, 기타 104명으로 장애문인의 집단이 형성되었다. 이를 바탕으로 장애인문학의 장르별 활동 실태를 살펴보기 위하여 가장 작가층이 얇은 소설을 분석해 보면 장애인문학 도서 색인(국립중앙도서관, 2015)에서 소설 부문은 단행본 1,323권 가운데 164권인데 여기에는 장편동화가 포함돼 있고 소설은 100여 권에 지나지 않아 7.6% 수준이다. 164권이 45명의 작가에 의해 집필된 것이고 보면 1명의 작가가 3.6권을 쓴 것이 된다.

소설로 구상솟대문학상을 수상한 소설가는 160명 가운데 7명으로 4%에 지나지 않았고, 대한민국장애인문학상은 25년 동안 83명의 소설가가 당선되어 전체 당선자의 22%를 차지하지만 응모 수에서 보면 2015년의 경우 총 응모 수 317편 가운데 소설은 22편으로 7%에 머물렀다. 일반 공모에서도 이 현상은 그대로 나타난다. 신춘문예나 문예지를 통해 데뷔한 장애문인 가운데 소설가는 17명(15%)뿐이다. 이를 통해 장애인문학의 90%가 시 장르에 편중되어 있다는 것을 알 수 있다.

장애문인들이 주요 문학상에 진입하고 있는 것도 큰 변화이다. 2015년 세계일보에서 주최하는 1억 원 고료 세계문학상에서 대상을 차지한 김근우 씨는 양 목발을 사용하는 장애인이다. 등하교가 힘들어 중학교 2학년 때 자퇴하고 책을 읽으며 글쓰기 공부를 하여 17세 때 PC통신에 〈바람의 마도사〉를 연재하며 작가의 길에 들어섰다. 당선작 〈고양이를 잡아먹는 오리〉는 심사위원들로부터 극찬을 받은 수작이다.

그런데 장애인문학은 2015년 겨울 두 가지 비극적 상황에 직면하였다. 경제적인 문제로 『솟대문학』이 100호로 폐간이 되었고, 대한민국장애인문학상·미술대전도 주최 기관인 한국장애인개발원에서 사업 종료를 결정하여 장애인문학이 위기를 맞이하였다. 다행히 대한민국장애인문학상·미술대전은 2016년부터 (사)한국장애인문화예술단체총연합회에서 문화관광부 후원으로 이어가고 있다. 〈tip1〉

『솟대문학』 역시 2년만인 2017년 장애인문학의 가치를 평가하는 평론지 『솟대평론』으로 창간되어 장애인문학에 대한 활발한 담론이 형성될 수 있는 토양이 마련되었다.

대한민국장애인문학상 시상 내용 변천

- 1991년 제1회 곰두리문학상 제정하여 장편소설, 단편소설, 시, 아동문학 4개 부문에서 공모
- 1998년 제8회 대한민국장애인문학상으로 명칭 변경하였으며 장편소설 분야 제외 수필 부문 신설
- 2003년 제13회 단편소설, 시, 아동문학, 수필 4개 분야에서 당선작 상금이 단편소설 300만 원, 시 150만 원, 아동문학 100만 원, 수필 100만 원이며 가작 상금은 당선작의 50%으로 시상되던 것이 지금까지 동결
- 2008년~2010년 제18회~제20회 전체 대상 1명에 상금 1천만 원
- 2011년~2016년 제21회~제26회 운문, 산문 부문별 1명씩 상금 각 500만 원 (보건복지부, 문화체육관광부 장관상 수여)
- 2017년부터 전체 대상 1명 상금 500만 원으로 상금 예산 축소

문학상 상금은 일반적으로 아래와 같다.

신춘문예
• 시(3편 이상) 500만 원
• 시조 · 동시(각 3편 이상) 각 300만 원
• 단편소설(원고지 80장 안팎) 700만 원
• 동화(원고지 25장 안팎) 300만 원
• 희곡(원고지 80장 안팎) 300만 원
• 문학 · 미술평론(원고지 각 70장 안팎) 각 300만 원

문예지 신인상
• 모집 부문: 중 · 단편소설 2편, 시 5편, 평론 1편 이상
• 원고 분량: 소설 부문 200자 원고지 각 80장에서 200장 사이
• 상금: 소설 1,000만 원/시 · 평론 500만 원

문예지 소설상
• 원고 분량: 200자 원고지 500장 이상
• 상금: 5천만 원

장편소설 공모전 상금이 많게는 1억 원으로 작가의 작품에 대한 보상을 하고 있으나 장애인문학 상금은 소설 상금이 300만 원으로 30년 동안 증액이 되지 않고 있는 것은 장애인문학에 대한 혹독한 냉대이다.

3. 장애인문학론

여성문학은 여성 이야기를 적극적으로 다루었지만 장애인문학은 장애인의 삶을 소재로 하지 않는 경향이 있다. 왜 장애인작가들은 장애인 이야기를 쓰지 않는 것일까? 그것은 장애인 이야기가 독자들에게 외면당하기 때문이다. 작가가 창작 활동을 하는 이유는 좋은 작품으로 평가받고, 독자들의 사랑을 받고 싶어서인데 장애인 이야기를 쓰면 독자들은 재미없다 하고, 평론가들은 장애인작가는 소재가 빈약하다고 평하기에 작가 스스로 장애인 이야기를 기피하고 있는 것이다.

그리고 작가가 아무리 열심히 집필을 해도 출판사에서 책으로 만들어 주어야 세상 밖으로 나올 수 있기 때문에 작가가 소신을 갖고 장애인문제를 다룬 작품을 쓸 수 없다. 장애인문학작품이 어렵게 책으로 출간이 된다 해도 대부분 소자본 출판사여서 마케팅 실패로 책이 독자에게 다가가지 못하고 폐기 처분되곤 한다. 거대 출판사가 자본을 앞세워 이름 있는 작가의 기획된 작품을 책으로 제작하여 조직적으로 홍보 및 판촉을 실시하여 문학 시장을 석권하고 있는 것은 다 알려진 사실인데 이런 문학 권력 속에서 장애인문학은 경쟁력을 잃고 소외되고 있는 것이 현실이다.

1) 시 부문

장애인문학은 그 정체성을 분명히 했을 때 문학적 미학이 드러난다. 장애인문학만의 특징이 있는데 그것은 장애문인이 아니면 도저히 상징화할 수 없는 은유이다. 장애인문학의 진수를 보여 주는 작품에는 장애를 드러내는 경우와 장애를 전혀 드러내지 않는 경우 두 가지 유형이 있다. 먼저 장애를 드러낸 시이다.

나는 열 개의 눈동자를 가졌다
손병걸[1)]

직접 보지 않으면
믿지 않고 살아왔다
시력을 잃어버린 순간까지
두 눈동자를 굴렸다

---

1) 손병걸: 남, 1967년생, 시각장애, 경희사이버대학교 대학원 미디어문예창작학과 졸업(문학 석사). 부산일보 신춘문예(2005), 구상솟대문학상 대상(2006), 대한민국장애인문학상 우수상(2008), 대한민국장애인문화예술대상 국무총리상(2011) 중봉조헌문학상 대상(2013) 등. 시집 「나는 열 개의 눈동자를 가졌다」, 「푸른 신호등」, 「통증을 켜다」.

눈동자는 쪼그라들어 가고
부딪히고 넘어질 때마다
두 손으로
바닥을 더듬었는데
짓무른 손가락 끝에서
뜬금없이 열리는 눈동자

그즈음 나는
확인하지 않아도 믿는
여유를 배웠다

스치기만 하여도 환해지는
열 개의 눈동자를 떴다.

시 제목 〈나는 열 개의 눈동자를 가졌다〉를 보고 시각장애를 떠올리는 사람은 거의 없을 것이다. 심미안을 가졌다거나 감시를 받고 있다거나 아니면 미래의 인간상 등 추상적인 해석을 한다. 하지만 시를 한 연 한 연 읽어 내려가면서 중도에 실명을 한 사람들이 어떻게 세상에 적응하며 눈 뜬 사람들과 똑같이 살아갈 수 있는지를 아주 선명하게 보여 주고 있다. 사람들은 직접 보지 않으면 믿지 않는다. 우리 사회가 얼마나 불신으로 가득 차있는지를 잘 말해 준다. 증거를 들이대지 않으면 받아들이지 않는다. 사람을 믿는다는 것은 바보짓이라고 생각한다.

시인은 시력을 잃게 되었을 때 보지 않으면 믿을 수 없는 사회에서 살 길이 막막하였을 것이다. 무엇이 진짜인지 찾기 위하여 이리저리 눈동자를 굴리며 살다가 눈동자에서 빛이 사라지자 더 이상의 역할을 할 수 없게 된 눈동자는 쪼그라들어갔다. 앞을 볼 수 없게 된 시인은 볼 수 있었을 때는 잘도 피해 가던 조그마한 장벽에도 번번이 부딪혀 넘어졌다. 시인은 그럴 때마다 두 손을 벌려 바닥을 더듬었다. 얼마나 많이 더듬었던지 손가락이 짓물렀는데 어느 날 시인은 그 손가락 끝에서 새로운 빛이 느껴졌다. 드디어 손끝으로 세상을 보는 방법을 터득한 것이다.

그것을 시인은 뜬금없이 열리는 눈동자라고 표현하였다. 중도에 장애를 갖게 되면 살 수 없을 것 같아서 죽을 생각만 하게 되지만 얼마가 지나면 적응을 해서 언제 그랬느냐는 듯이 살게 되는 것이 인간이다. 시인은 장애 때문에 잃은 것보다는 장애 때문에 얻은 것이 더 많다는 것을 알려 준다. 바로 확인하지 않아도 믿는 여유가 생긴 것을 고백하였다. 시인은 두 눈을 잃은 것이 아니라 열 개의 눈동자를 얻은 것이다. 이것이 바로 장애인문학의 가치이다.

다음은 장애를 드러내지 않은 시이다.

내가 어둠이라면 당신은 별입니다

김대원[2)]

내가 수라면
당신은 수틀이예요

나는 아름다울 수 있지만
당신 없인 안 돼요

내가 어둠이라면
당신은 별입니다

당신은 빛날 수 있지만
당신은 나 없이는 못해요

2) 김대원: 남, 1969년생, 전신마비, 『시대문학』 추천(2000), 구상솟대문학상 수상(2017), 시집 「혼자라고 느껴질 땐 창 밖 어둠을 봅니다」, 「밤하늘이 있기에 별들은 더욱 아름답습니다」, 「즐거운 무대」, 「아주 작은 행복에 대하여」, 「그날을 위해」, 「그 별 가까운 곳에」, 「조금씩 비우다 보면」, 「내가 어둠이라면 당신은 별입니다」

우리는 따로 떨어져서는
아름다울 수 없습니다.

김대원 시인의 시 〈내가 어둠이라면 당신은 별입니다〉는 서정시이다. 수놓은 듯이 아름답다는 표현을 하듯이 수(繡)는 아름답다. 그 아름다운 존재는 시인 자신이고 그 아름다움을 만들기 위해 꼭 필요한 수틀은 당신이다. 그런데 시인은 다음 연에서 자신을 어둠이라고 고백한다. 그러면서 수틀이던 당신을 별이라고 한다. 별은 수보다 더 아름다운 빛을 발하는 동경의 대상이고 보면 대단한 반전이다.

하지만 시인은 곧 당신은 나 없이는 빛날 수 없다고 하며 어둠인 내가 얼마나 필요한 존재인지를 인식시키고 있다. 자신을 아름다운 수에 비유했다. 정반대로 어둠이라고 한 김대원 시인은 초등학교 3학년 때 발병한 희귀병으로 전신마비 장애에다 언어장애까지 갖고 있는 중증장애인이다. 30년째 집안에서 세상과 단절된 채 살아가고 있지만 서정적인 시로 사람들과 순수한 소통을 하고 있다.

시인이 장애라는 정체성을 아름다운 수와 그 반대 개념인 어둠에 비유한 것은 절대적인 가치란 없고 모든 것이 상대적이며 인간은 혼자서는 살 수 없고 서로 도와야 비로소 아름다움을 발산할 수 있다는 것을 일깨워 주고 있다.

얼핏 보면 이루어질 수 없는 애틋한 사랑을 노래한 것 같은 이 시는 알고 보면 우리 사회를 향해 장애인에 대한 차별이 얼마나 큰 모순인가를 부르짖는 저항시이다. 불의와 맞서기 위해 혹은 자신의 요구를 관철시키기 위해 투쟁적인 언어들을 사용한 투쟁시와는 다르기에 곧바로 가슴을 치는 펀치력은 없지만 되짚어 볼수록 마음에 울림을 준다.

나는 당신 없이는 안 되고 당신은 나 없이는 안 된다고 못박아 장애인이라고 무조건 폐를 끼치는 의존적인 존재가 아니고 장애인과 비장애인은 상반된 역할을 서로 바꿔 가며 하면서 공존하고 있는 동등한 관계에 있음을 천명하였다. 장애인, 비장애인이라는 구분이 얼마나 어리석은지를 깨닫게 해 준다.

이토록 가슴 시리도록 착한 저항시 〈내가 어둠이라면 당신은 별입니다〉는 장애인문학의 백미를 보여 주는 작품이다. 장애라는 단어 한마디 없지만 이 시가 장애인작가의 작품이기에 우리는 시어 한마디 한마디에 묻어 있는 장애에 대한 상징성을 발견할 수 있다. 그러면서 차별에 대한 저항을 완곡하게 표출해 내고 있고 차별을 극복할 수 있는 방법까지 제시하고 있다. 이 시를 제대로 이해하는 사람들이 많아진다면 장애인계에서 주창하는 장애해방에 기여할 것이고 장애 인식개선 효과가 극대화될 것이다.

'내가 어둠이라면 당신은 별입니다/당신은 빛날 수 있지만 당신은 나 없이는 못해요' 라고 시인은 장애인이 우리 사회에서 중요한 역할을 할 수 있도록 수틀 같은 제도를 만들어 줄 것을 당부하고 있다. 아름다운 수와 반짝이는 별을 많이 보기 위해서는 장애인복지라는 기반이 필요하다는 사실을 이렇게 서정적으로 표현할 수 있는 것이 장애인문학이기에 장애인문학에 대한 관심과 재평가가 필요하다.

2) 소설 부문

(1) 장애인소설가의 창작 활동 특징

장애인소설가가 수적으로 적은 상태이지만 장애인소설가가 문학에 미친 영향이 크기에 우리나라를 대표하는 장애인소설가 10명을 통해 그 특징을 분석하여 장애인소설가의 창작 활동에 영향을 주는 저해 요인을 탐색하였다.

신춘문예를 비롯한 각종 문학상 수상으로 데뷔한 소설가뿐만 아니라 신문 연재나 방송 집필까지 포함하여 10년 이상의 경력을 가진 장애인작가로 선정하였다. 25년 동안 『솟대문학』 100호를 발간하며 직접 만났거나 전화 통화로 오랜 시간 소통하며 모은 자료를 통해 분류한 장애인소설가 10인(人)의 인구사회학적 특징은 〈표1〉과 같다.

〈표1〉 연구 참여자(장애인소설가)의 인구사회학적 특징

특징 / 참여자	주력장르	성별	출생년도	장애 유형	등단유형	장애 원인	학력
강종필	추리	남	1960	지체장애	신춘문예	소아마비	–
고정욱	아동문학	남	1960	지체장애	신춘문예	소아마비	문학박사
김금철	소설	남	1954	지체장애	문학상	철도사고	–
김미선	소설	여	1955	지체장애	문학상	소아마비	문학사(국문학)
김재찬	소설	남	1958	지체장애	문학상	뇌성마비	–
김환철	무협	남	1956	지체장애	신문 연재	척수질환	–
우창수	희곡	남	1972	지체장애	방송 집필	뇌성마비	문학사(철학)
이용석	소설	남	1967	지체장애	문학상	소아마비	–
이승영	추리	남	1963	지체장애	문학상	근육병	–
주영숙	소설	여	1949	지체장애	문학상	소아마비	문학박사

–남성 작가가 80%이다.

소설을 남성이 더 잘 쓰기 때문일까? 절대로 그렇지 않다. 여성장애인은 남성장애인에 비해 사회에서는 물론 가정 내에서도 뭔가를 할 수 있는 여건이 안 될 정도로 많은 제약을 받고 있다는 반증이다.

–중증장애인이 압도적으로 많다.

보장구를 사용하지 않고 크게 표시나지 않게 걸을 수 있는 사람은 주영숙 작가 한 명뿐이고 나머지 9명은 모두 중증장애인이다. 그 이유는 장애가 심해서 사회활동이 어려운 상태에서 자신의 정체성을 찾기 위해 선택한 것이 문학이기 때문이다. 그래서 문학은 그들의 마지막 생명줄인 것이다.

–모두가 지체장애이다.

공교롭게도 장애인소설가 모두 지체장애인인 것은 지체장애인 수가 전체 장애인의 60% 이상 차지할 만큼 수적으로 많은 것도 이유가 되겠으나 그보다는 시각장애나 청각장애는 장애 특성상 방대한 작품을 구상하고 표현하는데 어려움이 있기 때문인 것으로 판단된다.

—작품 활동으로 경제적 문제를 해결하지 못한다.

작품 활동이 경제활동이 되는 작가는 고정욱, 김환철 단 2명에 불과하다. 활동을 중단했다고 볼 수 있는 작가도 6명이나 된다. 장애인소설가의 가장 큰 문제는 바로 이 경제활동인데 앞으로 개선될 것이란 기대를 할 수 없는 것은 연구 참여자의 평균 연령이 59세로 노화 현상이 심각하기 때문이다. 작가 연령층이 높다는 것은 이 분야가 경제활동을 담보해 주지 못해 젊은층에게 희망을 주지 못해서이다.

참여자의 학력은 학사가 2명, 박사가 2명으로 40%가 작가로서의 준비를 충실히 하였고, 그 장르도 순수소설 외에 추리, 무협, 희곡, 아동문학 등 다양성을 보이고 있어서 활동 영역이 모두 열려 있다는 것은 긍정적인 특성이다.

(2) 생애사 요약

연구 참여자 10명의 생애사를 문학적 측면에서 요약하여 한국장애인소설가의 삶을 들여다보고자 한다.

강종필

강종필은 소아마비로 휠체어를 사용하는 중증의 장애를 갖고 있고, 전라북도 무주라는 시골 환경은 그에게 정규교육의 기회를 주지 못하여 독학으로 공부를 하였다. 그가 공부하는 방식은 독서였는데 그것이 그를 문학으로 인도하였다. 그리하여 강종필은 27세에 1990년 동아일보 신춘문예 희곡 부문에 〈황금의 잔〉이 당선되어 그의 문학성을 인정받았고, 1993년에는 「도시의 유혹」으로 제9회 한국추리문학 신예상을 수상하여 추리문학계의 주목을 받게 된다.

그의 저서 「길이 시작되자 여행은 끝나다」, 「안개는 도시에 머물고」, 「삼각의 종점」, 「바그다드의 불꽃」, 「제4의 선택」, 「도시의 유혹」, 「황금골무 상·하」 등은 추리문학으로 많은 독자를 갖고 있다.

그를 세상 밖으로 나오게 한 신춘문예 작품 희곡 〈황금의 잔〉은 1990년 샘터 파랑새 극장에서 공연되는 등 작가로서의 입지를 굳히는 듯하였지만 치열한 문학생태계에서 버티지 못해 1996년 무협에 도전하였으나 새로운 분야를 개척하는데 어려움이 있어 크게 빛을 보지 못하였다. 현재는 건강이 좋지 않아서 작품 활동을 못하고 있다.

고정욱

고정욱은 소아마비로 1급 지체장애인이다. 그의 작품에 장애인이 자주 등장하는데 그것은 자신과 주위 사람들의 이야기를 주요 소재로 삼기 때문이다. 장애인들이 즐겁고 행복하게 살 수 있는 세상을 만들기 위해 그가 유일하게 할 수 있는 것이 글쓰기라고 생각하고 국문학을 전공했다. 대부분의 장애인들이 그렇듯 그도 어렸을 때에는 의사가 되는 것이 꿈이었지만 장애인은 의대는 물론 공대도 갈 수 없다는 사실을 알고 하늘이 무너지는 느낌이었지만 '신은 한쪽 문을 닫으면 다른 쪽 문을 열어 두신다.'는 헬렌 켈러의 말을 떠올리며 작가의 문을 열기로 한 것이다.

대학 시절 학보사에서 만화기자로 활동하면서 소설과 평론을 교내 현상공모에 출품하여 당선되면서 문학의 가능성을 확인하였다. 그 결과 1992년 대학원 박사과정 중 문화일보 신춘문예에 〈선험〉이라는 단편소설이 당선되면서 등단하였다. 소설「원균 그리고 원균」등을 펴내다가 장애인 아빠 때문에 의기소침해진 아들을 위해 1999년에 쓴 동화「아주 특별한 우리 형」이 그해 최고의 아동물 베스트셀러가 되었다. 뇌성마비 장애아를 주인공으로 한 작품으로 그가 처음 써 본 동화였는데 이 책 덕분에 그는 지금까지 장애인을 소재로 한 동화 창작에 주력하고 있다.

2003년 MBC-TV 프로그램 〈느낌표! 책책책 책을 읽읍시다〉 코너에「가방 들어주는 아이」가 선정되면서부터 대한민국 최정상급 아동문학 베스트셀러 작가라는 타이틀을 획득하였다. 그는 장르에 구애받지 않고 독자가 원하는 이야깃거리를 다양한 형식으로 보여 주려고 창작에 몰두한 덕분에 고정욱 출간 도서는 곧 300종 돌파를 앞두고 있다.

김금철

1973년 철도 공무원으로 철야 근무 중 전기기관차에 부딪히는 사고로 김금철은 열아홉의 나이에 목뼈 골절로 전신마비 장애를 가졌다. 당시 정년퇴직을 앞두고 있던 분소장은 무사고 정년퇴임을 위해 사고 보고를 미뤘고, 나중에는 관련 부처의 책임 떠넘기기로 다투는 바람에 그는 산업재해로 인정받지 못했다. 게다가 공무상 요양신청도 받아들여지지 않아서 본인 의사와 상관없이 직권면직 처분을 받았다. 남은 생을 누운 상태로 살아가야 한다는 것을 알게 된 그는 외부와의 접촉을 거부하고 혼자 방 안에 틀어박혀 극심한 공포와 신경쇠약에 빠져들었다. 여러 차례 극한 시도를 하기도 했지만 소설책을 읽으며 평정을 되찾게 된 그는 그 후 닥치는 대로 소설을 읽었다. 10년쯤 되었을 무렵 김금철은 배 위에 타자기를 올려놓고 소설을 쓰기 시작하였다.

전기사무소에 근무했던 경험을 소재로 쓴 작품 〈선로사고〉로 1989년 동양문학상 신인상을 받았고, 1991년 동양문학상 본상을 받아 소설가로 등단한 후 「허기와 성」, 「그대, 소망하는 것이라면」, 「키 작은 미국인」, 「여자가 없는 나라」 등의 단행본을 발간하였지만 책이 대중에게 많이 알려지지는 않았다.

김미선

경남 밀양이 고향인 김미선은 소아마비로 목발을 사용한다. 아이들의 아픔을 쓸어 주고 기다려 주는 국어 교사가 되는 것이 꿈이었고, 글을 쓰는 작가가 되고 싶어 국어국문학을 전공하고 교사가 되기 위한 준비를 열심히 하였다. 그러나 교사 임용고사에서 우수한 성적으로 합격하고도 교육공무원 신체검사에서 탈락되었다. 거제도에 있는 남자고등학교에서 일 년 남짓 임시 교사 시절을 보낸 것으로 만족하며 서울에 있는 장애인 이용시설인 정립회관에서 상담 교사로 근무하였다.

1994년에 『동서문학』 소설 부문 신인상으로 등단한 그녀는 한동안 작품에 열중하다가 닫힌 존재로서의 한계를 절감하고 장애인운동에 뛰어들어 인권운동을 하면서 '장애인차별금지법', 'UN장애인권리협약' 제정 과정에 참여하였다.

이후 소박한 개인으로 돌아와 동네 공부방에서 글쓰기 자원 교사를 하며, 작품 활동에 매진하고 있다. 작품으로는 『창작과 비평』에 발표된 〈눈이 내리네〉 외 중·단편 다수가 있고 단행본 「그녀가 사는 세상」, 「유일한에게 배우는 나눔」, 「눈이 내리네」, 「버스 드라이버」가 있는데 「버스 드라이버」는 2013년 상반기 우수문학도서로 선정된 작품이다. 그녀의 작품으로 장애인소설을 평론하는 논문이 두 편 발표되는 등 평론계에서 김미선을 주목하고 있다.

김재찬

김재찬은 1957년 충남 공주에서 태어난 소설가이다. 1987년 월간 『문학정신』 창간기념 장편소설공모에 〈비어 있는 오후〉로 당선된 김재찬이 뇌성마비 장애로 온몸을 비틀며 어눌한 발음으로 수상 소감을 밝히는 모습은 그 당시로서는 충격이었다. 1994년 한국일보 신춘문예에 단편소설 〈사막의 꿈〉이 당선되어 소설가로 입지를 굳혔고, 1997년 심훈문학상을 수상하는 영광을 안았다.

주요 작품으로 〈지붕 위의 호수〉, 〈處容의 暗號: 처용의 암호〉, 〈夢幻: 몽환의 하루〉, 〈붉은 섬〉, 〈벽화 속으로 가다〉, 〈바람이 있는 풍경〉, 〈지난 삶에의 추억은 묻지 마라〉, 〈옆집 여자가 죽었다〉, 〈그리운 독재자〉 등이 있으며, 대표작 「비어 있는 오후」 외에 「낯선 거리를 편식한다」, 「마침내, 다 이루었다」, 「남자는 어떻게 사랑을 하는가」, 「황홀한 모독」 등 다수 장편소설이 전자책으로 출간되어 디지털 공간에서 독자와 함께하고 있다.

김환철

김환철은 초등학교 4학년 때 척수염으로 수술을 받은 후 하반신마비 장애를 갖게 되었다. 지금 같으면 의료사고로 인정을 받을 수 있지만 50여 년 전에는 개인의 운명으로 받아들일 수밖에 없었다. 두 다리로 뛰어다니던 아이가 갑자기 꼼짝도 할 수 없게 되자 만화책에 빠져 살았고 청년기에는 무협지에 탐닉하며 작가의 꿈을 키웠다.

그는 필명 금강(金剛)으로 1981년 무협소설 「金劍驚魂: 금검경혼」을 발표하여 입문한 후 1983년 당시 금기시되던 중국 황궁을 배경으로 한 「絕代至尊: 절대지존」을 발표하여 공전의 히트를 쳤다. 일련의 風雲(풍운) 시리즈를 발표하면서 무협의 추리화를 선도하여 1987년에는 한국 창작무협사상 최초의 서점용 역사 무협소설 「渤海의 魂: 발해의 혼」을 출간하였는데 무협 최고의 판매부수를 기록하였다.

1996년 경향신문에 〈위대한 후예〉, 1999년 일간스포츠에 〈대풍운연의〉 연재로 무협을 대중화하는데 기여하였고, 2002년 소설 연재 사이트 GO!武林(무림)을 개설하였고, 2006년 문피아(MUNPIA)로 개명한 후 2012년 주식회사 문피아를 설립하였는데 웹소설의 유토피아 글세상 문피아는 국내 최대 웹소설 플랫폼으로 회원수 50만 명을 기록하고 있다. 문피아의 목표는 대한민국 스토리 콘텐츠의 오픈 마켓이 될 수 있도록 선순환 수익 모델로 작가를 보호하고, OSMU(One Souce Multi Uses)를 통한 다양한 콘텐츠 유통망을 확보하는 것이다. 더 넓은 세계로 나아가기 위해 영화, 드라마, 출간, 번역 작업을 국내 유수의 드라마 제작사, 웹툰업체와 함께하며 아마존을 통한 미주 진출과 중국으로의 수출 등을 이미 시작한 상태이다.

또한 2006년 한국대중문학작가협회를 창립하여 2015년 사단법인을 받아 문단의 새로운 파워를 갖게 되었으며 2010년 한국콘텐츠진흥원 부설 스토리창작센터 초대 운영위원장, 2010년 한국콘텐츠진흥원 부설 스토리창작센터 전임교수로 대중작가를 양성하였다. 1981년 이후 수백 권의 작품을 발표하였는데 2016년 1월 본격무협 소설 「소림사」를 완결하여 정통무협의 대가로 자리를 굳혔을 뿐 아니라 사업가로 성공하며 이야기산업의 신화를 쓰고 있다.

우창수

어려서부터 시와 작문에 남다른 소질이 있었던 우창수는 자신이 작품을 쓸 때마다 학급 게시판에 붙여 주시던 담임 선생님 덕분에 자신감이 생겼다. 4남매 중 막내로 태어난 그는 신생아 황달로 뇌성마비 장애를 갖게 되었다. 네 살이 되어서야 간신히 앉을 수 있게 되었지만 그의 어머니는 아들 교육에 최선을 다했다. 등하교는 엄마 등에 업혀서 했고, 수업 시간에도 엄마의 손길이 필요했다. 배워야 사람답게 살 수 있다고 믿었던 어머니는 아들이 일반교육과정에서 공부할 수 있도록 헌신하였다.

그는 대학에서 철학을 전공하였다. 대학은 그에게 새로운 세계를 열어 주었다. 영화동아리 활동을 하며 대학 축제 때 올려지는 연극은 거의 그의 손에서 희곡이 완성되었다. 그는 영화시나리오에 관심이 많았지만 영화는 감독과 제작자에 의해 시나리오가 결정되고 불규칙한 작업이어서 방송드라마에 도전하였다.

그는 『솟대문학』에서 시와 희곡 2개 부문 추천완료를 받을 정도로 창작에 몰두하여 1996년에 제6회 솟대문학상 신인상을 수상하였다. KBS 라디오 드라마 〈KBS 무대〉를 주무대로 다수의 방송드라마를 발표하였으며, mbc드라마넷 드라마 '별순검 시즌 3' 제7화 〈사단칠정〉에 참여하였다.

우창수는 소설에도 도전하여 단편소설 〈莊子專: 장자전〉, 〈大鯤大鵬: 대곤대붕〉, 〈쥐약〉, 〈전동휠체어의 莊子〉, 〈방울 소리〉 등이 있고, 2014년 시나리오집 「내 손가락 끝의 지옥도」를 발간하였으며, 2018년 WWCC한일웹툰공모전 스토리부문에 당선되어 꾸준히 발전하고 있다.

이용석

이용석은 지체장애로 외부 활동이 많지 않았다. 그는 혼자 있는 시간은 주로 책을 읽었는데 20대 초반부터 독학으로 소설 공부를 하여 20대 후반인 1995년 중편소설 〈잠 없는 꿈〉이 『작가세계』 신인작가상 최종심에 올랐고, 1997년 단편소설 〈살아 있는 偶像(우상)〉이 경향신문 신춘문예 예선을 통과하였다. 이후 1998년 중앙일보 신춘문예에 이소정이란 필명으로 응모하여 〈바리데기꽃〉이 최종심에서 논의되었다. '탁월한 표현력과 깊이 있는 관찰로 높이 살 수 있는 작품이었지만, 소설의 주제나 기법이 너무 전통적이라는' 이유로 낙선되었다. 그러나 같은 작품으로 1998년 대한민국장애인문학상 소설 부문에 당선되었으며, 이듬해인 1999년 비로소 『월간문학』 신인상에 〈지붕 위로 오른 닭〉이 당선되어 문단에 등단하였다.

등단 이후에도 『솟대문학』 등을 통해 단편소설 〈살아 있는 偶像(우상)〉, 〈혼건이굿〉, 중편소설 〈잠 없는 꿈〉, 〈갈릴리의 사기꾼〉 등 다수의 작품을 발표하며 필력을 인정받았다.

이승영

이승영은 강원도 화천에서 출생하였는데 근육이 점점 마비되는 진행성 질병인 근육병으로 정규교육을 받지 못하고 책을 통해 혼자서 공부를 하였다. 그는 추리소설을 흥미롭게 읽으며 습작을 하다가 드디어 그의 나이 28세이던 1991년 장편추리소설 「미스코리아 살인사건」이 제2회 김래성 추리문학상에 당선되는 결실을 맺었다. 이 소설은 한국미스터리클럽 선정 제1회 추리문학 독자상을 그에게 안겨 주어 추리소설 작가로서 사랑을 받았다.

그 후 「코리언시리즈 살인사건」, 「죽음을 부르는 펜 끝」, 「낙원의 쿠데타」, 「위험한 내일」, 아동추리 창작집 「명탐정 비밀수첩」, 「포켓 몬스터 스티커 사건」 등의 작품을 발표하였다. 「98 올해의 추리소설」 중 이승영 작품 〈몰래카메라〉, 올해의 추리소설 2007 「안개 속의 살인」 중 이승영 작품 〈인간의 덫〉, 한국추리소설걸작선 2(2012) 중 이승영 작품 〈살인의 가치〉, 2015 올해의 추리소설 「1973년 여름, 베를린의 안개」 중 이승영 작품 〈어떤 살인사건〉이 포함되는 등 추리소설계에서 존재감 있는 작가로 활동하고 있다.

주영숙

주영숙은 남해 섬 거제도 출신으로 세 살 때 앓은 소아마비로 오른쪽 다리가 가느다란데다 발뒤꿈치가 바닥에 닿지 않아 발끝으로만 걷는다. 그녀는 수줍움이 많은 문학소녀였다. 1968년 거제고등학교를 졸업하고 무작정 섬을 탈출하여 서울행 열차에 몸을 실었다. 서울 변두리에서 시작한 타향살이는 고달팠다. 우선 먹고 자는 문제를 해결하기 위해 편물 가게에 취직을 했다. 뜨개질은 물론 청소까지 도맡아 해야 했다. 다행이 손재주가 있어서 편물, 자수, 그림 등 그녀의 손은 마술을 부리듯이 모든 일을 척척 해냈다. 그녀는 서울행 열차에서 운명적으로 만난 남자와 결혼을 하였는데 남편의 직업이 표구사여서 결혼 후에는 주로 그림을 그렸다. 그리고 틈틈이 시를 쓰고 하고 싶은 이야기는 소설로 썼다.

자신의 작품을 평가받고 상금도 받을 수 있는 문학상 공모에 응모해서 상도 받고, 책도 출간했지만 제대로 공부하고 싶은 문학적 갈증으로 1999년 경기대학교 문예창작학과에 입학하여 만학도의 길을 걷게 되었다. 이후 중앙대학교 예술대학원에서 석사과정을 마치고 2009년 경기대학교에서 박사 학위를 받았다.

장편소설로「내일은 죽을 수 없는 女子」, 「날개 없는 영혼」, 「작은 巨人의 딸」, 「女子는 몇 번 사랑하는가 上, 下」, 「나쁜 그림」, 「순간」, 「작품으로 읽는 연암 박지원 소설편」, 「황진이 돌아오다」, 「눈물은 배우는 게 아니다」 등이 있다. 「작품으로 읽는 연암 박지원 소설편」은 2012년 문광부 우수교양도서로 선정되었으며 시화집, 퓨전소설집, 정형시집, 산문시편 등 새로운 시도로 다재다능한 그녀의 재능을 유감없이 보여 주고 있다.

(3) 창작 활동에 미친 요인 분석

장애예술인의 창작 활동 경험에 관한 연구(2013, 방귀희)에서 창작 활동에 영향을 미치는 저해 요인을 제시하였는데 장애인소설가의 경우도 그대로 적용이 된다. 장애인소설가가 창작 활동을 하는데 저해가 되는 요인은 크게 개인적 요소와 사회적 요소로 나누어진다.

개인적 요소는 신체적 장애가 창작을 하는데 제한 조건이 된다는 것이다. 소설은 다양한 경험을 요구하고 많은 정보가 필요한데 장애가 경험과 정보 수집에 어려움을 주기 때문이다. 그리고 경제적 문제를 해결하지 못해 생활이 불안정한 것도 창작 활동에 저해 요인이 되는데 이 경제문제는 개인적 요소라기보다 장애인의 고질적 문제로 사회적 요소로도 포함이 된다.

사회적 요소에는 5개 요인이 있는데 먼저 장애인소설가는 작품 발표에 제약이 있어서 발표 기회가 부족하다는 것이다. 사회적 장벽과 장애인에 대한 부정적 시각으로 작가로서 인정을 받지 못하고 있다. 장애인소설가들은 독자들이 작가가 장애인이라고 차별을 하거나 무관심하거나 아예 일반 작가와 별도 취급을 하고 있다며 낮은 사회적 평가를 어려움이라고 하였다.

장애인예술에 대한 제도 미비로 창작 활동을 지원해 주는 서비스가 부재하고, 집필 작업을 할 수 있는 공간이 없어서 집필에 몰두할 수 없는 것 또한 저해 요인이며 장애인소설가와 비장애인소설가가 통합하는데 환경적, 인식적 제약이 있어서 장애인소설가는 주류 문단에 편입하지 못하여 문학 유랑을 하고 있다.

장애인소설가 창작 활동에 영향을 주는 저해 요인을 그림으로 표시하면 다음 〈그림1〉과 같다

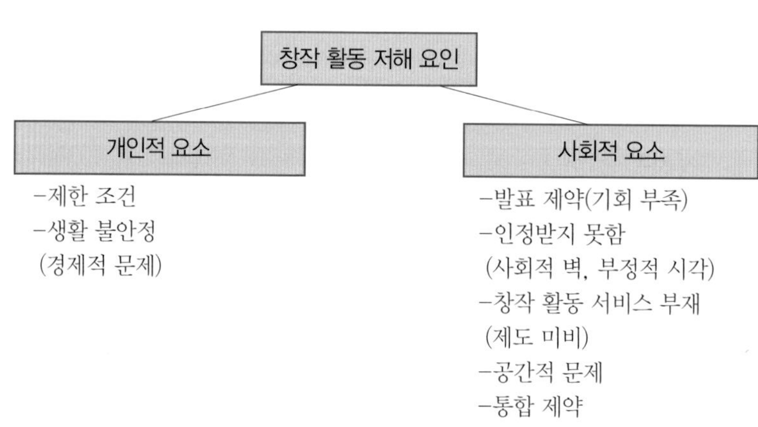

그림1 장애인소설가 창작 활동 저해 요인

4. 장애인문학 표절 사례

장애문인의 작품이 표절의 표적이 되고 있다. 작가 이름이 알려진 것도 아니고 학연 등의 보호막이 있는 것도 아니어서 표절이 드러나지 않을 것이고 밝혀진다 해도 쉽게 해결할 수 있다는 판단에서이다. 이 문제를 더 이상 묵과해 두면 장애인문학이 표절로 피폐해질 것이란 판단에 『솟대문학』에서 발견한 표절 사례를 소개한다.

1) 뇌성마비 시인의 시가 윤동주 작품으로 둔갑

내 인생에 황혼이 들면
나는 나에게 많은 날들을 지내오면서
사람들을 사랑했느냐고 물어보겠지요

그러면 그때 가벼운 마음으로
사람을 사랑했다고 말할 수 있도록
나는 지금 많은 이들을 사랑하겠습니다

이렇게 시작하는 시 〈내 인생에 황혼이 들면〉은 20년 전 쓴 김준엽이란 뇌성마비 시인의 작품이다. 그런데 2014년 한국문화예술위원회에 시 7편을 제출하기 위해 김준엽 시인이 가장 아끼는 작품을 선별하는 과정에서 김준엽 시인의 활동보조인이 문제의 시 〈내 인생에 황혼이 들면〉이 인터넷상에서 좋은 글로 사랑받고 있는 시와 비슷하다는 생각이 들어 확인을 한 결과 시 〈내 인생에 황혼이 들면〉이 〈내 인생에 가을이 오면〉으로 이름을 바꾸어서 윤동주, 정*철, 작자 미상으로 떠돌아다니고 있다는 사실을 발견하고 우리나라 유일의 장애인문학지 『솟대문학』에 억울한 사정을 알려 왔다.

김준엽 시인은 20여 년 전 하이텔 사이버문단을 통해 시를 발표하며 문학 활동을 하였는데, 1995년 봄 서울에 있는 한 출판사에서 시집을 발간해 주겠다고 하여 시작품들을 보냈지만 출판사가 문을 닫게 되어 그는 시집 출간도 못하고 작품도 돌려받지 못하였다. 그런데 월간 『좋은생각』 1995년 9월호에 〈내 인생에 가을이 오면〉이란 제목의 시가 정*철의 작품으로 게재된 것을 시작으로 정*철은 〈내 인생이 끝날 때〉로 제목을 수정하여 발표하기도 하였다.

김준엽의 시 제목 황혼을 그대로 사용한 〈내 인생에 황혼이 오면〉이란 작품은 작자 미상으로 인터넷상에서 떠돌아다니고 있는데 가장 많이 알려진 시는 〈내 인생에 가을이 오면〉으로 윤동주/정*철로 작가가 표기되기도 하고 윤동주로 알려졌으나 작자 미상으로 표기될 뿐 그 어디에도 김준엽이란 작가의 이름은 없다.

김준엽은 중증뇌성마비로 손가락 하나조차도 의지대로 움직여지지 않아 펜을 입에 물고 시를 써서 2011년에 첫 시집 「그늘 아래서」를 출간하였고, 2014년 당시 두 번째 시집을 준비하고 있었다. 그리고 뇌성마비 종목인 보치아 국가대표 선수로 대구사이버대학교 사회복지학과 3학년 학생으로 자신의 삶에 최선을 다하고 있는데 무명의 힘없는 시인이라고 작품 저작권을 강탈당했다며 표절 사실을 세상에 알려 바로잡아 줄 것을 호소하였다.

김준엽 시인의 〈내 인생에 황혼이 들면〉과 정*철 시인의 〈내 인생에 가을이 오면〉 그리고 윤동주 또는 작자 미상의 〈내 인생에 가을이 오면〉을 소개한다.

내 인생에 황혼이 들면
김준엽

내 인생에 황혼이 들면
나는 나에게 많은 날들을 지내오면서
사람들을 사랑했느냐고 물어보겠지요

그러면 그때 가벼운 마음으로

사람들을 사랑했다고 말할 수 있도록
나는 지금 많은 이들을 사랑해야겠습니다

내 인생에 황혼이 들면
나는 나에게 많은 날들을 지내오면서
열심히 살았느냐고 물어보겠지요

그러면 그때 자신 있게
열심히 살았다고 말할 수 있도록
나는 지금 하루하루를 최선을 다하여 살아가겠습니다

내 인생에 황혼이 들면
나는 나에게 많은 날들을 지내오면서
사람들에게 상처를 준 일이 없느냐고 물어보겠지요

그러면
그때 얼른 대답하기 위해
지금 나는 사람들에게 상처 주는 말과 행동을 하지 않아야겠습니다

내 인생에 황혼이 들면
나는 나에게 많은 날들을 지내오면서
삶이 아름다웠느냐고 물어보겠지요

그러면 그때 나는 기쁘게 대답하기 위해
지금 내 삶의 날들을 기쁨으로 아름답게 가꾸어 가겠습니다

내 인생에 황혼이 들면
나는 가족에게 많은 날들을 지내오면서
부끄러움이 없느냐고 나에게 물어보겠지요

그러면 그때 반갑게 대답하기 위해
나는 지금 가족의 좋은 일원이 되도록
내 할 일을 다 하면서 가족을 사랑하고 부모님께 순종하겠습니다

내 인생에 황혼이 들면
나는 나에게 많은 날들을 지내오면서
이웃과 사회와 국가를 위해 무엇을 했느냐고 물어보겠지요

그러면 그때 나는 힘주어 대답하기 위해
지금 이웃에 관심을 가지고 좋은 사회인으로 살아가겠습니다

내 인생에 황혼이 들면
나는 내 마음밭에서
어떤 열매를 얼마만큼 맺었느냐고 물어보겠지요

그러면 그때 자랑스럽게 대답하기 위해
지금 나는 내 마음밭에 좋은 생각의 씨를 뿌려
좋은 말과 좋은 행동의 열매를 부지런히 키워야겠습니다.

내 인생에 가을이 오면

정*철

내 인생에 가을이 오면
나에게 물어볼 이야기들이 있습니다

내 인생에 가을이 오면
나는 나에게 사람들을 사랑했느냐고 물을 것입니다
그때 가벼운 마음으로 말할 수 있도록
나는 지금 많은 이들을 사랑해야겠습니다

내 인생에 가을이 오면
나는 나에게 열심히 살았느냐고 물을 것입니다
그때 자신 있게 말할 수 있도록

지금 맞이하고 있는 하루하루를 최선을 다하며 살아야겠습니다

내 인생에 가을이 오면
나는 나에게 사람들에게 상처를 준 일이 없느냐고 물을 것입니다
그때 얼른 대답하기 위해
나는 사람들에게 상처 주는 말과 행동을 하지 말아야겠습니다

내 인생에 가을이 오면
나는 나에게 삶이 아름다웠느냐고 물을 것입니다
그때 나는 기쁘게 대답하기 위해
지금 내 삶의 날들을 기쁨으로 아름답게 가꾸어 가야겠습니다

내 인생에 가을이 오면
나는 나에게 가족에게 부끄러움이 없느냐고 물을 것입니다
그때 반갑게 대답하기 위해
나는 지금 좋은 가족의 일원이 되도록
내 할 일을 다하면서 가족을 사랑하고 부모님께 순종하겠습니다

내 인생에 가을이 오면
나는 나에게 이웃과 사회와 국가를 위해 무엇을 했느냐고 물을 것입니다
그때 나는 힘주어 대답하기 위해
지금 이웃에 관심을 가지고 좋은 사회인으로 살아야겠습니다

내 인생에 가을이 오면
나는 나에게 어떤 열매를 얼마만큼 맺었느냐고 물을 것입니다
그때 자랑스럽게 대답하기 위해
지금 나는 내 마음의 밭에 좋은 생각의 씨를 뿌려
좋은 말과 좋은 행동의 열매를 부지런히 키워야겠습니다.

내 인생에 가을이 오면

윤동주로 알려졌으나 작자 미상

내 인생의 가을이 오면
나는 나에게 물어볼 이야기가 있습니다

내 인생에 가을이 오면
나는 나에게 사람들을 사랑했는지에 대해 물을 것입니다

그때 나는 가벼운 마음으로 대답하기 위해
지금 많은 이들을 사랑해야 하겠습니다

내 인생에 가을이 오면
나는 나의 사람들에게 상처를 주지 않았느냐고 물을 것입니다

그때 대답하기 위해 사람들에게 상처를 주는
말과 행동을 하지 말아야겠습니다

내 인생에 가을이 오면
나는 나에게 삶이 아름다웠느냐고 물을 것입니다

나는 그때 기쁘게 대답하기 위해
내 삶의 날들을 기쁨으로
아름답게 가꿔 나가겠습니다

내 인생의 가을이 오면
나는 나에게 어떤 열매를 얼마만큼 맺었냐고 물을 것입니다

그때 나는 사랑스럽게 대답하기 위해
내 마음밭에 좋은 생각의 씨를 뿌려 놓아
좋은 말과 행동의 열매를 부지런히 키워야 하겠습니다.

이 표절 문제를 해결하기 위하여 『솟대문학』에서 월간 『좋은 생각』 정*철 발행인에게 표절을 알리는 공문을 발송하였으나 무응답으로 일관하여 언론에 보도자료를 배포하여 언론 고발부터 시도하려고 하였으나 〈내 인생에 황혼이 들면〉이 김준엽 작품이라는 것을 입증하려면 김준엽 이름으로 발표한 매체가 있어야 한다고 하고, 출판사에 보낸 원본마저 소실되어 증거 부족으로 표절 사실을 밝혀 낼 방법이 없었다.

2) 산골소녀 옥진이 시를 존경받는 여성 지도자 변*인 시인이 표절

1987년에 발간된 「산골소녀 옥진이 시집」으로 세상 사람들의 관심을 끌어모았던 김옥진의 〈기도〉라는 시가 2000년에 발간된 변*인의 시집에 〈기도1〉로 절반 이상이 표절된 상태로 실려 있다. 김옥진은 고등학교 때 추락 사고로 전신마비 장애를 갖게 된 후 시를 쓰기 시작했고 『시문학』을 통해 정식으로 등단한 기성작가이다. 작품집도 10여 권에 이르러 왕성한 활동을 하였다. 김옥진의 시 〈기도〉는 작가의 대표작으로 이미 많이 알려진 작품이다.

〈기도〉 표절 사실은 한 독자가 알려왔고, 김옥진 시인이 표절 사실을 변*인 시인에게 알리자 그녀도 자신의 표절 사실을 이메일을 통해 시인했다. 2007년 1월 18일에 김옥진 시인에게 온 변*인 교수의 메일 내용 가운데 이런 내용이 있다.

> –김옥진 님의 책을 직접 접하진 않았지만 언젠가 김옥진 님의 좋은 시를 접하여 외웠고 오랜 시간이 지나 제것화되어 착각을 한 듯합니다. 사과드립니다.–

변*인 시인은 차후에는 좀 더 세심한 주의를 기울이겠다고 하면서 다음 출판 때는 이 시를 삭제하도록 하겠다는 약속까지 했다. 변*인 시인은 사회활동을 활발히 하는 여성 지도자로 사회적인 존경을 받고 있다. 그런 변 시인이 장애인의 시를 표절한 것은 사회지도층의 도덕불감증에서 나온 발상이다. 변*인의 〈기도1〉은 김옥진의 〈기도〉를 기본 틀로 내용을 첨부해서 작품을 완성했다.

기도

김옥진

소유가 아닌 빈 마음으로 사랑하게 하소서
받아서 채워지는 가슴보다
주어서 비워지는 가슴이게 하소서
지금까지 해 왔던 내 사랑에
티끌이 있었다면 용서하시고
앞으로 할 내 사랑은
맑게 흐르는 강물이게 하소서

위선보다 진실을 위해
나를 다듬어 나갈 수 있는 지혜를 주시고
바람에 떨구는 한 잎의 꽃잎일지라도
한없이 품어 안을
깊고 넓은 바다의 마음으로 살게 하소서
바람 앞에 스러지는 육체로 살지라도
선(善) 앞에 강해지는 내가 되게 하소서
크신 임이시여
그리 살게 하소서

철저한 고독으로 살지라도
사랑 앞에 깨어지고 낮아지는
항상 겸허하게 살게 하소서 크신 임이시여

기도 1

변*인

소유가 아닌
빈 마음으로
사랑하게 하소서

받아서 채워지는 가슴보다
주어서 비워지는 가슴이게 하소서
이렇게 고백은 늘 하지만
그렇게 되지 못하는 한계를 당신만이 아십니다.

지금까지 해 왔던 내 사랑에
티끌이 있었다면 용서하시어
앞으로 할 내 사랑에는
맑게 흐르는 강물이게 하소서

위선, 체면 그런 것보다 진실을 위해
나를 다듬어 나갈 수 있는 지혜를 더하시며
바람에 떨구는 한 잎의 꽃잎일지라도
소중한 의미를 품어
일렁이는 풍향에도
깊고도 잔잔한 호수이게 하소서

영혼을 스치는 한 줌의 바람에도
나를 헤아려 보는
신선함을 잃지 않게 하시고
낡아 스러져 가는 육신으로도
선함으로 덧입혀지는
축복으로 살게 하소서

때론 철저히 외로워지고 힘들지라도
당신의 사랑을 닮으려는 수고에 게으르지 않아
낮아지고 겸허하게 살게 하소서
당신, 크신 나의 임이시여

* 밑줄 부분은 김옥진의 시 〈기도〉에 변 시인이 첨부한 내용.

김옥진 시인은 2016년 암으로 세상을 떠났지만 변*인의 〈기도 1〉이 새로 출판되는 시집에 수록되는지는 계속 감시할 것이다.

3) 장애인작가의 소설을 도용하여 대학에 간 여고생

이용석은 단편소설 〈바리데기꽃〉을 통째로 도둑당했다. 한국작가교수회가 주최한 2002년 제1회 전국고교생 소설백일장공모전에서 한 여고생이 〈바리데기꽃〉이란 단편소설로 최우수상을 수상하였다. 도서출판 평민사에서 수상작품집을 발간하였는데 2004년 6월 18일 한 독자의 제보 메일을 통해 도용 사실을 알게 되었다.

> –「바리데기꽃」이란 책을 읽다가 고교생 수준에서 너무 뛰어난 어휘들을 구사한다는 것이 이상해서 인터넷을 통해서 〈바리데기꽃〉을 검색해 보았더니 이용석 님이 원작자가 아닌가 하는 생각이 들어서 여러 경로로 알아보고서 메일 드립니다.–

이용석은 자신의 소설 〈바리데기꽃〉과 여고생의 수상작 〈바리데기꽃〉을 비교해 본 결과 제목은 물론 소설 내용에서 토씨 하나 빠뜨리지 않고 똑같았기에 단순히 한 고교생의 실수에 의한 표절이 아닌 작품 전체를 베낀 도용(盜用)이라는 사실을 한국작가교수회에 알렸다. 그 결과 제1회 전국고교생 소설백일장공모전 최우수상 수상작 〈바리데기꽃〉은 이용석의 작품을 도용한 것으로 판명되어 수상을 취소하였다. 그런데 도용 학생은 백일장 수상 경력으로 대학에 입학한 상태였다. 이용석 작가가 이 문제를 『솟대문학』에 의뢰해 와서 작품 도용사건을 해결하는 과정에서 여고생이 다니던 학교 측에서는 장애인소설가가 여고생에게 작품을 빌미로 돈을 뜯으려고 한다는 참기 힘든 모욕을 당하기도 하였지만, 여고생의 미래를 생각하여 이 사건을 덮어 주기로 하였다. 도용 사실이 세상에 알려지면 그 여고생은 대학 입학을 취소당하는 것은 물론이고 사회생활을 하는데도 상당한 어려움이 있을 것이기에 이용석 작가가 너그러이 용서해 주었다.

이용석 작가는 지체장애인으로 독학으로 소설 공부를 하였다. 1998년에는

〈바리데기꽃〉으로 대한민국장애인문학상, 1999년에는 〈지붕 위에 오른 닭〉으로 『월간문학』 신인상을 수상하였는데 그의 이름이 알려지지 않았다는 이유로 작품 전체를 도용당하는 억울한 사건이 벌어진 것은 몹시 안타까운 일이다.

5. 장애인문학의 과제

이제 장애인문학의 탄생은 부인할 수 없는 사실이다. 하여 그 정체성을 살려서 어떻게 해서든지 발전시켜야 한다. 개성이 창조의 힘이 되는 문학에서 장애인문학이 새로운 아이콘이 될 것을 기대하며 장애인문학의 발전 방안을 연구하는 것이 우리가 해야 할 일이다. 필자는 장애인문학의 가능성을 의심치 않는다. 역사적으로 그 가능성은 입증이 되고 있다. 르네상스 최고의 걸작 「실락원」은 밀턴이 실명을 한 후에 쓴 것이었고, 낭만주의 시의 거장 바이런은 다리가 몹시 불편한 지체장애인이었으며, 「인간과 굴레」라는 소설로 잘 알려진 모옴은 말을 더듬는 언어장애인이었다. 괴테도 말년에는 휠체어에 몸을 의지했고, 사르트르는 실명 후 철학과 문학의 경지를 터득했다고 고백하였다. 톨스토이는 간질병으로 잦은 발작에 신음했고, 〈병법〉을 지은 손자는 다리가 절단된 장애인이었으며, 기전체의 창시자 사마천도 궁형을 받아 장애인이 된 후 〈사기〉를 완성하였다. 우화의 전설 이솝은 척추장애인이었고, 「돈키호테」의 작가 세르반테스는 왼쪽 팔 절단장애를 가지고 있었다. 「바람과 함께 사라지다」라는 명작을 남긴 마가레트 미첼도 계단에서 굴러 다리가 부러지지 않았으면 이 소설을 시작하지 않았을 것이라고 했다. 이렇게 불후의 명작을 남겨 인류의 영원한 사랑을 받는 작가들이 장애인이었다는 사실을 간과해서는 안 된다.

장애인문학은 블루오션이다. 문학의 소재는 사람인데 이 세상에 있는 사람들은 모두 각자 다른 삶을 살고 있으니 세계 인구 수만큼의 이야기가 있다. 그 무궁무진한 소재 가운데 장애인이 있다는 것을 지금까지는 스쳐지나갔지만 앞으로는 매력적인 소재가 될 것이다. 독자들은 늘 새로운 이야기를 원하기 때문이다.

장애인문학을 수면 위로 떠올라오게 하기 위하여 다음 네 가지 제안을 한다.

첫째, 장애인문학이 문학성이 낮다는 고정관념을 버려야 한다.

장애인문학은 문학의 다양성 가운데 하나일 뿐이라는 인식이 필요하다.

둘째, 장애문인 창작 활동을 지원하는 제도가 마련되어야 한다.

창작지원금제도, 장애문인 작품 출간과 판매를 위한 장애인문학쿼터제도, 취재나 자료수집 등을 보조해 주는 전문활동보조인제도 등의 도입이 요구된다.

셋째, 문학은행을 설치하여야 한다.

장애문인이 작품을 완성해도 그 작품을 어떻게 해야 할지를 몰라 묵히고 있는 경우가 대부분이어서 작품을 맡기면 심사를 해서 드라마, 영화, 연극 등으로 활용할 수 있도록 중개 역할을 하고, 채택이 되면 원작료를 지급하는 문학창구를 설치하여야 한다. 예를 들어 영화를 제작하기 위한 시나리오 과정에서 시나리오 작가 한 명이 전체 작품을 완성하는 것이 아니라 메인 작가가 전체 구성을 하면 장면 장면의 콘텐츠를 문학은행에 맡긴 작은 에피소드를 사다가 사용하는 방식을 취하는 것이다. 현재도 시나리오 창작을 할 때 큰 틀의 프레임(frame)을 구성하고, 에피소드로 이야기를 만들어 가면서 맛깔나는 대사(dialog)를 담아 간다. 그 과정에 각각 다른 작가들이 참여하는 협업 시스템이 점점 확산되고 있는데 공동작업의 경우 작품 저작권에 대한 논란이 우려되는 만큼 창작 과정에서는 문학은행을 통해 작은 작품을 구매하고 공헌도에 따라 저작권 비율을 분할하면 지식재산권(지적재산권)에 대한 공정성이 담보될 수 있다.

넷째, 장애문인의 문학교육 기회를 확대해야 한다.

장애문인의 욕구 가운데 교육의 욕구가 컸다. 장애문인은 대부분 혼자서 문학 공부를 했기 때문에 전문적인 교육을 통한 기초 이론과 실기 교육이 이루어지면 작품에 대한 완성도가 높아질 것이다.

그런데 이들 제도적 장치보다 더 중요한 것은 장애문인 스스로 장애를 당당히 수용하고 그것을 문학으로 승화시킬 수 있는 성숙한 문인으로서의 자세가 필요하다. 문학을 하는 장애인작가 가운데에는 자신의 장애를 밝히지 않고 활동하려고 하는 사람들이 많다. 그래서 『솟대문학』에 게재된 작품의 작가 약력에 장애를 표기하지 말 것을 요구하는 경우도 있지만 『솟대문학』은 장애인문학의 정체성을 유지하기 위해 작가의 장애를 밝혔고, 장애를 소재로 한 작품이 문학성이 낮다는 편견적 시각에 정면으로 맞서 장애인 소재 작품을 꾸준히 개발하여 국내뿐 아니라 영시로 번안하여 국외에 보급하였다. 〈글상자〉

문학은 현실을 비추는 거울이다. 우리 현실 속에 장애인이 존재한다. 그것도 인구의 10%나 된다. 장애인 등록 인구만도 2017년 현재 267만 명이다. 결코 적지 않은 인구이다. 따라서 장애인문학은 장애인의 현실을 비추는 차원에서 반드시 필요하다.

1949년 노벨 문학상을 수상한 미국 작가 윌리엄 포크너가 수상 연설에서 '문학은 인간이 고통을 어떻게 극복하고 살아가야 하는지 가르친다.' 고 하였듯이 장애인문학은 장애인이 장애의 고통을 이겨 내고 비장애인과 함께 살아가는 모습을 보여 줌으로서 장애인 포용사회를 만드는 역할을 할 것이기에 장애인문학은 존재 가치가 충분하다.

〈글상자〉

I've Got Ten Eyes
Son Byeong-Geol

I lived life not believing
anything I didn't see for myself.
My two eyes darted around
until the moment I lost my sight.

After my eyes dwindled away
bumping into things and falling over
every time, with my two hands
I groped at the floor
and at the end of my blistered fingers
eyes opened out of nowhere.

It was around that time
I learned the leisure
of believing without having to make sure.

Just a light touch and they brighten
ten eyes that have opened.

If I am Darkness You are the Stars
Kim Dae-won

If I am an embroidery,
you are my frame.

I can be beautiful,
but not without you.

If I am darkness,
you are the stars.

You can shine brightly,
but not without me.

When we are apart,
we cannot be beautiful.

제2장

숫대문학

반 만 년 역사의 권위를 의지하여 이를 선언함이며, 2천 만 민중의 충성을 모아 이를 두루 펴 밝히며, 겨레의 한결같은 자유 발전을 위하여 이를 주장함이며, 인류가 가진 양심의 발로에 뿌리 박은 세계 개조의 큰 움직임에 순응해 나가기 위하여 이를 내세움이니, 이는 하늘의 분명한 명령이며 시대의 큰 추세이며, 온 인류가 더불어 같이 살아갈 권리의 정당한 발동이기에, 하늘 아래 그 무엇도 이를 막고 억누르지 못할 것이니라.

제2장 솟대문학

1. 솟대문학의 역사

1)『솟대문학』100호의 기적

1981년부터 KBS-1라디오 장애인프로그램 〈내일은 푸른 하늘〉 작가로 일할 때 장애인과 관련된 아이템을 찾으면서 장애인이 쓴 책들을 소개하느라고 책을 구입하였는데 그렇게 모은 책들이 10년 정도 지나자 100여 권이 되는 것을 보고 장애인문학의 가능성에 대한 확신이 생겼다.

그래서 1990년 12월 7일 방송을 하면서 알게 된 소설가 강동석, 강종필, 김재찬, 동시작가 서정슬, 시인 김옥진과 김홍열 그리고 방송작가 방귀희의 7명을 발기인으로 한국장애인문인협회를 창립하고 이듬해 4월 우리나라 최초의 장애인문학지『솟대문학』을 창간하였다. 운영에 대한 계획 없이 오로지 글쓰기를 좋아하는 장애인들이 자신의 작품을 발표할 지면을 원하고 있다는 강한 욕구를 알았기에 문학지가 있어야 한다는 절박함에 무조건 시작하였다.

잡지 제작에 드는 비용을 감당할 능력이 없었기에 그런 능력이 있는 장애인단체들을 찾아다녔지만 지금은 때가 아니라는 이유로 번번이 거절을 당했다. 그래도 가장 긍정적으로 검토해 준 곳은 한국장애인복지체육회(현 한국장애인개발원)였다. 이 단체는 서울장애인올림픽을 마친 후 장애인체육과 문화 진흥을 위해 설립되었기 때문이다. 하지만 그곳에서도 역시 문학지 대신 장애인문학과 미술 작품을 공모하는 대회로 사업을 정하였다.

장애인단체에서 장애인문학지를 발간하는 것은 불가능하다는 사실을 알았지만 포기할 수가 없어서 자비로『솟대문학』을 일단 탄생시켜 놓고 나면 사람들의 생각이 달라질 것이라는 새로운 기대로 잡지 등록부터 하였다. 처음 시작할 때는 너무너무 재미있었다. 전국에서 장애인문학도들이『솟대문학』의 탄생을 축하하며 원고를 보내 주었기 때문이다. 그렇게 호응이 뜨거울 줄 몰랐기에 나 스스로 놀라 『솟대문학』의 성공을 자축하였다. 나는 유명 문인들이 우리를 지지해 주고 기업에서도 『솟대문학』에 협찬 광고를 줄 것이라고 믿어 의심치 않았기에 장애인문학을 발전시켜 나갈 수 있는 다양한 계획을 세웠다.

하지만 현실은 상상과는 거리가 멀었다. 『솟대문학』에 대한 지지는 장애인문인 당사자들뿐이었고 일반 문인들은 관심조차 없었다. 한국문인협회 회원 명단을 입수하여 이름이 익숙한 문인들 1천 명에게 『솟대문학』 구독 형식으로 명예회원이 되어 줄 것을 간곡히 부탁하는 편지와 책을 보냈건만 답을 주신 분은 단 한 명 시인 구상 선생님뿐이었다.

그런 무관심은 곧 경제적인 문제로 이어졌다. 하지만 어려움 속에서도 『솟대문학』의 가치를 인정해 주는 분들이 하나 둘씩 나타나 『솟대문학』을 이어 갈 수 있는 힘을 보태 주셨기에 2011년에는 문화체육관광부 선정 '우수콘텐츠 잡지'가 되었고, 회원이 1,000여 명으로 확장되었으며 무엇보다 역량 있는 장애문인 160여 명을 배출하였다.

장애문인들이 『솟대문학』을 통해 자신의 인생을 펼치면서 문인으로서의 자부심을 키웠고, 『솟대문학』 25년의 역사는 한국에 장애인문학이라는 새로운 장르를 구축하였으며, 장애인문학의 브랜드가 되어 『솟대문학』 100호라는 기적을 이루어 낼 수 있었다.

문화예술계 블랙리스트 〈tip2〉 덫에 걸려 지원이 막히는 바람에 경제적 문제를 해결하지 못하여 100호를 끝으로 폐간되었지만 『솟대문학』 100호는 한국장애인문학을 공고히 하는 업적을 이루었다.

2) 구상솟대문학상

『솟대문학』에서는 장애문인들의 창작의욕 고취와 문학성 향상을 위해 1991년 창간과 함께 3회 추천제도와 솟대문학상 신인상을 제정하여 운영해 오다가 1996년 본상을 신설하여 본상(대상)과 신인상(최우수상)으로 운영을 하였다. 상

tip2 장애인예술계 블랙리스트 진상조사 내용

2017년 1월 13일 경향신문
"'문화융성'한다던 미르재단… 알고 보니 '좌파 척결?'"에서
방귀희 한국장애예술인협회장에 대한 언급도 있다. 문건에는 "노무현 정권에서 국가인권위원회 자문위원을 지낸 바 있는 방귀희는 현 정부의 국정운영 철학과 함께할 수 없는 좌파적 성향을 가지고 있다고 볼 수 있다."고 돼 있다. "심사위원회는 방귀희 마피아들로 구성"이라고도 나온다.

2017년 1월 23일 동아일보
"'살생부'로 돌아온 블랙리스트"에서
방귀희 한국장애인문화예술단체총연합회 상임대표가 블랙리스트에 포함된 과정에 최씨가 개입했다는 문체부 관계자 등의 진술을 확보한 것. 방 대표는 지난해 10~12월 새누리당 지명직 최고위원을 지냈으며 이명박 정부에서도 대통령문화특별보좌관을 지낸 보수 성향의 인물이다.
최씨가 방 대표를 블랙리스트에 포함시킨 구체적인 배경은 확인되지 않았다. 하지만 특검은 방 대표 같은 인물이 블랙리스트에 포함된 것은 리스트 작성의 기준이 단순히 이념 성향이 아니라 최씨와 주변 인물들의 이권 개입에 방해가 되는지 여부인 것으로 보고 있다.

1. 방귀희는 31년 동안 한국방송 KBS에서 일하며 공공성을 지키며 공익을 위하여 일하여 왔고, 2007년부터 조선일보, 경향신문 등 10대 일간지 칼럼니스트로 저널리즘 구현을 위해 오피니언 리더 역할을 해 왔는데 마피아라는 언급으로 언론인으로서 회복할 수 없는 심각한 명예훼손을 입었음.

2017년 2월 15일 KBS 9시 뉴스에서 보도된 2015년 4월 고영태 녹취록 가운데
〈녹취〉 최 모씨: "장애인 예술단 관련해서 좌파들이 방**란 애를 집어넣으려고 하는 거야."
〈녹취〉 고영태(전 더블루K 이사): "그게 뭔데? 누군데?' 하고 자료 하나만 딱 던져 주면 걔는 잘리는 거야."

방귀희는 1957년생인데 30대에게 '애' 그리고 '걔'라는 지칭을 한 것은 방귀희 개인을 넘어 장애인을 얕잡아 보는 심리에서 나온 장애인 모욕으로 반드시 사과를 받아야 할 사안임.

2. 25년의 전통을 가진 국내 유일의 장애인문학지 『솟대문학』(방귀희 발행인)이 한국문화예술위원회에서 실시한 '우수문예지 발간지원 사업'으로 연 1,600만 원 지원해 오던 것을 2015년에 지원 중단을 통보하여 2015년 말 폐간.

3. 2016년 한국문화예술위원회 장애인문화예술향수지원사업 공모에서 (사)한국장애예술인협회(방귀희 대표) 지원 2개 사업이 모두 탈락하여, 협회는 2016년에는 사업을 수행할 수 없었음.
(그 이후에도 공모 사업에서 모두 탈락)

4. 국내 최초의 장애인문화예술센터 건립 예산이 2014년 정부 예산에 포함됨에 따라, 센터 운영 단체로 (재)한국장애인문화예술원을 설립하고 문화체육관광부 장관이 임명하도록 되어 있는 이사장 선임을 위하여 문화체육관광부 윤** 사무관이 공직후보자 인사 검증 관련 문건을 (사)한국장애예술인협회 방귀희대표에게 2014년 3월 10일 이멜로 보내 주어 2014년 3월 24일 응모를 하였지만, 결정을 질질 끌더니 2015년 11월 2일 예상 밖의 인물을 이사장으로 임명하여 방귀희는 무슨 영문인지도 모르고 고배를 마셨음.

문화예술계 블랙리스트 진상조사 및 제도개선위원회에서 내놓은 〈블랙리스트 진상조사 결과보고서〉 2-6 P510에 고**, 김**, 최**의 2015년 4월 7일 대화 녹취록의 극히 일부를 소개하면 다음과 같다.

최OO : 형, 그리고 하나 얘기할게. 장, 그 소장한테 ***장애인예술원이 하나 생겨요. 장애인예술센터가 생기는데 거기 지금 움직임이 좌빨을 임명하는데

(중간생략)

최OO : 그러니까 내가 뭘 이야기하는지 잘 봐요. 이 사람을 심으면 K가 ** 그러니까 장애인예술단 관련해 갖고 이렇게 ***그런데 이 사람은 교수인데, 진보의 좌빨들이 방OO라는 애를 집어 넣으려고 하는 거야. 왜냐하면 지들도***

(중간생략)

김OO : 검증이 올라갔어요?

최OO : 지금, 어. 검증 올라갔어. 1순위가 방OO가 된 거야.

김OO : 지금 올라갔으면은…

5. 2016년 1월 22일, 2018평창장애인동계올림픽 개폐회식 이문태 총감독이 평창장애인올림픽 개폐회식 행사 준비로 연출, 구성, 영상, 미술, 안무, 음악 분야에서 각 2명씩의 디렉터(감독, 조감독)를 선정하여 명단을 문화부에 올렸지만 안무와 음악 부문만 받아들여지고 나머지는 거부를 당했는데 특히, 장애인작가(방귀희)의 참여를 '장관이 싫어하는 인물'이라며 문화부 장애인체육과 정** 과장이 나서서 거부하여, 방귀희는 사전 작업을 위해 2015년 7월부터 매주 1회씩 모여 시나리오 구성 작업을 하던 것을 엎어야 했음(국조특위 청문회 2017년 1월 9일 도종환 의원이 조윤선 장관에게 질의한 내용 중에 있음).

방귀희는 장애인 당사자로 2013년부터 2018평창동계올림픽대회 문화행사전문위원회 위원으로 위촉되어 활동하였을 뿐 아니라, 방송경력 31년의 베테랑 작가로 1988년 서울장애인올림픽 때도 시나리오 작업을 한 경험이 있어 2018평창장애인동계올림픽 감독단 1순위였음.

금은 본상이 100만 원, 신인상이 50만 원이었는데, 원로 시인 구상 선생님이 돌아가시기 전에 2억 원을 상금으로 쾌척하시어 2005년부터 구상솟대문학상으로 개칭하여 상금을 본상 300만 원, 신인상 100만 원으로 인상한 후 한층 권위가 더해진 구상솟대문학상은 장애문인들의 로망이 되었다. 2015년 『솟대문학』이 폐간되어 2016년에는 구상솟대문학상 수상자를 내지 못하였지만 2017년부터 공모 형식을 통해 구상솟대문학상을 이어가고 있다. 〈tip3〉

구상솟대문학상

1991년『솟대문학』창간과 함께 솟대문학상을 제정하여 운영하다가 고(故) 구상 시인께서 솟대문학상 발전기금으로 2억 원을 기탁함에 따라 2005년 솟대문학상의 명칭을 '구상솟대문학상'으로 개칭하여 다음과 같이 운영하고 있다.

- 공모 부문: 시(장애문인 90% 이상이 시인이고, 고(故) 구상 선생께서도 시인이었기에 시 부문으로 정함)
- 상 금: 300만 원
- 응모 대상: 장애문인(장애를 가진 문인으로 장애인 등록을 필한 사람)
- 응모 작품: 미발표 신작 10편
- 원고 마감: 6월 말일(매해 동일)
- 첨부 서류: 간단한 자기소개서, 장애인복지카드 사본
- 작품 접수: 이메일 및 우편 접수

이메일: Klah1990@hanmail.net
우편: (우)08504 서울 금천구 서부샛길 606 대성지식산업센터 B동 2506-2호

구상솟대문학상 운영위원회
운영위원장: 김초혜(시인)
운영위원: 김재홍(문학평론가), 김진환(시인, 변호사), 방귀희(『솟대평론』 발행인), 오진권(외식사업가), 유자효(구상선생기념사업회 회장 · 시인)

구상솟대문학상 수상자

• 본상

회차	연도	성명	성별	출생연도	장애 유형	부문	작품명
1	1996	남인우	남	1945	지체장애	시	모과 하나 키우며
2	1997	최종진	남	1957	지체장애	시	등꽃
3	1998	최 림	남	1956	지체장애	시	나무는 스스로에게 기대어 잠을 잔다
4	1999	이상열	남	1945	지체장애	시	사랑을 위하여
5	2000	최명숙	여	1961	뇌병변장애	시	난을 위한 노래
		이원구	남	1965	지체장애	소설	황혼의 포구
6	2001	정중규	남	1958	지체장애	시	견우와 직녀
7	2002	권주열	남	1963	지체장애	시	학성문집
8	2003	배경열	남	1965	지체장애	평론	다시 쓰는 현대소설사

* 2004년은 구상시인이 소천하시며 문학상 기금을 기증하심에 따라 구상솟대문학상위원회가 구성되었고, 명칭개칭 등 재출발을 위해 한 회 공모를 쉬었다.

회차	연도	성명	성별	출생연도	장애 유형	부문	작품명
9	2005	최현숙	여	1958	지체장애	시	내 손안의 묵주
10	2006	손병걸	남	1967	시각장애	시	낙하의 힘
11	2007	한상식	남	1975	지체장애	시	어떤 중매
12	2008	이명윤	남	1968	지체장애	시	안녕, 치킨
13	2009	김판길	남	1959	시각장애	시	흔들림에 대하여
14	2010	강동수	남	1961	지체장애	시	감자의 이력
15	2011	문영열	남	1964	지체장애	시	동백의 분만
16	2012	백국호	남	1948	지체장애	시	해넘이
17	2013	김옥진	여	1961	지체장애	시	무덤새
18	2014	김율도	남	1965	지체장애	시	고통과 아름다움은 산 위에 산다
19	2015	김종태	남	1953	지체장애	시	달개비

* 2016년은 『솟대문학』 폐간으로 수상자 내지 못함.

회차	연도	성명	성별	출생연도	장애 유형	부문	작품명
20	2017	김대원	남	1969	지체장애	시	내가 어둠이라면 당신은 별입니다
21	2018	김미선	여	1955	지체장애	시	바리데기 언니

• 신인상

회차	연도	성명	성별	출생연도	부문	장애 유형
1	1991	이상열	남	1945	시	지체장애
2	1992	이종형	남	1964	시	지체, 시각장애
3	1993	공원호	남	1946	소설	시각장애
4	1994	이현준	남	1965	평론	지체장애
5	1995	김윤진	여	1963	시, 소설, 수필	지체장애
6	1996	우창수	남	1972	시, 희곡	뇌병변장애
7	1997	이남로	남	1962	시	지체장애
8	1998	김효성	남	1966	소설	지체장애
9	1999	김시경	여	1972	시	지체장애
10	2000	이영순	남	1941	시, 소설	지체장애
	2000	장진순	여	1958	시	지체장애
11	2001	주치명	남	1962	시	시각장애
12	2002	-	-	-	-	(표절로 당선 취소)
13	2003	한상식	남	1975	시	지체장애

* 2004년은 본상 내역과 동일함.

회차	연도	성명	성별	출생연도	부문	장애 유형
14	2005	김판길	남	1959	시	시각장애
15	2006	이상규	남	1963	시	지체장애
16	2007	김명희	여	1959	시	지체장애
17	2008	김민수	남	1962	시	청각장애
18	2009	김석수	남	1954	시	지체장애
19	2010	심철수	남	1949	시	신장장애
20	2011	허성욱	남	1966	시	지체장애
21	2012	심 금	남	1985	시	지체장애
22	2013	김옥순	여	1949	시	지체장애
23	2014	김준엽	남	1970	시	뇌병변장애
24	2015	김종선	남	1958	시	지체장애

* 『솟대문학』 폐간으로 3회 추천자 가운데 선정하는 신인상 폐지

• 3회 추천완료

이대건, 윤시몬, 진성백, 옥남연, 최 림, 육도연, 배기웅, 이영범, 김상만, 한용호, 황병연, 이대우, 이영순, 정달화, 노진희, 김윤희, 장효성, 김윤진, 김지영, 박미영, 구봉문, 김윤진, 김양자, 최종진, 송하구, 정종희, 성기철, 백국호, 홍성원, 우창수,

조현승, 정만근, 박준규, 우창수, 권오웅, 류권승, 이삼열, 이남로, 배은경, 이덕근, 심우인, 김상만, 배석형, 이상용, 박종필, 조명신, 정중규, 채원환, 김효성, 남인우, 김진우, 성진숙, 김효진, 김시경, 장화연, 김경배, 장진순, 권주열, 김정운, 이영순, 이길자, 김동현, 유용비, 이형식, 양미동, 정기순, 박연복, 신영미, 주치명, 하보현, 장진순, 조재훈, 강현우, 천　희, 김영익, 한상식, 손병걸, 허　균, 신용민, 김판길, 신승우, 최웅렬, 김상형, 박현안, 김수복, 김인성, 김무련, 윤영기, 이상규, 이계옥, 오미광, 손성일, 김명희, 김판길, 김대근, 이현주, 최승철, 김민수, 박재홍, 최우민, 전정숙, 김인성, 조명신, 김석수, 신성일, 노차돌, 이준순, 심철수, 박광순, 김상곤, 우덕호, 김미선, 박효섭, 김인성, 김주은, 박동길, 허성욱, 설미희, 한병진, 박철호, 심　금, 박종규, 이순자, 김옥순, 송재익, 조의령, 장인옥, 김종선, 송진수, 주성완, 이준순, 김경식, 이명운, 이동훈, 황남기, 강경의, 홍성옥, 허정자
(1인 2개 장르 추천 포함)

3) 미국으로 간 『솟대문학』

2016년 2월 25일 『솟대문학』 1질(1-100호)을 미국 스탠퍼드대학 도서관에서 구입하겠다는 요청을 받고 바로 『솟대문학』 100권을 미국으로 보내기로 결정하였다. 『솟대문학』으로서는 너무나 영광스러운 일이다. 스탠퍼드대학교(Stanford University)는 1891년에 설립된 미국 캘리포니아주 스탠퍼드 시에 위치한 연구 중심 사립대학으로 노벨상 수상자들이 가장 많이 거쳐가 '금세기 가장 성공한 대학' 으로 평가받고 있다. 스탠퍼드대학교는 자연과학분야뿐만 아니라 철학, 문학, 심리학 등 인문학을 육성하고 있어서 전 세계 그 어디에서도 그 유례를 찾아볼 수 없는 장애인문학에 관심을 갖고 『솟대문학』을 도서관에 비치하여 많은 학생들이 열람하며 연구할 것으로 보인다.

『솟대문학』을 창간하여 100호까지 25년의 장애인문학 역사를 만들어 왔지만 국내에서는 알아 주지 않는 『솟대문학』의 가치를 해외, 그것도 명문대학에서 연구 자료로 인정해 준 것에 폐간의 아픔을 딛고 다시 일어설 수 있는 희망을 주었다. 앞으로 장애인문학에 대한 연구로 장애인문학을 여성문학, 흑인문학 등처럼 정체성 문학으로 발전시켜 나가면 문학적 자산도 되고 장애인에 대한 사회적 평가를 높이는데도 큰 역할을 할 것이다.

2. 『솟대문학』(1991~2015) 운영

솟대문학

—발행인: 방귀희
—발행처: 한국장애인문인협회
—등록: 정기간행물 등록 허가(1991년 4월 29일, 등록번호 바-1535)
—발간형태: 계간
—가격: 9,000원(1년 정기구독 30,000원)
—제호: 故 김기창
—솟대문학후원회 회장: 오진권

1) 협찬 광고

『솟대문학』 예산은 2010년부터 한국문화예술위원회에서 우수문예지 발간 지원사업으로 1호당 400만 원, 연 1,600만 원을 지원받았다. 이 예산은 인쇄비 정도밖에 되지 않아 『솟대문학』을 운영하기 위해서는 협찬 광고가 필요했다.

『솟대문학』 100호까지 발간하는 동안 협찬 광고 형식으로 지원을 해 준 기업은 49개사이다. 이들 기업에서 광고한 횟수는 300회로 1호당 3개 기업의 협찬을 받은 셈이다. 지원 횟수는 이야기있는외식공간이 48회로 단연 압도적이고 액수도 호당 300만 원씩 후원한 이야기있는외식공간이 가장 큰 액수이다. 이야기있는외식공간에 이어 두 번째로 많은 놀부의 지원은 21회로 초창기에는 출판비 전액을 부담한다는 방침으로 호당 500만 원을 지원하였다. 두 기업 모두 대표가 오진권 대표이고 보면 오진권이란 후원자가 69회를 후원하여 『솟대문학』 후원의 69%를 그가 지원하여 책이 제작되었다는 것을 알 수 있다.

그다음이 양백재단(21회), LS(20회), 한국마사회(18회), LG(16회)가 우위를 차지하였고, 그 뒤를 한국장애인고용촉진공단(13회), 아산재단(12회), 현대(10회), 포스코(10회), 삼육재활센터(8회)가 이었으며, 7회 지원은 파라다이스복지재단, 현대홈쇼핑, 쌍용이며, 대농(6회)이 10위를 기록하였다.

4회 지원은 현대자동차, 한라, 이랜드, 대우, 국민은행이고 3회 지원은 한국도로공사, 선경, 코오롱, 원자력문화재단, 대한항공, 삼성화재, 대산문화재단이며, 2회 지원은 한국담배인삼공사, 기업은행, 한국전력공사, 국민건강보험공단, 대교문화재단, 주택은행이다. 1회 지원은 랜덤하우스중앙, 한국사이버결제, 인켈,

장기신용은행, 삼성전자, 테크노, 한국유리, 한국가스공사, 국민체육진흥공단이 이름을 올렸다.

이들 협찬 광고의 액수는 평균 100만 원 정도인데 IBK 기업은행과 G마켓은 한 번에 1천만 원의 사업비를 지원하기도 하였다. 『솟대문학』 광고 협찬사 순위는 다음 〈표2〉와 같다.

〈표2〉 『솟대문학』 광고 협찬사 순위

순위	협찬사	지원횟수	순위	협찬사	지원횟수
1	이야기있는외식공간	48	7	현대	10
2	놀부	21	7	포스코	10
2	양백문화재단	21	8	삼육재활센터	8
3	LS	20	9	현대홈쇼핑	7
3	한국마사회	18	9	파라다이스복지재단	7
4	LG	16	9	쌍용	7
5	한국장애인고용촉진공단	13	10	대농	6
6	아산사회복지재단	12			

2) 협찬 광고 기업 분석

IMF 이전

IMF 이전에는 기업에서 협찬 광고 형식의 장애인복지사업에 대한 지원을 많이 실시하였다. 그래서 사업비를 정부보다는 기업에 의존하는 경우가 더 많았다. 그 당시 기업은 홍보 효과보다는 장애인문제에 대한 사회적 관심이 높아지고 있었던 때라서 기업 이미지 향상을 위해 장애인사업에 후한 지원을 하였던 것이다.

『솟대문학』도 쌍용, 선경, 대우, 현대, LG, 삼성 등 당시 대그룹의 협찬 광고를 호당 3개 정도는 받아내며 초창기 운영에 탄력을 받을 수 있었다. 그리고 협찬 광고를 해 주는 기업도 다양하여 여러 기업에서 『솟대문학』을 조금씩 후원하는 양상을 보였으며, 공기업인 한국마사회는 사회 환원 차원에서 협찬 광고에 많은 투자를 하고 있었다.

기업 외에 아산복지재단, 양백재단, 파라다이스복지재단의 재단지원과 한국장애인고용촉진공단, 삼육재활센터의 장애인계 후원도 있었다. 이 시기는 장애인 문학지가 처음인데다 협찬 광고 금액이 행사 협찬보다는 훨씬 작아서 그런대로 수월하게 협찬이 이루어진 시기이다.

IMF 이후

IMF 이후의 변화는 새로운 협찬사를 발굴하기 어려웠다는 것이다. 담당자와 친분을 맺고 있던 기업에서 협찬 액수를 줄이고 횟수를 줄이는 방향으로 지원을 이어 갔다. 한국마사회, 양백재단, 현대홈쇼핑 등에서 『솟대문학』에 관심을 갖고 있었다.

1998년 여름호부터 지원을 시작한 (주)놀부의 후원이 2003년 여름호로 마감이 된다. 5년 동안 사업주와 좋은 관계를 유지하고 있었지만 사업주에게 큰 변화가 생긴 것이다. 2003년 가을호부터는 이야기있는외식공간으로 이어져 폐간까지 지속되었는데 이 외식업체 역시 놀부 창업주였던 오진권 사장이 대표이고 보면 지원사 명칭만 바뀌었을 뿐이다. 그래서 놀부니 이야기있는외식공간이니 하는 기업명보다는 오진권 대표가 장애인문학 지원의 1등 공신으로 인식되고 있다.

『솟대문학』은 IMF 영향보다는 단일 사업에 대한 장기 지원을 지양하고 있는 기업의 생색내기식 다수 지원 방침에 타격을 받게 된다. 지원 기업이 하나 둘씩 빠져나가다가 2007년에는 이야기있는외식공간과 현대홈쇼핑 단 두 군데 기업의 후원으로 축소되었고 2008, 2009, 2010년 3년 동안은 협찬사가 단 한 곳 이야기있는외식공간뿐이었다. 그 원인은 기업마다 사회공헌 부서를 두어 자체적으로 사회복지사업을 펼쳤기 때문이다. 기업에서 협찬 광고 형식으로 지원을 하던 방식 대신 사회공헌사업을 활성화시키고 있어서 『솟대문학』은 협찬 광고로 지원을 받을 수 있는 길이 막히게 된 것이다.

2011년 이후

2010년 겨울 통권 80호가 발간되자 그 역사적 가치를 인정한 조선일보에서

『솟대문학』 방귀희 발행인의 삶의 이야기를 비중 있게 다뤘다(최보식이 만난 사람. '국내 유일 장애인문예지 『솟대문학』 20년 발행해 온 1급 지체장애인 방귀희 씨' 2011년 2월 7일). 이 기사를 기점으로 LS와 포스코의 협찬 지원이 시작되었다.

『솟대문학』 91호부터 『솟대문학』 100호 프로젝트로 『솟대문학』을 한 단계 끌어올린다는 야심찬 기대감을 갖고, 초창기 협찬 광고를 해 주었던 기업을 대상으로 다시 지원을 요청하였으나 모두 협찬 광고를 하지 않는다는 반응이어서 『솟대문학』 100호 마케팅이 통하지 않았다. 우리나라 경제가 침체되기도 하였지만 기업이 장애인예술의 사회적 가치를 낮게 평가하고 있기 때문인 것으로 해석된다.

25년 동안의 『솟대문학』 협찬 광고에 대한 빈도 추이는 〈그림2〉와 같다.

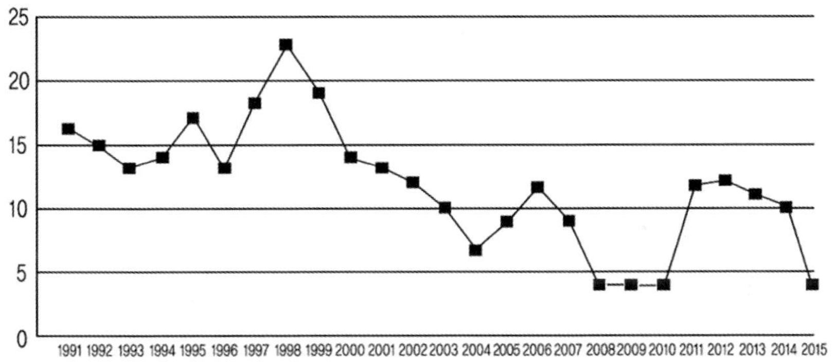

그림2 『솟대문학』 협찬 광고 빈도 추이

3) 지원 결정 경로

편지를 통해

초창기에는 언론에 많이 노출되는 대기업 대표에게 손편지를 써서 협찬 광고 요청 공문과 『솟대문학』 책을 보내고 나서 2주일 정도 지나 전화를 걸어 공문이 어떻게 처리되었는지를 확인하는 방식으로 접근하였다.

『솟대문학』을 만드는 방귀희 발행인이 장애인 당사자로서 방송작가로 일을 하고 있다며 본인을 소개하고 『솟대문학』이 장애문인들에게 어떤 역할을 하는지 사례를 들어 설득하는 내용으로 쓴 손편지였다. 보통 한 호에 10개 기업에 편지를 썼는데 보통 한두 군데 기업과 협찬 광고를 성사시켰다.

그 당시 장애인단체들이 공문을 들고 직접 찾아와서 담당자를 괴롭히는 수준으로 협찬을 요구하는 방법과는 달리 편지와 전화로만 간절히 부탁을 하는 방식이 신선했다는 후문을 듣기도 하였다.

협찬 광고가 실린 『솟대문학』이 나오면 그때 기업 담당자를 찾아가는데 아주 작은 KBS 기념품을 선물하며 감사의 인사를 하였다. 그렇게 담당자와 친분을 쌓으면 그다음부터는 기업 대표가 아닌 담당자에게 편지를 보냈는데, 그 편지에는 차별없이 따뜻하게 대해 줘 고맙다고 하면서 그런 따스함을 장애문인들에게 전하였다며 사랑이 공유되고 있음을 확인시켜 주었다. 또한 『솟대문학』에 대한 지원이 한국에 장애인문학 이란 장르를 만드는 것이라는 사명감도 주었다.

식사를 한 적도 없고, 좋은 선물을 준 적도 없지만 담당자들과 진심으로 소통을 할 수 있었던 것이 인맥이나 접대비 없이도 협찬을 얻을 수 있었던 비결이다.

인맥을 통해

우리 사회가 편지 한 장으로 진심이 통할 만큼 순수하지는 않다. 역시 인맥이다. 초창기 현대와 아산재단은 원로 시인인 故 구상 선생님께서 연결해 주셨고, (주)놀부는 시인 허홍구 국장님이 중간 역할을 해 주었으며 포스코는 시인 김초혜 선생님께서 애써 주셨다.

그리고 광고 협찬사 순위 5위를 기록한 한국장애인고용촉진공단(현재 한국장애인고용공단)과 8위의 삼육재활센터(현재 사회복지법인 SRC)는 발행인 자신이 장애인계에서 오랫동안 활동하며 생긴 인맥을 통해서였다.

광고가 아닌 후원금 1천만 원을 내준 G마켓은 사회공헌정보센터 곽대석 소장이 연결해 주었다. 이를 보면 인맥이 결정적인 역할을 한다는 것을 알 수 있다. 그런데 인맥은 사람이 아니라 언론 매체가 만들어 주기도 한다. (주)LS가 『솟대문학』 협찬을 시작한 것은 2011년 봄호부터였다. 2011년 2월 7일 조선일보 〈최보식이 만난 사람〉 코너에 소개된 『솟대문학』 기사를 접한 LS 구자홍 회장이 『솟대문학』에 관심을 갖게 된 것이 『솟대문학』에 광고지원을 하게 되었다. 구자홍 회장은 『솟대문학』이 폐간되고 장애인예술 종합잡지 『E美지』가 창간되자 광고 지원을 그곳으로 하여 장애인문학에 이은 장애인예술에 대한 지원을 멈추지 않고 있다.

4) 장애인문학 지원 성과

장애인문학을 대표하는 『솟대문학』을 지원한 곳은 49개 기업이고 이들 기업에서 협찬 광고를 한 횟수는 296회이다. 광고가 가장 많았던 해는 1998년으로 23개 협찬 광고를 받았고 최다 광고 기록인 9개사 광고가 게재된 것도 1998년 겨울호인 통권 32호였다. IMF로 모든 것이 축소되는 분위기에 불안감을 느끼고 생존하기 위해 물불 안 가리고 매달려서 얻은 결과로 분석된다. 최저 광고는 2008년부터 2010년까지로 매호 이야기있는외식공간 달랑 한 곳이었다. 『솟대문학』이 50호 중반을 넘기면서 최초의 장애인문학이라는 상징성이 퇴색되었고 책 발간 이외의 새로운 변화를 만들어 내지 못하여 독자나 기업 그리고 언론에 피로감을 주었던 것으로 해석된다.

이 어려운 시기를 견디어 낼 수 있었던 것은 단 한 곳 이야기있는외식공간의 지원이 있었기 때문이다. 이때 이야기있는외식공간마저도 지원을 중단했었다면 『솟대문학』은 회생 불가능한 나락으로 추락했을 것이 분명하다.

『솟대문학』 1회 평균 광고료가 100만 원으로 지원액은 총 2억 9천 6백만 원이다. 3억 원이란 돈이 25년 동안 이루어진 지원이고 보면 1년 후원이 1천 2백만 원 정도로 한 기업에서 지원한다 해도 부담이 되지 않는 액수이다. 이렇게 큰 부담이 되지 않은 지원으로 우리나라에 존재하지 않았던 장애인문학이 당당히 그 정체성을 드러내게 만들었다.

만약 『솟대문학』에 대한 기업 지원이 없었다면 『솟대문학』이 100호까지 이어

지지 못하였을 것이고 그랬더라면 글쓰기를 좋아하고 실제로 재능이 있는 장애인들이 시인, 수필가, 소설가라는 명칭을 부여받지 못하여 자신은 아무것도 하지 않고 있는 불필요한 존재라는 자괴감에 빠져 스스로 소외를 택하게 되었을 것이다.

그런데 장애인문학을 지원하여 장애인문학을 탄생시키고 장애문인을 450여 명 배출하는 업적을 이루었다. 지원 액수가 크던 작던 『솟대문학』을 후원한 49개 기업 모두 결국 장애인문학 메세나 활동을 한 것이다.

이렇게 소리없이, 부담없이 실시한 『솟대문학』 협찬 광고가 장애인문학 메세나를 형성한 것은 요란하게 부담을 느끼며 억지로 참여한 메세나 활동과는 달리 자생력이 있어서 더욱 값진 결실을 보았다. 『솟대문학』 98호에 솟대문학의 역사를 만들어 준 광고 협찬사 목록을 발표하여 행복한 기부에 대한 감사의 마음을 다음과 같이 전했다.

> "우리나라 유일의 장애인문학지 『솟대문학』의 역사에 함께해 주신 아름다운 기부에 깊은 감사를 드리며 영원히 기억하겠습니다."

5) 솟대문학 후원자

(1) 故 구상 시인

장애인문학의 신앙

1990년 겨울, 한국장애인문인협회를 결성하고 행사를 준비하며 축하의 말씀을 부탁하기 위해 몇몇 유명 문인들에게 전화를 했다. 구상 선생님께도 전화를 드렸다. 선생님은 그날 다른 일정이 있어서 참가가 어렵다고 하시면서 일정을 마치고 늦더라도 잠시 들르겠다고 여운을 남기셨다. 하지만 난 아주 부드럽게 거절하시는 것으로 받아들였다. 계속되는 가시 돋친 거절 때문에 그 따스함이 큰 위로가 되었다.

그런데 1990년 12월 7일 오후 4시경, 중절모자를 쓰신 구상 선생님이 정말 우리 앞에 모습을 보이셨다. 아! 그 감동… 약속을 지켜 주신 것이고, 우리를 인정해 주신 것이고, 우리 편이 단 한 명이라도 있다는 사실에 코끝이 찡해졌다. 이렇게 시작된 구상 선생님과의 인연은 2004년 영면하시기까지 계속되었다.

선생님은 장애문인들의 잔치인 솟대문학상 시상식에 매년 참석해 주셨는데 1년에 한 번 만나는 자리인 만큼 편안한 장소에서 따뜻한 식사를 하고 갈 수 있어야 한다며 늘 마음을 써 주셨다. 선생님께서 서재를 정리하신 돈 2억 원을 솟대문학상 상금 기금으로 기부하시면서 장애인문학상이야말로 상금이 많아야 한다며 마지막까지 장애문인을 걱정해 주셨다.

구상 선생님께서 우리를 위해 무엇을 해 주셨는지를 열거하는 것보다는 변함없는 모습으로 15년 동안 『솟대문학』을 지켜 주신 장애문인의 스승이요, 신앙이라는 전설을 남긴다.

우리 시대의 큰 스승

사람은 살아 있을 때보다 이 세상을 떠났을 때 제대로 평가받아야 한다. 죽음이 헛되지 않도록 하기 위해서는 삶에 의미를 두어야 한다. 구상 선생님은 우리 시대의 마지막 스승이시다. 우리는 앞으로 또다시 이런 스승을 만나지 못할 것이다. 구상 선생님은 우리 국민의 유일한 성자(聖子)이다. 우리는 그동안 성자를 갖지 못했다. 성자는 그 나라의 정신이다. 우리는 성자를 갖지 못했기에 정신적으로 방황하고 있다.

선생님은 공식적이고 공개적인 의사 표현은 피하셨지만 주변에 있는 사람들에게 세상 돌아가는 말씀을 해 주시며 몸소 정의를 실천하셨다. 선생님은 주위 사람들에게 인간이 줄 수 있는 최고의 기쁨을 주신 것만으로 충분히 성자가 되실 수 있다.

구상 선생님은 살아 있는 문장이다. 선생님 글을 읽으면 문(文)이 무(武)보다 강하다는 것을 실감하게 된다. 선생님은 글을 통해서 무지에 찬 사람들의 어리석음을 일깨워 주셨다.

선생님이 『솟대문학』을 남달리 아끼신 것은 『솟대문학』이 사랑이 필요한 곳이기 때문이었다. 선생님은 사회적 약자에게 남다른 애정을 갖고 계셨다. 억울한 사형수를 양아들로 받아들여 구명운동을 하였던 것은 많이 알려진 사실이다.

어느 친구

주일(일요일)마다 명동성당엘 가면
초입 언덕에 구걸상자를 앞에 놓고
뇌성마비로 전신이 비틀린
그 친구가 앉아 있다

그가 거기 모습을 보이기 시작한 지는
한 5년이 되었을까?

나하고는 그 언제부터인지
아주 낯익고 친숙해져서
내가 언덕을 오를 양이면
멀리서부터 혀 꼬부라진 소리를
지르곤 한다

그런데 그 친구 이즈막에 와서는
더욱더 우리 우정에 적극성을 띠어
지난주에는 주스 한 병을 건네주더니
오늘은 장미꽃 한 송이를 들고 있다가
그 비틀어진 팔과 꼬인 손으로 내주었다

그 극진한 우정에 화답할 바를 몰라
나는 마치 무안이나 당한 사람처럼
휑하니 성당엘 들어와 앉는다

이윽고 나는 장궤틀에 무릎을 꿇고

두 손에 장미를 받들고 기도한다

하느님! 당신의 영원한 동산에서는
그와 내가 허물을 벗은 털벌레처럼
나비가 되어 함께 날게 하소서!

홀로와 더불어

나는 홀로다
너와는 넘지 못할 담벽이 있고
너와는 건너지 못할 강이 있고
너와는 헤아릴 바 없는 거리가 있다

나는 더불어다
나의 옷에 너희의 일손이 담겨 있고
나의 먹이에 너희의 땀이 배어 있고
나의 거처에 너희의 정성이 스며 있다

이렇듯 나는 홀로서
또한 더불어 산다

그래서 우리는 저마다의 삶에
그 평형과 조화를 이뤄야 한다.

어느 이웃의 이사

며칠째 그 개가 안 보인다
한쪽 발목이 잘린 앞다리를 들고 아파트 앞뒤 뜰을 껑충껑충 돌아다니던 그

바둑이가 안 보인다

물론 그 개 주인네도 안 보인다

예순을 갓 넘겼을까? 곱상스레 늙어 가는 이웃동(棟)의 아낙네, 지난 늦여름 어린이 놀이터 등덩굴 시렁 아래 나무 의자에 우연히 함께 앉게 되어 개의 내력을 물었더니

"지난해 막내 딸애가 행길에서 발목을 다치고 킁킁거리며 헤매는 강아지가 하도 불쌍해서 데려왔는데요, 처음에는 그저 가엾어서 길렀더니 이제는 정이 들어 한식구가 됐지 뭐예요!"

하고는 덧붙이는 사연인즉

"그런데 그만 크니까 집에 들면 낯을 가려 문 밖에 인기척이 나면 고래고래 짖어 대서 이웃에서들 뭐라고들 하거든요, 그래서 할 수 없이 집을 내놨어요. 독채로 이사를 가려구요."

하더니 마침내 이사를 갔나 보다

나는 아파트 뜰에서 그 개를 만날 때마다 이 콘크리트 숲속에서도 인정의 샘에 때마다 목을 축이는 느낌이었던지라 아쉽고 허전하기 짝이 없지만 그 개를 위해 이사를 간 주인네의 갸륵한 마음씨를 떠올리면 이것도 한갓 이기심(利己心)이어서 부끄럽기 그지없다.

선생님의 작품 속에도 어려운 사람들에 대한 배려와 사랑이 곳곳에서 발견된다. 주일마다 명동성당 앞에서 만나는 뇌성마비 친구와 소통하며 성당 안으로 들어가서 기도를 할 때 '그와 내가 허물을 벗은 털벌레처럼 나비가 되어 함께 날게 하소서!' 라고 한 것은 선생님과 뇌성마비 친구가 똑같은 인간이라는 점을 강조하면서 몸에 장애가 있건 없건 인간은 허물을 벗고 자유를 갈망하는 존재라

는 사실을 일깨워 주었다.

선생님의 사랑은 인간뿐만이 아니라 동물 등 모든 생명에게도 적용된다. 한쪽 발목이 잘린 이웃집 강아지가 커서 더 이상 아파트에서 키울 수가 없게 되어 주택으로 이사를 간다는 말에 이웃의 동물 사랑에 부끄러움을 느꼈다고 하였다. 선생님의 이런 생명 존중과 사랑의 원천은 〈홀로와 더불어〉라는 시에서 잘 드러난다. 인간은 홀로 살면서 동시에 함께 살기 때문에 우리는 저마다의 삶에 그 평형과 조화를 이뤄야 한다는 큰 가르침을 주신 우리 시대의 큰 스승이다.

구상 연보

출생

1919년 서울 이화동에서 태어남

1923년 가톨릭의 베네딕도 수도원이 원산지구 포교를 맡고 이동할 때 교육사업을 위촉받은 부친을 따라 원산시 교외에 있는 덕원으로 낙향

본적

1953년 대구로 피난하던 중, 국제적십자사와의 교섭으로 북한 감옥에서 석방된 후 내한한 베네딕도 수도원을 따라 경북 칠곡 왜관으로 이주, 본적지로 등기하고 20여 년을 거주함

학력

1938년 덕원 베네딕도 수도원 부설 신학교 중등과 수료

1941년 일본 대학 전문부 종교과 졸업

주요 경력

대한민국예술원 회원

국제펜클럽 한국본부 · 한국문인협회 고문

성천아카데미 명예회장

언론계

1942~1945년 북선매일신문사 기자

1948~1950년 연합신문사 문화부장

1950~1953년 국방부 기관지 승리일보사 주간
1953~1957년 영남일보사 주필 겸 편집국장
1961~1965년 경향신문사 논설위원 겸 동경지국장

교육계
1952~1956년 효성여자대학교 문리과대학 부교수
1956~1958년 서울대학교 문리과대학 강사
1960~1961년 서강대학교 문리과대학 강사
1970~1974년 하와이대학교 극동어문학과 조교수
1982~1983년 동 대학교 부교수
1985~1986년 동 대학교 부설 동서문화연구소 예우작가
1973~1975년 가톨릭대학 신학부 대학원 강사
1976~1998년 중앙대학교 예술대학 및 대학원 대우교수

공직
1986년 제2차 아시아시인회의 서울대회장
1991년 세계시인대회 명예대회장
1993년 제5차 아시아시인회의 서울대회장
국방부 정책자문위원, 인권수호연맹 문화부장, 독립기념관 · 문예진흥원 이사 등을 역임

상훈
1955년 금성화랑 무공훈장(민간인으로서 효시)
1957년 서울시문화상
1970년 국민훈장 동백장
1980년 대한민국문학상 본상
1993년 대한민국예술원상

(2) 장애인메세나 운동의 선봉자, 오진권

『솟대문학』과 오진권의 만남

1997년, 한국 사회는 IMF라는 혹독한 경제 위기를 맞이하였다. 기업들이 휘청거려 하루아침에 직장을 잃은 가장들로 한국 가정이 초상집이 되었다. 그때가 『솟대문학』 최대 위기였다. 아무리 살림을 줄여 허리띠를 졸라맨다 해도 종이값과 인쇄비는 있어야 책을 만들 수 있는데 그 비용을 마련할 방법이 없었다. IMF

로 기업이 가장 먼저 삭감한 것이 이미지 홍보로 사용하던 협찬 광고였다.

설상가상으로 방송작가 일을 하며 알바 삼아 일하던 기업홍보비디오 제작 작업도 뚝 끊겨 내 주머니도 말라 버렸다. 아무리 생각하고 또 생각해 봐도 길이 보이지 않았다. 『솟대문학』 편집부는 창간부터 폐간까지 자원봉사로 운영이 되었기 때문에 편집부 식구들 앞에서는 제작비 걱정을 하지 않는 것이 불문율이었지만 『솟대문학』을 더 이상은 이어가기 힘들다는 고백을 하지 않을 수 없었다.

편집부에서 가장 연장자이고 가장 전문가인 경원대학교 문예창작과 김삼주 교수님이 방법을 찾아보자고 위로를 해 주었다. 그저 해 주시는 말씀이겠거니 했었는데 한국음식업중앙회 국장이며 시인인 허홍구 선생님과 자리를 마련해 주셨다. 허홍구 선생님은 문인이라 『솟대문학』에는 호의적이었지만 역시 부탁이라 부담을 느끼시는 듯했다. 하지만 허홍구 선생님은 『솟대문학』을 외면하지 않고 놀부와 연결시켜 주셨다.

놀부로 『솟대문학』 지원 요청 공문을 보내자 직원이 실사 차원에서 『솟대문학』 사무실을 방문하였고 며칠 후 놀부 오진권 사장님과의 면담이 이루어졌다. 그때가 1998년 3월의 어느 토요일 오전이었다. 나는 사장님께 1년 만 도와주십사 간청하며 놀부 오진권 대표의 후원 결심을 이끌어 내었다.

오진권의 장애인문학 지원

이렇게 시작한 오진권 대표의 기부가 17년 동안 이어졌다. 1998년부터 후원을 시작하여 『솟대문학』 100호 가운데 69권을 후원하여 총 후원액이 2억 원이 넘는다. 『솟대문학』은 오진권 대표 손에 의해 만들어졌다 해도 과언이 아니다. 오진권 대표는 2001년 (주)놀부에서 손을 뗀 후 잇단 사업 실패로 극단적 선택을 결심할 정도로 경제적으로 어려운 상황 속에서도 『솟대문학』에 대한 후원은 멈추지 않았다. 글밖에 쓸 수 없는 가장 어려운 장애인들과의 약속을 지키기 위해서였다.

오진권의 기부는 어려움 속에서도 지속하는 진정한 나눔 정신의 고귀한 실천이다. 대기업에서 사회공헌 활동으로 기부를 하는 것은 면세 효과를 보기 위해서라고 대다수의 국민들은 생각한다. 사회적으로 물의를 일으킨 사람들이 기부를 통해 면죄부를 받는 것 또한 우리 국민들은 식상할 정도로 보아 왔다.

오진권 대표는 장애인문학이라는 누가 알아 주지도 않는 분야에 후원을 했다. 뿐만 아니라 사단법인이 아니어서 기부금에 대한 세금 혜택도 받지 못하면서도 『솟대문학』에 대한 후원을 멈추지 않는 것은 오로지 장애문인에 대한 사랑 때문이었다. 오진권 대표의 지원이 없었더라면 『솟대문학』은 진즉 폐간되었을 것이고 『솟대문학』이 없었다면 우리나라에 장애인문학이란 문학 장르도 생기지 못하였을 것이다.

기부가 주로 사회복지 차원에서 이루어지고 있는 가운데 오진권은 『솟대문학』 후원으로 한국 장애인메세나 운동의 시조로 인정되어야 한다.

3. 솟대평론

1) 『솟대평론』 창간

우리나라 최초이자 유일한 장애인문학지 『솟대문학』이 25년 동안 통권 100호를 발간해 오다가 2015년 겨울호를 끝으로 폐간되어 장애문인들에게 큰 충격을 주었었는데 2년 만인 2017년 가을 장애인문학의 가치를 평가하는 반년간 『솟대평론』(부제-시리도록 아프고 눈부신 文)으로 새롭게 창간되었다.

『솟대평론』은 장애문인들의 신작을 발표하는 솟대문학 코너와 『솟대문학』 25년을 재평가하는 리뷰 그리고 장애인문학 관련 소논문을 게재하는 것이 기본 콘텐츠이다. 『솟대평론』 발행인은 창간사를 통해 '『솟대평론』을 통해 장애인문학이 하류 문학이 아니라 독특한 경험 문학으로 인간 존재론에 대한 고백임을 보여 주겠다.' 며 장애인문학에 대한 활발한 담론이 형성될 수 있도록 문단이나 지성인들이 『솟대평론』에 관심을 가져 줄 것을 당부하였다.

솟대평론
—펴낸이: 방귀희
—펴낸곳: (사)한국장애예술인협회
—등록번호: 금천 사-00013(2016.09.15.)
—값: 15,000원
—제호: 석창우
—편집위원
고정욱(동화작가): 장애인문학
김미선(소설가): 장애인문학
김용성(삼육대학교 영어영문학부 교수): 영미문학
김종회(문학평론가): 소설 평론
김진희(이화여자대학교 이화인문과학원 교수, 문학평론가): 시 평론
맹문재(안양대학교 국어국문학과 교수, 시인): 시 평론
차희정(아주대학교 국어국문학과 외래교수, 문학평론가): 소설 평론
허혜정(숭실사이버대학교 방송문예창작과 교수, 문학평론가): 시 평론

2) 리뷰

(1) 손창섭의 〈육체추〉-몸의 정체성을 찾아서(『솟대평론』 1호, 2017)

장애인의 몸에 대하여 이렇게 적나라하게 표현된 글을 읽으니 장애인 당사자인 나로서는 온몸이 오그라든다. 알몸으로 대중 앞에 선 듯 수치스럽다. 장애 때문에 생기는 불편이나 편견과 맞닥뜨리지 않는 한 우리는 장애를 잊고 사는데 〈육체추〉를 읽으며 장애를 잊는 건 우리이지 사람들이 아니라는 사실도 알았다.

하지만 문학적 관점에서 〈육체추〉를 살펴보면 고마운 점도 많다. 이 작품을 발표한 것이 1961년이면 집필한 것은 그 이전일 텐데 소설 배경으로 보았을 때 한국전쟁 중 서울 수복 이후 언제 다시 서울이 점령당할지 모르는 불안한 시절, 서울 변두리에 있는 장애인 생활시설에서 일어나고 있는 어처구니 없는 인권 유린을 소재로 하고 있다.

장애인문제에 아무도 관심을 갖지 않고 있을 때 작가는 용케도 장애인을 바라보았다. 작가는 당시의 한국을 불구화(不具化)되었다고 본 것이다. 장애인은 불구라는 표현을 절대로 사용하지 않지만 나는 차라리 그 표현이 더 맞다고 여겨진다. 한국이 반토막이 나서 가지도 오지도 못하고 서로 원수가 되어 총을 겨루고 있는 상황은 사용 불가능한 것이니 말이다. 손창섭 작가의 작품은 은폐되었

던 인간의 무의미를 강조하고 있다고 평론하였지만 이 부분에 대해서는 반론을 제기하려고 한다.

〈육체추〉의 장애인 관점

당시는 장애인이 많지도 않았고 밖으로 나오지도 않아서 장애인을 볼 기회가 거의 없었다. 그래서 장애 때문에 가족으로부터 버림받은 중증장애인들이 모여 사는 수용소 같은 시설이 더러 있었는데 그 시설에 사람들은 기부금을 보내곤 하였다. 그런데 사람들 주머니에서 돈을 꺼내기 위해서는 시설 방문이 필수인데 낯선 사람들에서 장애인의 모습을 보여 주고 받는 돈이라서 작가는 관람료라고 표현하였다. 아주 정확히 본 것이다. 대부분의 장애인 시설들이 후원금을 그런 식으로 받아 냈으니 말이다.

〈육체추〉에서 애호원 식구들이 현실에서 벗어나기 위해 할 수 있는 일은 기도가 전부였다. 기도의 내용을 보면 자신들은 바르게 살려고 애썼는데도 장애인이 되었고 사회에 해를 끼치는 사람들은 왜 멀쩡한 몸을 갖고 있는지 모르겠다며 하나님의 섭리를 이해할 수 없다고 신에게 도전을 한다. 장애인의 이런 도전이 오늘날 장애인운동으로 발전하여 장애인차별금지법까지 제정하게 만들지 않았나 싶다.

문학평론가들은 〈육체추〉가 장애인의 무의미한 존재를 드러낸 작품이라고 평할지 몰라도 장애인 당사자이며 독자인 나는 장애인은 절대로 무의미한 존재가 아니고 최악의 상황에서도 부당함이 무엇인지를 잘 파악하고 있는 것은 물론이고 그 부당함을 거부하며 세상에 알리려는 노력을 부단히 하고 있었기에 유의미한 존재라는 것이 잘 드러난다.

〈육체추〉의 선악에 대한 관점

〈육체추〉가 소설인 것은 원장의 악과 대비되는 선으로서의 마리아를 등장시킨 점이다. 마리아는 원장의 외사촌 동생으로 지적장애 딸을 둔 장애아 엄마이다.

그래서 마리아는 원장과 맞서 애호원 식구들 편에 섰던 것이다. 작가는 마리아를 플라토닉 사랑의 실천자로 그렸지만 장애아 엄마는 장애인 당사자와 다름이 없기에 마리아도 장애인과 같은 입장이다.

그런데 애호원에서 발생하는 문제가 또 있다. 바로 성폭행이다. 마리아의 지적장애 딸이 성폭행을 당해 임신을 하였다. 작품에서는 결국 범인을 잡지 못하고 다만 장애인은 성적 자격을 상실한 사람들이라는 표현으로 장애인에 대한 당시의 편견을 극명히 표출해 내고 있다.

소설의 클라이맥스는 악의 상징인 원장이 중공군 투입으로 서울이 위태로워지자 100여 명이나 되는 원생들은 죽든 말든 그대로 두고 혼자 피난을 가려고 하는 국면이다. 그것을 알게 된 애호원 식구들이 원장을 단죄하기 위하여 건물에 불을 지른다. 불길이 무섭게 번지는 모습을 보고 '유다(원장을 일컫는 말)의 화장이다' 라며 통쾌해하지만 그 불길 속에 휩싸인 사람은 마리아와 그녀의 딸이었다. 원장은 이미 도망을 가고 없었던 것이다.

애호원 식구들은 자신을 보호해 주던 사람마저 잃었다. 허무하지만 이것이 현실이다. 우리 사회에는 선과 악이 존재하며 악이 단죄를 받지 않아 선이 무기력해지고 있는 것은 오늘의 우리도 똑같이 공감하는 부분이다. 마리아는 죽기 전에 이런 말을 한다. "인간을 벌할 수 있는 것은 하나님뿐입니다." 이것은 악은 반드시 무너진다는 것이다. 그렇지 않으면 우리 사회가 지옥이 되기 때문이다.

〈육체추〉의 장애인문학 관점

처음 『솟대문학』을 창간하며 장애인문학에 대한 정체성 찾기에 많은 혼란을 겪었다. 작가가 장애인인 경우가 장애인문학이냐, 소재가 장애인이면 장애인문학이냐를 놓고 설전을 벌이기도 하였다. 여류작가의 작품을 여성문학, 노동자들의 문학 활동을 노동문학이라고 하듯이 장애인문학은 장애인작가들이 주체가 되는 문학으로 『솟대문학』은 그 정체성을 형성해 갔다.

하지만 장애인을 소재로 한 작품이야말로 많은 독자들에게 장애인과 소통할 수 있는 기회를 만들어 주기 때문에 장애인 소재 작품이 많이 나와야 한다. 장애인이란 단어조차 없어서 환자로 표현된 〈육체추〉는 그런 점에서 높이 평가하고 싶다. 인식이나 표현은 시대에 따라 변화한다. 다만 장애인문제에 대한 세밀한 관찰로 독자들과 공감할 수 있다면 장애인문학으로서의 가치는 충분하다고 본다.

(2) 가장 잔인한 병, 루게릭병 문인들 (『솟대평론』 3호, 2018)

① 이가림(1943-2015)

2015년 어느 날 이가림 시인의 부고 소식이 포털사이트에 떴다. 아직 돌아가실 연세가 아니다 싶어 어디가 아프셨는지 자세히 읽어 보니 루게릭병으로 투병하다가 한 요양병원에서 별세했다는 기사를 읽고 깜짝 놀랐다. 만해축제에서 이가림 시인을 처음 만났을 때 그야말로 젠틀맨이었다. 말수도 적었고, 농담을 섞지도 않았다. 기분이 좋으면 온화한 미소를 지었고, 불쾌한 분위기가 되면 그저 굳은 표정을 지을 뿐이었다.

당시 인하대학교 교수이면서 시인이라서 최고의 엘리트 문인이었다. 그분은 어려움이 전혀 없는 듯이 보였다. 그런데 그 고통스러운 루게릭이 왜 그분에게 찾아왔다는 것인가? 루게릭은 호킹 박사가 앓았던 병이다. 온몸은 물론 내장까지도 서서히 마비되어 생명이 유지되지 못하는 병이 바로 루게릭병이다.

기사를 통해 알았지만 시인에게 병마가 찾아온 것은 2011년이다. 한쪽 다리에서 마비가 시작되어 서서히 상체로 올라왔다. 루게릭병 진단을 받고서 자택에서 투병하다가 마비가 위와 폐까지 진행되면서 요양병원으로 옮겼고 그곳에서 사망하였다. 시인은 투병 중에도 시를 쓰며 작품집을 준비하여 마침내 유고 시집 「잊혀질 권리」가 2018년 7월에 출간되었다.

이가림 주요 약력

시인 이가림(본명 이계진)은 만주 열하에서 부친 이용남과 모친 권혁례 사이에서 3형제 중 장남으로 출생했고, 본적은 전북 정읍이다. 성균관대학교 불문과와 동 대학원을 졸업한 뒤, 프랑스 루앙대에서 문학박사 학위를 받았다. 1966년 동아일보 신춘문예로 등단했고, 인하대학교 불문과 교수로 재직하였다. 시집 「빙하기」, 「유리창에 이마를 대고」, 「순간의 거울」, 「내 마음의 협궤열차」, 산문집 「사랑, 삶의 다른 이름」 등을 펴냈다. 그는 정지용문학상(1993), 편운문학상(1996), 한국펜클럽번역문학상(2009) 등을 수상하며 작품성을 인정받았다.

이가림 삶

부인 김원옥 시인은 2013년 말부터 모든 사회생활을 접고 남편의 간호에 매달렸다. 성균관대 불어불문학과에서 남편은 학부생으로, 부인은 대학원생으로 만나 1971년 결혼했다. 부부가 공식적으로 '시인 부부' 가 된 것은 2009년이다. 김씨가 당시 『정신과 표현』에 늦깎이 등단을 하면서 공식 시인이 된 것이다. 김씨가 최근 펴낸 첫 시집 「바다의 비망록」과 수필집 「먼 데서 오는 여인」은 병상에 있는 남편 곁에서 자신의 70년 일생을 관조하면서 쓴 글을 모은 것이다.

김씨는 '남편은 평범한 한국 남편이었지만 시에는 애정이 남달랐던 사람' 이라며, '20대 초반에 등단해 거의 한평생 시를 사랑했고, 병상에 누워서도 휴대전화로 글을 쓸 정도로 애정이 컸다.' 고 전했다.

이가림 작품

유고 시집 「잊혀질 권리」에서 몇 편을 소개한다.

첼로는 힘이 세다

1992년 5월 27일 오후 네 시
사라예보의 바세 마스키나 시장 뒤쪽에서
빵을 사기 위해
줄을 서 있던 동네 사람들
머리 위로
느닷없이 여러 개의 박격포탄이 떨어졌다

이튿날
스물두 명의 피가 얼룩진
그 빵가게 앞에서
사라예보 필하모닉 첼로 연주자
베드란 스마일로비치가
알비노니의 〈아다지오 G단조〉를
연주하기 시작했다

그 후 22일간
그는 하루도 빠짐없이
시퍼런 칼보다 더 예리한 활로
슬픈 첼로의 가슴을 베었다

왜
세르비아 저격수들은
그를 향해
총을 쏘지 않았을까

아아!
천 개의 박격포탄보다 강한 첼로여
저격수의 방아쇠를
끝내 당길 수 없게 한
나직한 진혼곡이여.

내 이름은 게(蟹)

한사코 바다에 가 닿으려고
게거품을 물고
오늘과 싸우지만
허우적거릴수록 더 깊이
발목이 빠져 들어가는 뻘밭

그래도 먼 데서 들려오는 밀물 소리,
신기루 같은 수평선이
보이는 한
이 오체투지의 길을
가야만 하는 것,

비록 호시탐탐 노리는 어부들의 그물에
꼼짝없이 걸린다 해도
내 이름이 게(蟹)이므로
진흙 바닥에 엎드려 기어가는
이 낮은 포복의 일기를
쓰지 않을 수 없는 것,

내 발이 남기는 자취는
알 수 없는 상형문자의 시가 결코 아니다
이건 하루의 투쟁 기록
한 치도 틀림없는
눈물겨운 보고서다.

잊혀질 권리

어린 날
물수제비뜨기의
가뭇없이 가라앉은
조약돌인 듯

후미진 마을의 오두막
홀로 조는
등잔불인 듯

캄캄한 밤
으악새 우거진 골에
떨어진
한 조각 운석인 듯

촉촉한 흙에
반쯤 묻힌
보리씨인 듯

나 그렇게
없어진 있음으로
조용히
지워지고 싶어.

깊은 가을 바바리코트를 입고 있었던 이가림 시인에게서 풍겼던 멋은 바로 루게릭병이라는 남다른 아픔 속에서 나온 것 같다. 이제 그는 우리 곁에 없지만, 그는 잊혀질 권리를 주장하고 있지만 우리는 시인이자 예술 평론가로 인간의 양심을 일깨워 준 이가림을 잊지 못할 것이다.

② 이원규(1960-2016)

2009년 이원규 수필집 「굳은 손가락으로 쓰다」가 발간되었을 때 KBS 작가로 그를 인터뷰하였다. 『솟대문학』을 만들고 있다고 하였더니 문학을 하는 사람들은 『솟대문학』을 다 안다며 장애인문학의 필요성과 가치에 대해 깊이 공감하고 있었다. 당시 석사학위 논문을 쓰고 있다며 논문을 마치고 나면 『솟대문학』에 힘을 보태고 싶다고 하였다.

그 후 박사과정에 진학하였고, 한국루게릭병연구소 소장으로 루게릭병 환우들을 위해 열심히 활동하는 그의 소식을 짬짬이 들을 수 있었다. 그러다 2004년 성균관대학교에서 박사 학위를 받았다는 소식이 언론에 크게 보도되었다. 축하의 전화를 했을 때 그는 이미 루게릭병이 많이 진행되어 부인의 통역이 없이는 의사소통이 힘들었다. 그리고 한동안 소식이 들리지 않았다. 최근 〈장애예술인수첩〉을 제작하며 연락처를 찾다가 그가 이미 고인이 된 사실을 알았다. 2009년도에 개봉된 김명민 주연의 영화 〈내 사랑 내 곁에〉의 모티브가 되며 루게릭병을 세상에 알리는데 큰 역할을 했던 이원규는 이렇게 조용히 세상을 떠났다.

이원규 주요 약력

1960년 충남 예산에서 1남 4녀 중 막내로 태어나 예산고를 거쳐 고려대학교 국문학과와 영문학과를 졸업했다. 향학열이 남달랐던 그는 여기에 그치지 않고 한국방송통신대학교 국문학과와 영문학과를 졸업하고, 불문학과까지 수학했다. 또 한국외국어대 교육대학원에서 영어교육 전공 석사과정, 성균관대 대학원 국문학과 국문학 전공 석사과정을 졸업했으며, 2004년에는 성균관대 대학원 국문학과에서 현대문학 전공으로 박사 학위를 받았다. 그는 20여 년 동안 총 7개의 학위를 받은 것이다.

1985년 3월부터 2004년 11월까지 20년간을 서울 혜화동에 있는 동성고에서 영어교사로 재직했는데 3학년 담임을 9년이나 맡을 정도로 열정이 대단한 교사였다. 담임반 급훈은 늘 '이웃 사랑'이었고, 스스로 모범을 보였다. 언제나 유머가 넘치고 자상했지만 등교시간 지각, 학생간 폭력행위, 시험 중 부정행위만은 절대로 용납하지 않아서 학생들 사이에서는 '람바다' 라는 별명으로 불렸다.

1993년 박재삼 시인 추천으로 문예지에 〈매미〉, 〈강물이 어두워져〉 등의 시를 발표하여 데뷔한 후 『내일의 시』 등에서 동인 활동을 했다.

발병 후 한국루게릭병연구소와 인터넷카페 루게릭병 네트워크 사이트를 운영하면서 루게릭병 환자들을 돕는 일에 열정적으로 나섰다.

이원규 삶

1999년 1월 이원규는 혀가 제대로 움직이지 않아 집 근처 이비인후과에서 치료를 받았다. 치료 뒤에도 별다른 차도가 없어 그해 8월 찾아간 서울대병원에서 그는 듣도 보도 못한 루게릭병이라는 진단을 받았다. 불치의 희귀병에 걸렸다는 사실을 알게 된 그는 곧 죽게 된다는 절망감에 사로잡혔다. 발병한 후 평균 3년, 길어야 5년을 산다는 의사의 진단이 그야말로 날벼락이었다.

방황은 했지만 곧 그는 마음을 다잡았다. '절망은 더 큰 병이 아닌가. 공부를 하자.' 고 결심하고 약을 먹어 가면서 강의와 학업을 계속했다. 병을 알고 난 지 1년 만인 2000년 8월에 성균관대학교에서 석사 학위를 받았고 그는 곧장 박사 과정에 도전했다. 문학청년으로 소중한 꿈을 키워 온 그에게 공부는 살아야 할 이유가 되어 주었다.

한참 연구에 몰두해야 할 2003년 초 병세가 악화됐다. 그는 정든 학교에 휴직계를 제출해야 했다. 하지만 논문은 포기하지 않았다. 참고자료를 바닥에 펼쳐 놓고 두 발로 책장을 넘기며 한 줄 한 줄 논문을 채워 나갔다. 오른손 검지와 중지만으로 논문을 작성해야 했다. 그러다 검지도 쓸 수 없게 돼 중지만으로 논문을 써내려 갔다.

교사인 부인 이희엽 씨는 그의 헌신적인 지지자였다. 그를 '국문학의 호킹 박사' 라는 별명을 갖게 만들어 준 장본인이다.

그의 박사논문 〈한국시의 고향의식 연구〉는 정지용·오장환·백석 등 1930년

~40년대 시인들의 고향의식을 주제로 삼고 있다. 이원규 박사는 평생 후학을 길러내고 싶다는 희망을 갖고 있었지만 그 꿈을 이루지 못하였다. 호킹 박사는 그의 장애를 보완해 주는 모든 보조기기와 인적 지원을 정부로부터 받으며 연구와 사회활동을 할 수 있었지만 우리나라는 그런 지원은 꿈도 꿀 수 없기에 개인적으로 죽을 힘을 다해 노력을 해도 그 노력이 물거품이 되는 것이 현실이다.

③ 정태규(1958~)

『솟대평론』 3호 특집 루게릭병 문인들을 준비하면서 이가림, 이원규 두 분은 만나 보았지만 정태규 작가는 만나지 못하였다. 인터뷰 요청을 하자 어차피 대화가 어려우니 이메일로 질문지를 보내면 답변을 써서 보내겠다고 하였다.

Q: 루게릭 진단을 받기 전에 장애인을 보았을 때 어떤 생각이 들었는가.
정태규: 솔직히 내가 장애인이 될 줄은 몰랐다. 평소엔 장애인을 연민과 동정의 대상으로만 생각했다.

Q: 만약 작가가 아니었다면 투병 생활을 어떻게 지냈을 것 같은가.
정태규: 안구마우스가 없고 글을 못 쓰게 되었다면 절망적이고, 길고 지리한 캄캄한 감옥이었을 것이다.

Q: 소설은 체력이 필요한 작업인데 다른 문학 장르로 바꿔 보는 것은 어떤가.
정태규: 대학 때는 시를 썼다. 그래서 시인으로 전업을 고려 중이다.

Q: 장애인문학을 표방하는 『솟대문학』이 100호까지 발간되었었다. 장애인문학의 가치를 어떻게 보고 있는지.
정태규: 역경 속에 우러나는 진실되고 순수한 문학.

Q: 앞으로 어떤 글을 남기고 싶은가.
정태규: 나환자 시인, 한하운 시인처럼 역작을 남기고 싶다.

한 자, 한 자 어떻게 썼을지를 떠올리니 문자가 아니라 보석이다. 좀 더 첨부하려다가 보석을 훼손시키는 행위라 그대로 싣기로 하였다.

정태규 주요 약력

정태규는 1958년 경남 합천에서 태어났다. 부산대학교 대학원 문학박사 학위를 받고, 분포고등학교 국어 교사로 재직하며 1990년 부산일보 신춘문예로 등단하며 작품 활동을 시작했다. 1994년 첫 창작집 「집이 있는 풍경」을 발표하였고, 1996년에 쓴 「길 위에서」로 제1회 부산소설문학상을 수상하고 이어 제28회 향파문학상을 받으며 문단에서의 위치를 확고히 하였다. 부산작가회의 회장과 부산소설가협회 회장을 하면서 부산문학 발전을 위해 헌신하였다.

작품으로 소설집 「청학에서 세석까지」, 「편지」가 있으며, 산문집 「꿈을 굽다」, 「당신은 모를 것이다」, 평론집 「시간의 향기」 등이 있다.

2012년에 발표한 「꿈을 굽다」, 2014년 발간한 「시간의 향기」와 「청학에서 세석까지」는 루게릭병이 발병한 후의 작품이다. 질병이 그를 전업작가로 만들어 창작에 몰두하였다. 루게릭병은 진행성이라서 얼마의 시간이 흐르자 컴퓨터 자판을 칠 수 없게 되었다. 그래도 말을 할 수 있었기 때문에 그는 부인에게 구술하여 단편 〈비원〉을 완성하였다. 또 다시 얼마의 시간이 흘러 목소리마저 잃었을 때에는 안구마우스로 한 자 한 자 글을 만들어서 단편소설 〈갈증〉이 완성되었다. 정태규는 장애가 심해질수록 삶에 대한 사유로 존재론적인 글을 쓰고 있다. 병상일지 「당신은 모를 것이다」를 통해 그는 고통을 이겨 내면서 영혼의 언어로 우리에게 말을 건네고 있는데 그의 글은 독자들을 위로하고 격려한다.

정태규 삶

교사였던 그는 학교에서 중책을 맡아 많은 일을 수행하면서도 집에 들어와서 늦은 밤까지 글을 썼다. 가장으로 가족을 책임져야 하기에 전업작가의 길로 나서지 못하였을 뿐 글쓰기는 그의 삶 자체였다. 아이들이 대학에 진학하는 등 가정이 안정되어 다시 소설에 매진하려고 할 무렵 이상 증상이 나타났다.

평소와 다름없던 2011년 어느 가을 아침, 출근 준비를 하던 중 와이셔츠 단추를 잠그지 못해 당황하였다. 그 후로 점점 팔다리에 힘이 없어지고, 가벼운 물건조차 들지 못하고, 길을 걷다 푹 쓰러지는 일들을 겪었다. 그 원인을 찾아 여러 병원을 전전하다 1년여 만에 루게릭병임을 알았다.

국어 교사로, 소설가로, 한 여자의 남편이자 가장으로 누구보다 성실한 삶을 살아온 그의 일상을 순식간에 산산조각 냈다. 그는 혼자서 먹을 수도, 배설할 수도, 글을 쓰기 위해 펜을 들 수도 없었다. 온몸의 근육이 소실돼 한겨울 얼음장 물에 뛰어든 것 같은 극심한 통증을 느끼는데도 정신은 말짱한 생지옥에 빠져 최소한의 인간적인 삶을 누릴 권리를 박탈당한 참혹한 절망감에 빠졌다.

가혹한 운명을 탓하기도 했지만 곧 새로운 삶의 방식을 받아들이기로 마음먹었다. 병이 날로 깊어 가는 과정에서도 자신에게 구원과도 같은 글쓰기를 멈추지 않았다. 그에게 소설 쓰기는 '제법 진지한 혼자 놀기이며 궁극적으로 나의 존재에 대한 증명으로 살아 있는 느낌이며 아픔과 슬픔, 기쁨 등을 교감하는 일이다. 이제 소원대로 난 전업작가가 됐다. 하루 종일 집에 박혀 있는 내게 이제 남는 것은 시간뿐이다. 그러니 글쓰기에 매진할 수밖에 없는 최적의 환경이다.' 고 고백하였다.

이제 그는 전신이 마비되어 먹지도, 말하지도 못하며 호흡기를 달고 숨을 쉰다. 두 눈을 깜박이는 것 말고는 자신의 의지대로 할 수 있는 일이 아무것도 없다. 그럼에도 아직 깜박일 수 있는 두 눈으로 안구마우스라는 장치에 의지해 글을 쓰고 세상과 소통하며 죽음의 문턱에서 깨달은 생의 기쁨과 희망의 메시지를 전하고 있다.

부인 백경옥 씨가 '우리 집은 중환자실, 나는 24시간 대기 간호사' 라고 한 말에서 부인의 노고를 짐작하고도 남는다. 그는 루게릭병으로 죽어 가는 것이 아니라 죽음에 저항하며 동시에 죽음을 긍정하며 삶을 영위하면서 루게릭병 환우들에게 우린 아직 죽은 게 아니라고 자신의 삶을 살자고 강조하였다.

3) 장애와문학학회 창립

한국장애인문인협회를 창립하고 『솟대문학』을 창간하여 장애인문학을 본격적으로 시작하면서 협회에서 주요하게 생각했던 사업은 장애인문학을 학문적으로 접근하여 이론을 정립시키는 것이었다.

그래서 창립 대회에서 "한국장애인문학과 한국인의 장애인관"을 주제로 장애인문학세미나를 개최하여 한국소설 속의 장애인 모습을 통해 한국인의 장애인관을 발표하였으며 그 후 2003년까지 12회에 걸쳐 장애인문학과 장애인 인식에 관한 연구를 계속하였다.

〈표3〉 장애인문학 세미나 · 심포지엄 개최 현황

연번	일시	행사명	주제	비고
1	1990.12.07.	제1회 장애인문학 세미나	한국 장애인문학과 한국인의 장애인관	한국일보사
2	1991.12.09.	제2회 장애인문학 세미나	장애인과 문학	프레스센터
3	1992.11.27.	제3회 장애인문학 세미나	장애인문학의 현실과 발전 방향	서울남부장애인 복지관
4	1993.10.21.	제4회 장애인문학 세미나	우리 소설 속에 나타난 장애인의 모습	정립회관
5	1994.11.03.	제5회 장애인문학 세미나	장애인문학과 장애인 언론	프레스센터
6	1995.11.02.	제6회 장애인문학 세미나	종교 속에 나타난 장애인관	동서뷔페
7	1996.11.15.	1996 장애인문학 심포지엄	장애인문학의 반성과 전망	63빌딩
8	1997.12.05.	1997 장애인문학 심포지엄	문학사 속의 장애인문학	올림피아호텔
9	1998.12.01.	1998 장애인문학 심포지엄	영화 속의 장애인문학	63빌딩
10	1999.12.03.	1999 장애인문학 심포지엄	21세기 장애인 인식 개혁론	63빌딩
11	2000.12.08.	2000 장애인문학 심포지엄	21세기 장애인문학의 역할과 전망	63빌딩
12	2003.11.27.	2003 장애인문학 심포지엄	장애인 문학 어떻게 발전시킬 것인가	63빌딩

장애인문학에 관심을 갖고 있던 각 대학 문학 전공 교수들이 2019년 1월 한자리에 모여 장애와문학학회 창립을 위한 발기인 모임을 갖고 학회 출범을 알렸다. 우리나라에는 세계 다른 나라에서 그 유례를 찾아보기 어려운 장애인문학이란 독특한 장르가 구축되어 있고, 장애인문학을 대표하는 『솟대문학』이 100호까지 발간되어 스탠퍼드대학교 도서관에서 한 질을 구입하여 장애인문학을 연

구할 것으로 알려져 있지만, 국내에서는 장애를 가진 문인들만의 글밭에 머물고 있는 현실을 안타깝게 여긴 교수들이 뜻을 모아 장애인문학의 외연을 확장하여 포용적인 문학으로 발전시킴과 동시에 문학으로 장애를 재해석하여 우리 사회에 만연해 있는 장애인을 비롯한 사회적 약자에 대한 차별 나아가 혐오의 문제를 바로잡는 작업을 하기로 하였다.

장애와문학학회 발기인은 김세령(호서대학교 한국언어문화 전공), 맹문재(안양대학교 국어국문학과), 박덕규(단국대학교 문예창작과), 방귀희(숭실사이버대학교 방송문예창작학과), 윤재웅(동국대학교 국어교육과), 이승하(중앙대학교 문예창작학과), 차희정(아주대학교 국어국문학과), 허혜정(숭실사이버대학교 방송문예창작학과), 홍용희(경희사이버대학교 미디어문예창작과) 교수이며 초대 회장으로 동국대학교 국어교육과 윤재웅 교수가 추대되었다.

장애인 포용사회로 가는 길

장애인문학론 (석창우 體)

Introduction to literature of the Disabled

제3장

장애인문학 출판

낡은 시대의 유물인 침략주의, 강권주의에 희생되어, 역사 있은 지 몇 천 년 만에 처음으로 다른 민족에게 억눌려 고통을 겪은 지 이제 십 년이 지났는지라, 우리 생존권을 빼앗겨 잃은 것이 무릇 얼마이며, 겨레의 존엄과 영예가 손상된 일이 무릇 얼마이며, 새롭고 날카로운 기백과 독창력으로써 세계 문화의 큰 물결에 이바지할 기회를 잃은 것이 무릇 얼마인가!

제3장 장애인문학 출판

1. 장애인문학 도서

장애인문학지 『솟대문학』을 비롯한 장애인문학 도서 2천여 종을 국립중앙도서관 장애인정보누리터에서 만날 수 있다. 필자가 『솟대문학』 창간호부터 100호까지를 포함한 소장하고 있던 장애인문학 도서 1,924권을 국립중앙도서관에 기증할 뜻을 전함에 따라 2015년 12월 22일 국립중앙도서관 본관 대회의실에서 기증식을 가졌다.

기증한 책은 장애인작가의 작품 및 장애를 소재로 한 비장애인작가 작품 1,924권으로 1970년대 후반부터 발간된 장애인작가 단행본 1,187권, 장애인 소재 작품 239권인데 그 가운데 시집이 가장 많은 398권으로 전체 작품의 21%를 차지하고 있다.

〈표4〉 장애인문학 도서 유형 분포

시	소설	수필	수기	모음집	번역서	엮음서	장애인 소재작품	솟대 문학	연구서	합계
398	266	307	60	189	307	28	239	100	30	1924

장애인작가는 책을 출간하기 힘들어서 책의 수량은 적지만 장애인문학이란 독특한 정체성이 있기 때문에 문학적 가치가 높고, 장애인 도서는 대중화되지 않았기 때문에 보존하여 대중과 만날 기회를 마련할 필요성이 있으며, 『솟대문학』을 100호로 종간하면서 장애인문학은 더 이상 개인의 취향이 아닌 문학계와 도서관계가 함께 발전시켜 나가야 할 문학의 한 장르라는 판단으로 기증을 결심하게 되었다.

국립중앙도서관은 장애인문학 도서가 장애인문학을 문학의 한 장르로 자리매김하는 데 중요한 자료가 된 만큼 장애인과 비장애인이 모두 활용할 수 있도록 장애인정보누리터에 '장애인문학 도서 코너'를 만들어 비치하여 장애인문학의 가치를 대중화시키는 것은 물론이고, 도서의 다양성과 새로운 도서 문화 발전을 위해 큰 도움이 될 것으로 전망하였다.

2. 도서출판 솟대

도서출판
솟대

한국 출판계는 몇몇 출판사 외에는 매우 열악한 경영 상태여서 출간을 결정할 때 판매 가능성에 대한 고려를 먼저 하게 된다. 좋은 작품보다는 잘 팔릴 수 있는 작품을 선택하게 되는 것이다. 출판사에게 신인작가의 작품은 미지의 세계여서 위험 부담이 크다. 독자 역시 경험으로 책을 선택하기 때문에 누구라는 작가 브랜드가 중요하게 작용하여 신인작가들의 출간이 어려운 실정이다.

알려지지 않은 신인인데다 장애라는 또 다른 악조건을 가진 장애인작가들은 출간의 기회가 거의 막혀 있기 때문에 장애인작가의 작품을 전문적으로 출간하는 출판사의 필요성이 점점 확대되고 있었던 1992년 도서출판 솟대 등록허가를 받고 출판사업을 시작하였다. 도서출판 솟대 운영 27년 동안 75종의 단행본을 도서출판 솟대 운영 27년 동안 75종의 단행본 〈표5〉를 출판하였는데 그 유형은 다음 〈표6〉 과 같다.

〈표5〉 도서출판 솟대 출간 서적 목록(1991~현재)

발간번호	장르	제목	작가	출판연도	가격
1	단편	서로 사랑하기	솟대작가 15인	1992	4,800
2	장편	신의 낙엽	공원호	1993	4,800
3	시	너의 가슴은 그릴 수 없다	솟대시인 100인	1994	3,500
4	수필	사랑, 그것은 날마다 기쁨	솟대작가 50인	1995	5,000
5	종합	솟대문학을 베팅한다	솟대문학상 신인상 수상자 5인	1996	6,000
6	시	슬픔마저 사랑하리	솟대시인 58인	1997	4,500
7	시	키스하고 싶은 여자	솟대시인 15인	1998	5,000
8	시	남은 것을 위하여	남인우	1999	4,500
9	소설	키 작은 미국인	김금철	1999	7,000
10	시	여우와 고슴도치	김삼주	1999	5,000
11	시	그대보다 더 사랑스런 이대	조재훈	2000	5,000
12	시	푸른 상어 이야기	최림	2000	5,000
13	시	내 니마음 다 안다	허홍구	2001	5,000
14	수필	지금 뭐하슈?	고동운	2002	8,100

LOVE POEM 시리즈 12					
15	시/1	애기똥풀과 보리깜부기	김옥진	2003	5,000
16	시/2	스카치테이프 사랑	김종태	2003	5,000
17	시/3	우리 사는 동안	이상열	2003	5,000
18	시/4	하늘 보며 땅 보며	서정슬	2003	5,000
19	시/5	사랑에게	옥남연	2003	5,000
20	시/6	시가 써지지 않는 밤	홍성원	2003	5,000
21	시/7	바다를 팝니다	권주열	2003	5,000
22	시/8	기억을 위한 노래	이남로	2003	5,000
23	시/9	아직 뿌리 내리지 못한 사랑	정기순	2003	5,000
24	시/10	우리가 사랑이라고 말하는 것들	장진순	2003	5,000
25	시/11	그리움은 영원히	최윤정	2003	5,000
26	시/12	작은 꿈의 행복	김진우	2003	5,000
27	종합	두무치편지	이상열	2005	10,000
옛날옛적 장애위인 시리즈 2					
28	동화/1	정경부인이 된 맹인 이씨 부인	방귀희	2009	9,000
29	동화/2	장애인장군 황대중	고정욱	2009	9,000
30	시	낙타의 도시락	이대우	2010	9,000
31	전문	한국장애예술인총람	총람발간위원회	2010	비매품
32	전문	한국장애인문학 도서총람	총람발간위원회	2012	비매품
33	종합	솟대, 말걸다	편집부	2013	12,000
착한 프로포즈 시리즈 5					
34	시/1	나는 빗방울 너는 꽃씨	서정슬	2013	9,000
35	시/2	아픈 손가락	김옥진	2013	9,000
36	시/3	어떤 중매	한상식	2013	9,000
37	시나리오/4	내 손가락 끝의 지옥도	우창수	2013	15,000
38	동화/5	아름다운 바위	솟대작가 16인	2013	12,000
39	종합	만약 내가 너라면(역지사지)	문효종 외 29인	2013	비매품
40	종합	길	최광현 외 19인	2013	6,500
41	시	목련꽃 환한 계단에서의 대화	최명숙	2013	12,000
42	전문	한국장애인사	정창권, 윤종선, 방귀희, 김언지	2014	22,000
43	전문	장애인문화예술의 이해	방귀희	2014	25,000
아름다운 프로포즈 시리즈 5					
44	시/1	버팀목	김판길	2014	9,000
45	시/2	내 마음의 오두막	송재익	2014	9,000
46	장편/3	지난 삶에의 추억은 묻지 마라	김재찬	2014	15,000
47	단편/4	두 남자의 상상	김정운 · 김효성	2014	15,000

48	시/5	너의 꽃으로 남고 싶다	솟대시인 53인	2014	15,000
49	종합	3.14159	이영열 외 19인	2014	6,500
50	시	별에서 온 시	솟대시인 10인	2014	15,000
51	전문	사람이 길이다	한국장애인재활협회	2014	15,000
52	전문	세계장애인물사	방귀희	2015	20,000
좋은 프로포즈 시리즈 5					
53	시/1	당신을 기억합니다	솟대시인 23인	2015	9,000
54	시/2	시어가기	김종태	2015	9,000
55	수필/3	내 안에 흐르는 강물	한미순	2015	15,000
56	수필/4	사지마비장애인이어서 기쁘고 감사했던 101가지 이야기	이일세	2015	15,000
57	평론/5	상실의 욕망	차희정	2015	15,000
58	종합	실락원	윤신애 외 18인	2015	6,500
누구?!시리즈 3(1~3호)					
59	수필/1	노래하는 멋진 남자, 황영택	황영택	2016	9,000
60	수필/2	캔버스 위에서 춤추는 아름다운 여자, 김형희	김형희	2016	9,000
61	수필/3	소리를 사랑하는 아리랑 소년, 장성빈	장성빈	2016	9,000
62	종합	열	제삼열 외 19인	2016	6,500
63	시	내가 어둠이라면 당신은 별입니다	김대원	2017	11,000
누구?!시리즈 10(4~13호)					
64	수필/4	이야기산업의 성공신화를 쓴 김환철	김환철	2017	10,000
65	수필/5	피아노 앞에서 아름다운 피아니스트 김예지	김예지	2017	10,000
66	수필/6	낭만화가 탁용준	탁용준	2017	10,000
67	수필/7	휠체어무용의 전설 김용우	김용우	2017	10,000
68	수필/8	붓으로 세상을 잇는 캘리그래퍼 이은희	이은희	2017	10,000
69	수필/9	음악을 조율하는 휠체어지휘자 정상일	정상일	2017	10,000
70	수필/10	열 개의 눈동자를 가진 어둠의 감시자 손병걸	손병걸	2017	10,000
71	수필/11	나눔 한류를 실천하는 피아니스트 김경민	김경민	2017	10,000
72	수필/12	강성국의 몸의 노래	강성국	2017	10,000
73	수필/13	피아노병창 창시자 최준	최준	2017	10,000
74	전문	A^+ (장애예술인수첩)	수첩발간위원회	2018	비매품
75	전문	장애인예술론	방귀희	2019	25,000

〈표6〉 도서출판 솟대 출간 서적 장르 분포

시	수필	소설	동화	시나리오	평론	전문	종합	합계
32	17	5	3	1	1	8	8	75

2003년 LOVE POEM 시리즈 12를 시작으로 2009년 옛날옛적 장애위인 시리즈 2, 2013년 착한 프로포즈 시리즈 5, 2014년 아름다운 프로포즈 시리즈 5, 2015년 좋은 프로포즈 시리즈 5, 2016년 누구?!시리즈 3(1~3호), 2017년 누구?!시리즈 10(4~13호)까지 시리즈가 많은 것은 장애인문화예술지원사업 공모를 통해 사업비를 마련하기 때문이다.

이 사업이 2016년부터 한국문화예술위원회에서 (재)한국장애인문화예술원으로 이관되면서 창작활동지원사업에서 출판사업은 선정이 되지 않아 2016년에는 장애인문화예술축제 사업의 일환으로, 2017년에는 정부 지정사업인 『E美지』 사업비를 사용하였지만, 2018년부터는 모든 예산을 『E美지』 발행에 사용하여야 해서 단행본 출판을 하지 못하고 있다.

출판사업도 기획단계부터 고도의 전략이 필요하다. 그래서 최근 북큐레이션, 북디렉팅을 하며 작품을 지식성, 감성성, 오락성, 실용성, 선정성의 5각형 레이더 차트(스파이더 차트) 〈그림3〉로 분석하여 트랜드를 찾아서 마케팅 계획을 세워 독자를 찾아가고 있는데 장애인문학은 책을 출간할 비용 마련이 어려워 출간 전략은커녕 출판조차 하지 못하고 있어서 좋은 작품을 세상에 내놓지 못하고 있다. 역량 있는 작가를 발굴하여 새로운 작품으로 독자를 만나려면 장애인문학 출판사업이 안정적으로 실시되어야 한다. 하여 장애인문학 출판사업에 대한 안정적인 지원이 시급하다.

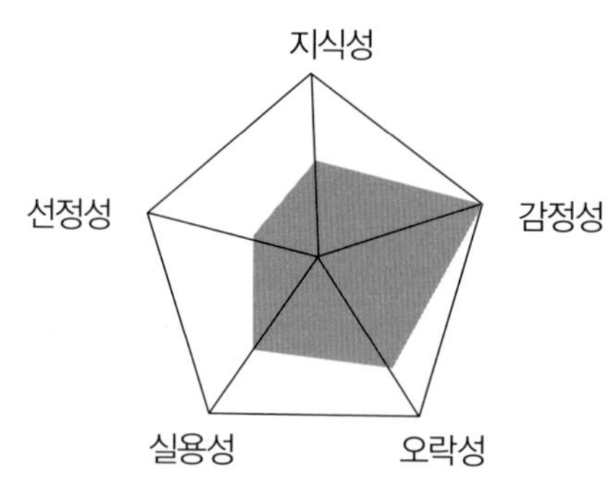

그림3 도서 레이더 차트

3. 대표 도서

4개 언어 시집 「별에서 온 詩」

> 어둠이 온 세상을 잠식하여도 하늘은 아름답다. 별이 있기 때문이다. 별은 밤이 되었을 때 나타나는 것이 아니고 낮에는 태양 빛에 가려져 보이지 않는 것뿐이다. 우리(장애시인)는 너무 오랫동안 태양에 가려져 있었다. 이제 더 이상은 숨어 있을 수 없다는 생각에 용기를 내어 우리의 존재를 힘차게 외친다.
>
> "우리는 별에서 왔어요."

이것은 「별에서 온 詩」(2014) 서문의 일부이다. 도서출판 솟대에서 장애인문학을 세계화시킨다는 야심찬 마케팅으로 내놓은 새로운 개념의 시집이다. 「별에서 온 詩」는 국내 최초의 4개 언어 시집으로 우리나라를 대표하는 장애시인 10인의 대표작(강동석, 김옥진, 김율도, 김준엽, 김판길, 노차돌, 방귀희, 서정슬, 손병걸, 최명숙)을 한국어, 영어, 중국어, 일어로 번역하여 실었다.

시집 한 권에 4개 국어로 시를 번역한 것은 국내 처음이어서 한국의 수준 높은 장애시인의 시를 세계에 알리는 역할을 할 수 있다. 시는 음률이 있는 노래와 같아서 4개 언어로 시낭송 CD를 제작하여 시집과 함께 시낭송 음반도 선물하는 소리가 있는 시집으로 시낭송은 원어민—성우 이상헌, 반소희(Sophie Bowman), 한홍화(韓紅花), 마츠다 이쿠노(松田都乃)—이 담당하여 시를 통해 4개국 언어를 감상하며 공부할 수 있는 것도 커다란 장점이다.

세계를 향해 도전장, 한영시집

한국장애인문학을 세계에 알리기 위해 한국을 대표하는 장애시인 53명의 작품을 영어로 옮긴 한영시집 「너의 꽃으로 남고 싶다」(Let Me Linger as a Flower in Your Heart)가 2014년에 발간되었다.

영시로 옮긴 반소희(Sophie Bowman)는 영국인으로 우리나라 환경과문명연구소에서 연구원으로 근무하고 있었는데 『솟대문학』 권두시로 들어가는 영시 번역을 맡고 나서 작업을 할수록 장애인 시에 매력을 느껴 한영시집을 내면 좋겠다는 제안을 할 정도로 한영시집에 애정을 보였다.

장애시인 53명은 구상솟대문학상 수상자와 활동이 많은 장애시인으로 선정을 하였는데 장애인문학의 정체성과 우월성을 잘 보여 주는 작품이다.

역사 속에 묻힌 장애위인 돌아오다

우리 역사를 빛낸 인물 가운데 장애인이 있지만 역사는 그 인물의 장애를 드러내지 않았고, 열심히 살며 큰 일을 했지만 주목받지 못했던 장애인들이 있다. 이렇게 역사 속에 묻혀 있던 장애인물을 세상에 드러내는 일은 우리가 그동안 놓치고 있었던 위인을 재발견하는 소중한 우리 역사 세우기이다.

역사 속의 장애인물이 「한국장애인사」(2014)에 생생히 담겨 있다. 이번 연구는 (사)한국장애예술인협회가 한국학중앙연구원의 지원을 받아 고려대학교 정창권 교수 책임 아래 수행되었다.

이번 연구에서는 연구 대상의 범위를 조선 시대로 한정하고 66명의 장애인물을 발굴하여 직업을 중심으로 왕족, 관료, 학자, 예술가, 기타 인물의 5개 영역으로 분류해서 그들이 장애를 갖고 어떻게 생활했는가를 문헌에 나타난 예문을 통해 소개하고 그것을 현대적 시각으로 해석하였다.

추천의 글을 써 준 대통령직속 문화융성위원회 김동호 위원장은 '우리의 역사를 바로 알고 전파하는 일은 시대적 소명인데 역사 속의 장애위인을 발굴한 작업은 한국 역사의 우수성을 제고하는 좋은 기회' 라고 하였고, 국민 작가인 소설가 조정래 선생은 '우리의 역사 속에 숨은 장애위인 66명을 만난다는 것은 우리 모두가 받는 삶의 크나큰 선물' 이라고 하였으며, 역사의 대중화에 힘쓰고 있는 건국대학교 사학과 신병주 교수는 '「한국장애인사」는 우리가 빼놓고 지나갔던 장애위인들의 삶을 재조명하여 한국 역사의 새로운 시선을 열어 준 귀한 성과' 라고 극찬하였다.

「한국장애인사」에는 77개의 시각자료가 부록으로 실려 있고, 66명의 장애인물을 일목요연하게 정리하여 단숨에 읽어 내려갈 수 있도록 별도의 요약본이 첨부되어 있는 것도 큰 특징이다.

66명의 장애인물을 장애 유형별로 보면 시각장애가 52%로 가장 많고 그다음이 지체와 언어, 청각장애 순으로 나타났으며, 직업별로는 예술인이 38%를 차지해 조선 시대에는 시각장애가 장애로서는 가장 두드러졌고, 직업도 개인적인 재능으로 종사한 예술 분야가 많았던 것이 특징이다. 여성장애인은 6명에 불과해 조선 시대에는 여성장애인이 활동하는데 더 많은 제약이 있었다는 것을 알 수 있다.

조선 시대 장애위인의 직업별, 성별, 장애 유형별 분포는 〈표7〉~〈표9〉와 같다.

역사 속에 묻혀 있던 장애인이 남긴 업적을 살펴보면 우리 역사 속의 장애인이 얼마나 우수하고 조선 시대 사람들이 얼마나 현명하였는지 짐작이 된다. 이 책이 오늘날 장애인에 대한 편견적 시각을 개선하는 데 작은 역할을 할 것으로 기대된다.

〈표7〉 조선 시대 장애위인 직업별 분포

왕족	관료	학자	예술가	기타	합계
9	18(27%)	5	25(38%)	9	66

〈표8〉 조선 시대 장애위인 성별 분포

남	여
60(91%)	6(9%)

〈표9〉 조선 시대 장애위인 장애 유형별 분포

청각	언어	정신	발달	뇌전증(간질)	성기능	지체	시각	중복	합계
3	4	5	1	3	2	10	34(52%)	4	66

짧지만 강렬한 감성 위인전 「세계장애인물사」

인문학은 인간의 삶의 이치를 발견하는 학문이라서 인문학의 연구 대상은 사람이다. 역사적인 인물을 통해 어떻게 사는 것이 행복한 것인지, 무엇을 추구하며 살아야 인류에 이바지하는 것인지를 찾아내는 것이 인문학인데 그동안 그 인물들 가운데 장애를 갖고 이루어 낸 공헌이 전혀 드러나지 않았다. 그래서 사람들은 장애인을 무능의 표상으로 인식하는 편견을 갖게 되었다.

이 책은 우리가 익히 알고 있는 인물인데 장애가 있었다는 사실을 드러내어 장애라는 남다른 조건 속에서 인류를 위하여 남긴 업적이 얼마나 소중한 것인지를 독자들에게 소개한다. 이 책에서는 세계적인 장애위인 137명의 짧은 생애사를 장애라는 관점에서 조명하고 있다. 정치, 과학, 사회, 예술, 대중문화, 체육의 6개 부문으로 나뉘어져 있는데 예술 부문이 가장 많은 50명으로 대중문화 29명과 합하면 79명이나 되어 장애위인의 58%가 문화예술계에서 두각을 나타냈다는 사실을 알 수 있다.

장애 유형별로 살펴보면 지체장애인이 62명으로 가장 많았고 다음이 시각장애 31명, 언어, 청각장애가 23명이었으며, 국가별로 보면 미국이 53명으로 가장 많은 장애위인을 탄생시켰고, 영국 17명, 프랑스와 중국이 각 10명으로 상위를 차지하였다.

세계장애인 장애 유형별 분포와 국가별 분포는 〈표10〉~〈표11〉과 같다.

서평을 쓴 조흥식(서울대학교 사회복지학과) 교수는 '세계 문화를 이끌어 온 각국의 훌륭한 장애인을 발굴하여 그들의 업적을 새롭게 조명한 이 책은 각국 장애인의 문화 활동 경험을 다양하게 보여 줌으로써 향후 장애인이 해야 할 많은 일에 대한 비전을 잘 제시하고 있다. 나아가서 이 책은 동정이나 자선으로 대하는 장애인 관점을 인권이나 통합의 관점으로 변화시키는 중요한 역할을 할 것으로 기대된다.' 고 하였으며, 찰스 몽고메리(동국대학교 영어영문학부) 교수는 '코멘트를 부탁하며 140여 명의 세계장애위인들의 명단을 보여 줬을 때 신선한 충격을 받았다. 내가 모르고 있던 장애위인들 그리고 잘 알고 있는 위인들인데 그 사람의 장애에 대해서는 전혀 모르고 있었다는 사실에 그 위인의 삶을 다시 생각하게 만들었다. 이 책은 우리 현대인들이 세계 위인을 새로운 시선으로 만나게 해 준다는 점에서 꼭 권하고 싶다.' 고 하였다.

2014년도에는 조선 시대 장애위인 66명을 발굴하여 국내 최초로 「한국장애인사」를 발간한데 이어 두 번째로 세계적인 장애위인 137명을 재조명한 「세계장애인물사」(2015)를 내놓았는데 이런 작업이 '그 사람도 장애인이었어?' 라는 놀라움으로 장애인을 재평가하는 계기가 되기를 바란다.

「세계장애인물사」에는 연전연승으로 실크로드를 차치하게 만든 당나라의 중복장애인 장군 봉상청과 어둠 속에서 영국 근대 개혁을 이끈 정치인 헨리 포셋 그리고 소련이 우주 전쟁을 선점하게 만든 시각장애인 수학자 레프 폰트랴긴, 우주 탐험의 단초를 마련한 프랑스의 청각장애인 과학자 콘스탄틴 치올콥스키 등 흥미진진한 인물들을 많이 만날 수 있다.

〈표10〉 세계장애인 장애 유형별 분포

	지체	시각	언.청각	지적	중복	기타
정치(14)	5	3	4		1	1
과학(9)	2	4	2			1
사회(14)	8	4	1		1	
예술(50)	19	14	8	3	2	4
대중문화(29)	11	5	6	2		5
체육(21)	17	1	2			1
합계(137)	62	31	23	5	4	

기타: 정신, 안면, 성, 왜소증, 파킨슨, 난독증

〈표11〉 세계장애인 국가별 분포

	미국	캐나다	독일	프랑스	영국	일본	중국	그리스	러시아	스웨덴	스코틀랜드	스페인	기타
정치	3	1	2		2		3	1		1			티무르
과학	2			2	2			1	1				인도
사회	4	1	1	1		1	3	1			1		호주
예술	11	1	4	5	9	1	4	2	1	1	2	2	
대중문화	21	1		2	4								스페인
체육	12	1											
합계	53	5	7	10	17	2	10	5	2	2	3	2	

예술: 오스트리아, 체코, 네덜란드, 이탈리아, 터키, 루마니아, 멕시코
체육: 브라질2, 뉴질랜드, 헝가리2, 필리핀, 이디오피아, 남아공

누구?!시리즈 13종 발간-그들의 삶이 바로 예술이다

장애예술인의 삶을 문학으로 표현하여 장애인예술 인문학 조성과 장애인예술의 기록 문화를 형성하기 위하여 장애예술인의 삶의 이야기를 담은 장애예술인 스토리텔링 북 누구?!시리즈가 2016년도에는 3종, 2017년에는 10종이 도서출판 솟대에서 발간되었다.

장애인예술은 장애예술인의 삶 속에서 녹아나온 창작이라서 장애예술인 이야기를 책으로 만드는 누구?!시리즈는 꼭 필요한 작업이며, 이 책은 장애예술인의 활동을 알리는 소중한 자료가 될 것이기에 누구?!시리즈 100권이라는 목표를 세웠다.

의문과 감탄을 동시에 나타내는 기호 인테러뱅(interrobang)이 누구?!시리즈를 통해 새로운 감성으로 확산될 것으로 기대된다.

누구?!시리즈 목록

1. 노래하는 멋진 남자 황영택
2. 캔버스에서 춤추는 아름다운 여자 김형희
3. 소리를 사랑하는 아리랑 소년 장성빈
4. 이야기산업의 성공 신화를 쓴 김환철
5. 피아노 앞에서 아름다운 피아니스트 김예지
6. 낭만화가 탁용준
7. 휠체어무용의 전설 김용우
8. 붓으로 세상을 잇는 서예가 이은희
9. 음악을 조율하는 휠체어 지휘자 정상일
10. 열 개의 눈동자를 가진 어둠의 감시자 손병걸
11. 나눔 한류를 실천하는 피아니스트 김경민
12. 강성국의 몸의 노래
13. 피아노병창 창시자 최준

최초 장애인예술 전문 종합잡지 『E美지』

우리나라 최초의 장애인예술 전문 종합잡지 『E美지』는 2016년 하반기에 사회복지공동모금회 지원을 받아 시작되었다. 창간사에서 방귀희 발행인은 '이제 장애인문학을 장애인예술로 확장하려고 합니다. 왜냐하면 장애인예술을 하는 장애인이 1만여 명인데 장애인예술을 대중화할 수 있는 미디어가 없어서 우물안 개구리처럼 작은 세상에 갇혀 우리들끼리 활동을 하고 있기 때문입니다.' 라고 밝혔듯이 장애인예술 전문 미디어가 갈급했다.

장애인예술 전문 매거진 『E美지』는 비장애인에게는 장애인예술의 수월성을 알리고, 장애예술인에게는 장애인예술에 필요한 정보를 제공하며, 『E美지』를 통해 장애인에 대한 새로운 이미지(image)를 형성하는 역할을 할 것이다. 〈tip4〉

『E美지』 제호 소개

읽을 때는 '아름다운 영토 이미지'라고 하시면 됩니다.

줄여서 이미지라고 해도 좋습니다.

영어 image는 머릿속에 떠오르는 관념의 형상으로 인식을 형성하는데 장애인에 대한 편견은 바로 이 장애인 하면 떠오르는 불편한 이미지에서 발생하였기에 장애인 이미지 개선이 무엇보다 시급하다는 생각에서 이미지라는 키워드를 도출해 냈습니다.

한글, 영문, 한문으로 만든 〈e美지〉의 e는 emerging의 첫 글자로 떠오른다는 뜻이고, 美는 예술의 아름다움을 '지'는 발판이 되는 토양을 의미합니다.

차이와 특성으로 다양성의 아름다움을 표현하는 떠오르는 예술이 바로 장애인예술이라는 것을 상징하고 있는 제호입니다.

창간 2주년을 맞아 제호를 석창우 화백 작품으로 바꾸면서 영문 소문자를 대문자로 하고, 美자에서 예술의 확장성을 약속하였고, 색의 변화 대신 통일된 금박의 화려함에 빨간 획으로 강렬한 포인트를 두었습니다.

장애인예술의 의미와 가치를 표현하기 위하여 각 나라에서 사용하는 단어를 찾아보면 일본에서는 Able Art(가능성의 예술), 영국에서는 Unlimited Art(한계가 없는 예술), 독일에서는 유크레아(EUCREA)라고 하여 유럽 전체로 활동 영역을 넓히고 있으며 미국에서는 VSA(Very Special Arts)로 매우 특별한 예술로 지칭하고 있는데 한국은 장애인예술을 Being Art, 존재의 예술로 칭하고 Being Art를 『E美지』의 브랜드 목표로 정하였다.

창간을 준비하며 실시한 설문조사에서 『E美지』 잡지 필요성에 대한 질문에 92.5%가 필요성에 공감하였으며, 『E美지』의 역할을 묻는 질문에 장애인예술의 대중화가 53.4%, 장애인 인식개선이 30.9%, 장애예술인 수월성 확보가 15.7%로 나타나 장애인예술 홍보에 대한 기대가 컸다.

『E美지』 창간 2주년 평가에서 2년 동안 장애예술인 50여 명, 장애인문화예술 단체 10여 곳의 기사가 실렸고, 중계석을 통해 소개된 장애인문화예술계의 소식 기사가 100건이 넘어 명실상부한 장애인문화예술 전문 매거진으로서의 역할을 충실히 해 왔음을 알 수 있다. 홍보를 위해 기사 외에 광고를 호당 8회씩 48회 실시하였고, 교보문고 온북TV 메인화면을 통해 동영상 홍보를 함으로써 도서계에서도 『E美지』를 주목하게 하였으며, 창간과 동시에 장애인계에서 가장 강력한 전파력을 갖고 있는 장애인 인터넷 신문 에이블뉴스와 협약을 맺고 '에이블뉴스로 읽는 매거진 『E美지』'라는 코너를 통해 잡지 콘텐츠를 매주 1꼭지씩 소개하고 있는데, 가장 많이 본 기사 순위에 모든 기사가 TOP10 안에 들었고, 1위를 차지한 기사도 5건에 1건 꼴이었다.

『E美지』 창간 2주년 평가를 위한 만족도 조사를 Liker척도(5점 만점)로 실시한 결과 장애예술인의 창작 활동에 대한 예술성 평가는 평균 3점, 장애예술인 인지도를 높이는 대중화 평가는 평균 4점, 장애인에 대한 인식개선 효과는 평균 5점으로 높은 평가를 받았다.

앞으로 『E美지』는 장애인예술 마케팅과 시장 형성, 장애인예술 정책 마련을 위한 이론 및 여론 형성으로 저널리즘을 실천해 나가는 장애인예술의 대변자 역할을 할 것이다.

—발행인: 방귀희
—발행처: (사)한국장애예술인협회
—등록번호: 금천-바00028(2016.07.02.)
—제호: 석창우
—값: 12,000원
—홈페이지 주소: www.emiji.net

장애인 포용사회로 가는 길

장애인문학론 (석창우 體)

Introduction to literature of the Disabled

제4장

역사 속 장애문인

오호, 예로부터의 억울함을 떨쳐 펴려면, 지금의 괴로움을 벗어나려면, 앞으로의 위협을 없이 하려면, 겨레의 양심과 나라의 체모가 도리어 짓눌려 시든 것을 키우려면, 사람마다 제 인격을 올바르게 가꾸어 나가려면, 가엾은 아들딸들에게 괴롭고 부끄러운 유산을 물려주지 아니하려면, 자자손손이 완전한 경사와 행복을 길이 누리도록 이끌어 주려면, 가장 크고 급한 일이 겨레의 독립을 확실하게 하는 것이니, 2천만 각자가 사람마다 마음의 칼날을 품고, 인류의 공통된 성품과 시대의 양심이 정의의 군대와 인도의 무기로써 지켜 도와주는 오늘날, 우리는 나아가 얻고자 하매 어떤 힘인들 꺾지 못하랴? 물러가서 일을 꾀함에 무슨 뜻인들 펴지 못하랴?

제4장 역사 속 장애문인

1. 한국의 장애문인

동시로 조국을 노래한 서덕출

한용희 님의 「한국동요음악사」에 보면 '1920년대 동요의 개척기를 통해서 새로운 감각의 동요 가사를 지은 방정환, 유지영, 한정동, 윤석중, 이원수, 서덕출, 최순애 그 밖에 여러 분의 좋은 가사가 좋은 동요를 낳게 했고' 라는 기록이 나오는데 그 안에 서덕출이 포함되어 있는 것으로 그가 우리나라 동요계에 큰 자욱을 남긴 인물임을 알 수 있다.

서덕출은 1906년 11월 24일 경상남도 울상읍 교동에서 유복한 가정의 장남으로 태어났는데 여섯 살 때 마루에서 굴러떨어지는 바람에 가슴과 등이 튀어나오고, 왼쪽다리를 절며 키가 작은 척추장애를 갖게 되었다. 그는 학교에도 가지 못하고 어머니에게 한글을 깨쳤으며 『어린이』 잡지를 벗삼아 놀다가 동시를 지어 보냈는데 〈봄 편지〉(1925)가 바로 그 『어린이』에 실린 동시이다. 그의 데뷔작 〈봄 편지〉는 예술성을 가진 참신한 작품으로 동시 문학의 자극제가 되었다는 평을 받았다. 또 민족 해방의 혼이 담겨 있다는 극찬을 받았다.

서덕출은 그것으로 동시작가의 길을 걷게 되었다. 서덕출은 1934년 가을에 결혼하여 남매를 두었는데 몸이 약한데다 신경통까지 생겨 한 해 동안 누워 생활하다가 1940년 35세를 일기로 짧은 생애를 마쳤다. 그의 작품집은 유고집으로 그의 대표작 동시 이름을 딴 「봄 편지」가 있는데 1952년 자유문화사에서 출간했다. 그의 고향인 울산에 세운 서덕출 노래비만 남아 있어 그의 존재를 확인시켜 주고 있을 뿐이었다(『숫대문학』 통권 13호 1994).

봄 편지

서덕출

연못가에 새로 핀
버들 잎을 따서요
우표 한 장 붙여서
강남으로 보내면
작년에 간 제비가
푸른 편지 보고요
대한 봄이 그리워
다시 찾아옵니다.

문예운동의 주역 구본웅

서해(西海) 구본웅(具本雄)은 1906년 음력 3월 7일 출생으로 순 서울토박이다. 구본웅은 유년 시절 사고로 가슴을 다쳐 척추장애를 갖게 되었다. 그의 부친은 상당한 재산가였고, 구본웅은 그 신흥부자의 외아들이었다.

구본웅은 경신학교와 일본의 단천미술학교, 태평양미술학교, 동경미술학교 등에서 수학했다. 그는 경신학교 졸업 후에 조각작품 〈자화상〉으로 선전 특선을 차지했다. 동경에서 미술을 공부하고 돌아왔을 때는 국내 화단에 처음으로 포비즘의 화풍을 가지고 왔다.[3] 구본웅은 이상의 그림 스승 노릇을 하였고 『시와 소설』, 『청색지』 등을 발간하여 이상 및 그가 속했던 9인회의 입 노릇도 담당하였다.

그는 살롱 문화의 주역으로서 또 잡지 발행인으로서 그의 주업인 미술 활동과 함께 화려하게 전개되었으나 40년대에 들어서면서 일제의 가중한 억압 정책에 의해 일단 침묵 속으로 빠진다. 해방 직전까지의 침묵 기간 동안 그가 관심을 가졌던 것은 한국의 고미술품 수집이었다. 칩거 기간 동안 구본웅이 심혈을 기울

3) 포비즘이란 20세기 초 프랑스에서 일어난 혁신적인 회화운동으로 이론적 운동이라기보다는 서로 다른 경향을 지닌 화가들의 자연발생적, 일시적 결합을 뜻함.

였던 것은 「조선미술사」의 집필이었다. 고미술품의 수집도 이 「조선미술사」의 집필을 위한 자료 수집의 의미를 가지는 것이었다. 39세의 나이로 해방을 맞은 구본웅은 「조선미술사」의 완성을 서두름과 동시에 우리 문화의 재건을 위한 기초 작업으로 미술 교과서 편찬 사업에 착수했다. 당시 문교부 편수관으로 참가하여 최초의 중등미술 교과서를 그의 손으로 만들었다.

그의 이런 의욕적인 움직임에 한국전쟁이 찬물을 끼얹었다. 그가 궁색한 피난살이 중에도 두 차례의 개인전을 가졌던 것은 그의 예술적 집념을 보여 준다. 전쟁이 끝난 후 새로운 출발을 기도했지만 피난살이에 건강을 해쳐 1953년 2월, 47세를 일기로 타계하고 말았다(『숫대문학』 통권 1호, 1991).

영원히 노래하는 구슬비 작가 권오순

송알송알 싸리잎에 은구슬
조롱조롱 거미줄에 옥구슬
대롱대롱 풀잎마다 총총총
방긋웃는 꽃잎마다 솔솔솔

권오순은 1918년 황해도 해주에서 교육자 부모의 다섯째 딸로 태어났다. 세 살 때 소아마비에 걸려 다리를 절게 된 그녀는 동네 아이들의 놀림이 싫어, 집 마당의 나무, 돌, 풀, 꽃, 구름, 바람, 새, 빗방울, 흙 등 자연과 시간을 보냈다. 그 당시 유일한 어린이 잡지였던 『어린이』가 가장 소중한 벗이었다.

내성적인 성격인 그녀는 누구에게 물어보지도 못하고 글 짓는 법을 가르쳐 주는 이도 없었지만 혼자서 글을 썼다. 그리고 자신이 쓴 동시가 제대로 쓰여진 것인지 알고 싶어 투고한 것이 1933년 여름 『어린이』에 실린 〈하늘과 바다〉이다. 그때가 그녀의 나이 14세 였다. 〈구슬비〉가 발표된 것은 그녀의 나이 18세인 1937년 『가톨릭 소년』이란 어린이 잡지였다.

아버지가 돌아가신 후 권오순은 창작 활동을 하고 싶어 그토록 사랑하던 어머니와 동생들을 뒤로하고 1948년 29세의 처녀가 단신으로 3·8선을 넘어 서울로 왔는데 남북 분단으로 그것이 가족들과의 영원한 이별이 되고 말았다. 1948년 국민학교 3학년 국어 교과서에 〈구슬비〉가 실렸고, 이 동시에 작곡자 안병원의 곡이 붙여져 예쁜 노래로 역시 3학년 음악 교과서에 실렸다. 〈구슬비〉는 지금까지도 애창되고 있다.

그녀는 고아원 성모원에서 7년간 봉사 활동을 하였고 어릴 때 어머니 옆에서 배운 바느질 솜씨로 생활비를 벌며 작품 활동을 계속했다. 권오순은 1976년 새싹문학상을 수상해 문단의 인정을 받았다. 그녀는 아동작가로서 명성이 높았지만 충북 제원군에 있는 한 천주교회의 터에 오두막집을 지어 그곳에서 여생을 보냈다. 몸이 극도로 쇠약해진 권오순은 1991년 수녀원에서 운영하는 무료 양로원으로 들어가 1995년 7월 11일 세상을 떠나기 전까지 외부와 연락을 끊고 은둔 생활을 했다.

권오순이 남긴 작품으로 「구슬비」, 「새벽숲 멧새소리」, 「꽃숲 속의 오두막집」, 「무지개 꿈밭」 등의 동시집이 있다(『솟대문학』 통권 21호, 1996).

자연을 닮은 시인 서정슬

서정슬은 1946년 교육자 집안의 맏딸로 태어나 유복한 환경에서 성장할 수 있었으나 중증뇌성마비로 인해 휠체어를 사용하는 것은 물론이고 언어장애도 심해 사회활동을 하는데 제약이 많았다. 서정슬은 학교교육을 전혀 받지 못했지만 어머니께서 동생들 숙제를 설명해 주시는 것을 들으며 한글을 익혀 글을 쓰기 시작했다.

동생들이 학교에 가고 나면 동생들이 보는 어린이 잡지를 읽었는데 서정슬은 동시를 읽을 때가 가장 행복했다. 자신도 동시를 지어 보곤 하다가 어느 날 자신이 학교와 학년을 쓰지 못하는 이유를 밝히며 투고를 한 동시가 1962년 『새벗』 10월호에 실려 실력을 인정받았다.

아동문학계의 쟁쟁한 윤석중, 어효선, 박홍근, 한정동, 장수철 선생님이 한 번도 만난 적이 없는 그녀의 작품을 60년대 어느 지면에선가 가끔씩 칭찬해 주었다. 이런 칭찬에 용기를 얻은 그녀는 글쓰기에 온 힘을 쏟았고 이렇게 해서 한 편, 한 편 모아진 시들이 시 노트로 한 권, 두 권 쌓여졌다.

서정슬의 시노트를 그녀가 활동하던 가톨릭 공동체의 수녀님이 홍윤숙 시인에게 보여 드린 것이 계기가 되어 1980년 「어느 불행한 탄생의 노래」라는 시집이 세상에 나오게 되었다. 그녀 말에 의하면 34년 만에 받는 축복이었다.

서정슬의 시집을 본 아동문학가 윤석중 선생은 1982년 『새싹문학』 가을호에 동시 40여 편을 실었다. 그것이 계기가 되어 제10회 새싹문학상이 그녀에게로 돌아갔다. 그녀는 당당히 아동문학가 명단에 이름을 올렸고, 꾸준히 작품 활동을 계속하여 7권의 시집을 발간하며 아동문학가로 자리를 굳혔다. 서정슬 동시는 초등학교 2학년 국어 교과서에 동시 〈눈 온 날〉, 초등학교 5학년 음악 교과서에 곡이 붙여진 동시 〈오월에〉, 초등학교 6학년 국어 교과서에 동시 〈장마 뒤〉, 중학교 2학년 음악 교과서에 곡이 붙여진 동시 〈가을 편지〉가 수록될 정도로 서정슬은 사회적으로 인정받은 작가이다.

2000년대에 들어서는 건강이 나빠져 작품 활동이 뜸해졌다. 그녀는 연필조차 손에 쥘 수가 없었는데 설상가상으로 든든한 버팀목이었던 어머니가 세상을 떠나 심신이 지칠 대로 지친 그녀는 그 무렵 완전히 창작 활동을 멈추게 되었다.

서정슬 시인이 경기도 광주에 있는 요양원에서 노년을 보내고 있을 때 『솟대문학』에서 그녀의 대표작과 미발표작을 모아 동시집 「나는 빗방울, 너는 꽃씨」(도서출판 솟대, 2013)를 출간하였는데 그로부터 2년 후인 2015년 서정슬은 조용히 세상을 떠났다.

장마 뒤 (초등학교 6학년 국어 교과서 수록)

서정슬

엄마가 묵은 빨래
내다 말리듯

하늘이 구름 조각
말리고 있네

오랜만에 나온 햇볕이
너무 반가워

진정한 작가 장영희

장영희(1952~2009)는 대한민국의 수필가이자, 번역가, 영문학자로 서울대학교 영문학과 교수였던 영문학자 장왕록의 차녀로도 유명하다. 그녀는 1975년에 서강대학교 영문학과를 졸업하고, 1977년에 동 대학원에서 석사 학위를 취득했으며, 1985년에 '19세기 미국 작가들의 개념세계와 현실세계 사이의 자아여행(Journeys between Real and the Ideal)'이라는 논문으로 뉴욕 주립대학교에서 박사 학위를 취득하였다.

1985년부터 모교인 서강대학교 영어영문학과 교수로 재직하였으며, 코리아 타임즈와 중앙일보 등 주요 일간지에 칼럼을 기고하였고, 한국호손학회와 한국마크트웨인학회 등에서 이사 및 편집이사로 활동하였다. 2006년 동아일보 〈동아광장〉의 집필진으로 참여하였다. 그 외에도 고등학교 영어 교과서를 집필하였다.

장영희 교수가 유학을 간 것은 박사과정 입학이 어려웠기 때문이라고 후에 밝혔는데 이것으로 한국의 장애인 차별이 얼마나 심각했는지 알 수 있다. 그래서인지 장영희 교수의 인권의식은 아주 강했다. 2001년 하버드대학교 방문교수로 있었을 때, 당시 거주했던 아파트의 엘리베이터가 고장이 났는데 그녀는 7층에 살았기 때문에 3주 동안 목발을 짚고 힘들게 계단을 오르내려야 했다. 이에 그 아파트를 관리하던 부동산 회사를 상대로 투쟁하여 사과와 함께 보상을 받아 냈다. 〈보스턴 글로브〉는 이 이야기를 머리기사로 소개했고, NBC TV와 지역 방송들도 앞다투어 소개하였다.

바로 그 시절 2001년에 유방암 선고를 받고 3번의 수술과 방사선 치료를 받은 끝에 회복되었으나 2004년 척추에 암이 발견되어 다시 투병 끝에 2006년에 회복되었다. 그러나 2008년에 간암까지 발병하여 학교를 휴직하고 치료를 받았으나 2009년 사망하였다. 이렇게 세 차례 암이 발병하였으나 희망을 버리지 않았고, 투병 와중에도 여러 권의 책을 펴낸 진정한 작가이다.〈tip5〉

저서

- 「살아온 기적 살아갈 기적」(2009년)
- 「공부의 즐거움」(공저, 2006년)
- 「생일」(2006년)
- 「축복」(2006년)
- 「문학의 숲을 거닐다」(2005년)
- 「내 생애 단 한번」(2000년)

수상

- 올해의 문장상(2002년)–수필집 〈내 생애 단 한번〉으로 수상
- 한국문학번역상(1981년)–김현승의 시 번역으로 수상

장영희 교수에게 보내는 고백

끝내 가셨군요. 장애라는 무거운 짐을 지고 57년 동안 인생 마라톤을 달려온 당신 머리에 월계관을 씌워 드릴게요. 당신은 아름다운 승리를 했으니까요. 당신은 장애인에게 척박했던 그 시절, 사회 편견과 맞서 장애인에게 굳게 닫혀 있던 대학의 문을 열고 들어갔고, 미국에서 박사 학위를 받아 왔죠. 그리고 모교인 서강대학교에서 교수가 됐구요.

그런 당신은 나를 비롯한 이 땅의 장애인들에게 희망 그 자체였답니다. 당신을 지면을 통해 만나면서 당신이 쓴 글을 읽으면서 난 당신이 미웠습니다. 왜냐하면 당신은 너무나 완벽했으니까요. 당신은 훌륭한 아버지를 가졌고 당신은 영문학자로서 기반이 든든했고 당신의 글은 많은 사람들의 사랑을 받았고 그리고 당신은 여성으로서의 아름다움을 갖고 있었으니까요. 당신이 양쪽 팔에 짚고 있는 목발은 장애가 아니라 당신의 그 모든 것을 돋보이게 하는 하나의 장치에 불과했답니다.

당신에 대한 부러움이 그런 미움을 만들어 냈던 것 같습니다. 그러던 어느 날 당신이 절필을 선언하는 글을 접했지요. 유방암이란 불청객이 찾아와 잠시 쉬어야겠다는 당신의 고백에 난 신문이 젖을 정도로 눈물을 쏟아 냈답니다. 왜 그리 마음이 아프던지

왜 그토록 서럽던지 목놓아 울었어요.

하지만 당신은 곧 건강한 모습으로 돌아왔어요. 당신 앞에서는 암도 꼼짝을 못하는구나 싶었죠. 당신은 불행이란 단어가 뭔지 모르는 행운아란 생각이 들더군요. 언젠가 방송국 로비에서 당신을 만났어요. 너무나 반가워서 마치 오랫동안 알고 지내던 사이인 양 인사를 했죠. 당신도 나를 낯설어하진 않았어요.

실제로 만난 당신은 수줍움이 많고 사람들의 농담을 잘 이해하지 못하는 어리숙한 면이 있었죠. 한마디로 당신은 무공해 인간이었어요.

당신이 척추암이란 소식을 들었을 때 난 무척 화가 났어요. 인간의 운명을 관장하는 신이 있다면 너무 염치가 없다고 중얼거렸죠. 장애라는 짐을 줬으면 그것으로 끝내야지 무슨 암 그것도 한 번도 아니고 두 번씩이나 생명을 담보로 장난을 칠 수 있느냐구. 인생에 최선을 다한 것도 죄가 되느냐구, 드라마를 써도 이렇게 비극적으로 쓸 수는 없을 거라구. 신을 원망했답니다.

작년 1월 내가 당신에게 전화를 했죠. 『솟대문학』 행사에 초대하고 싶다고 말예요. 당신은 이렇게 대답했어요,

"그래요. 내가 꼭 한 번은 가 보려고 했었는데, 어쩌죠? 지금 투약 중이어서 외출이 금지됐어요. 미안해요. 다음 『솟대문학』 행사 때 꼭 갈게요. 장애인 분들이 문학을 하기 위해 그렇게 열심인데 아무런 도움을 주지 못했네요. 정말 미안해요. 그리고 정말 장해요. 방귀희 씨."

무심해 보이는 듯했지만 당신도 장애문인에게 사랑을 갖고 있다는 사실이 느껴져 코끝이 찡했답니다.

장영희 당신은 우리 곁을 떠났지만 당신이 남긴 작품은 오래도록 우리와 함께할 거예요. 그리고 장영희란 여자가 살아온 역사는 인간이 어떻게 고통을 이겨 내고 어떻게 행복을 만들어 내는지를 보여 줄 것입니다.

잘 가세요. 장애와 암이 없는 나라로.

당신의 영전에 승리의 월계관을(한겨레신문, 2009. 5. 11.)

2. 세계의 장애문인

1) 시각장애 문호들

유럽 최고의 시성 호메로스(호머)

호메로스는 그리스의 서사시인이다. 그는 서구문학의 조종(祖宗)이며, 그리스 최대의 시성이라 평가된다. 그의 생애에 관해서는 유명한 대서사시 〈일리아드〉와 〈오딧세이아〉의 작자라고만 알려졌을 뿐이다. 일설에는 개인이 아니고 편력시인의 집단명이라고도 하고 또는 실재하지 않은 전설적인 인물이라고도 한다. 그러나 크세노파네스, 헤로도토스 등의 확실한 증거 및 근대 역사학, 고고학적 발견과 연구 및 언어학상의 조사 연구에 의하면 그는 실재의 인물로서 소아시아 이오니아 해변 스미르나의 출생으로, 시각장애인이었다고 한다. 태어난 연대는 B.C 900~800년 경이다.

장편 서사시 〈일리아드〉는 15,693행으로 되어 있고, 제목이 '아킬레우스의 저주와 분노' 로 되어 있는데 트로이전쟁 중의 51일간에 일어난 영웅 아킬레우스를 중심으로 한 기사의 이야기이다. 〈오딧세이아〉는 12,110행으로 지혜로운 사람으로 유명한 이타카 섬의 오딧세우스를 중심으로 한 트로이아 함락 후 10년 간의 이야기이다. 이 두 편은 완벽한 예술적 구성으로 당시 문화에 지주적 존재로 평가되었으며 후세의 시인들에게 큰 영향을 주었다. 또한 그의 이름은 시인의 대명사처럼 되었다.

문예사적 측면에서 호메로스의 가치는 우선 형태와 플롯의 완벽한 통일성과 모든 인간의 기본적인 정서와 모티브의 파악, 보편적인 견지에서 본 위대한 인물들의 나무랄 데 없는 개성화, 인생의 위엄, 쾌락과 비극, 죽음의 고찰, 종교와 윤리 등으로 훗날 서구 문명의 조류를 이룬 그리스적인 성격을 바탕으로 하여 방대한 스케일을 건전한 도덕에 의해 하나의 세계관으로 이룩한 것에 그 가치가 영원하다.

르네상스 최대 시인의 밀턴

밀턴(1608~1674)은 영국의 대표적인 시인이다. 그는 켐브리지대학 재학 시절 귀부인이라는 별명을 얻을 정도로 용모가 뛰어났다고 한다. 그는 대학 시절 이미 천재성을 발휘하여 「그리스도 탄생의 아침」이라는 작품을 썼고, 졸업 후 전원에서 고전, 수학 등을 연구하였다. 1637년 이탈리아를 여행하고 1639년 귀국한 후 국교회에 대항하여 청교주의를 받들고 크롬웰을 지지하였다. 청교도 혁명이 일어난 뒤 한때 관직에 있었으나 왕정복고 후 추방되고 과로로 인해 실명한 채(1652) 작품에 몰두하였다. 1667년 불후의 대작 「실락원」을 발표하여 영문학상 유일한 세계적 서사시가 되어 후세에 지대한 영향을 끼쳤으며, 이어 「투사 삼손」, 「실락원」의 속편격인 걸작 「복락원」 등의 작품을 남겼다. 그는 청교도적인 사상을 고전에 대한 깊은 이해와 문예부흥의 전통에 입각한 걸작들을 연달아 써서 영문학상 최대의 시인으로 남았다.

행동하는 지성 샤르트르

샤르트르는 현대 프랑스의 실존철학자이자 소설가, 극작가, 평론가이다. 그는 1905년 파리에서 출생하였다. 그의 아버지는 일찍 세상을 떠났으며 어머니 슬하에서 자랐다. 1925년 에콜 노르말에서 공부하고 철학과를 수석으로 졸업하여 같은 해 교수 자격을 얻었다. 그의 동지이자 아내가 된 보봐르와 이 무렵 알게 되었다고 한다. 1933년 독일에 유학, 하이데거의 철학을 공부하였다. 1938년 유명한 소설 「구토」를 발표하여 실존주의 문학을 창시했다.

제2차 세계대전이 발발하자, 1939년 독일군의 포로가 되었다가 탈출하여 대독 저항운동을 조직하였다. 이 무렵에 까뮈와도 알게 되었다. 1945년 해방 후에는 월간지 『현대』를 창간하여 실존주의를 파급하였으며 소설, 평론, 희곡 등 다채로운 문필 활동에 전념하면서 미국에 초청되어 각지를 다니며 강연하였다.

1964년에는 노벨 문학상 수상자로 결정되었으나 거절하였다. 그 후 현대 프랑스를 대표하는 최고의 지식인으로서 무게감 있는 지적 활동을 계속하였다. 그는 하이데거의 영향을 받아 그 자신의 현상학적 존재론을 전개하였다. 그는 데카르트적 자아를 넘어서 인간은 하나의 실존의 존재임을 밝히고 실존은 본질에 앞서며 실존은 주체성이라는 명제를 제시하였다. 그는 「실존주의는 휴머니즘이다」라는 조그만 책자에서 그의 실존주의 사상을 간결 명쾌하게 설명하였다. 행동하는 지식인인 샤르트르는 세계 평화의 문제에 대해서도 깊은 관심을 가지고 여러가지 발언과 평론을 하는 동시에 소련 공산주의에 대해서도 날카로운 비판을 하였다.

그는 눈이 사시였는데 노년에 급격히 시력이 약화되어 글을 읽을 수도 쓸 수 없게 되었지만 시각장애로 오히려 인생에 눈을 떠서 세상을 더 명쾌하게 관조할 수 있었다고 고백하였다.

환상문학을 구축한 호르헤 루이스 보르헤스

호르헤 루이스 보르헤스(Jorge Luis Borges, 1899~1986)는 아르헨티나의 시인이자 소설가로 소설과 시, 형이상학, 신화 등 다양한 분야를 넘나드는 문학작품을 통해 마술적 사실주의를 구축하면서 포스트모더니즘 문학에 많은 영향을 미쳤다.

보르헤스는 어린 시절 스페인어보다 영어를 먼저 배우고 영어권 소설들을 읽으며 자랐다. 아버지와 가정교사들에게 교육받았으며, 6세 때 작가가 되기로 결심했다고 할 만큼 조숙했다. 일찍부터 문학, 철학, 그리스·로마 신화에 관심이 많았고, 7세에 영어로 「그리스 신화」 요약을 썼고, 8세 때는 「돈키호테」를 읽고 영감을 받아 「치명적인 모자의 챙」이라는 단편소설을 썼으며 오스카 와일드의 영어 단편 「행복한 왕자」를 스페인어로 번역하여 신문 〈나라〉에 발표했다.

24세 때 첫 시집 「시, 부에노스아이레스의 열기」를 펴낸 이후 시집 「앞의 달」, 「산 마르틴 노트」, 에세이집 「심문들」, 「내 기다림의 크기」, 「아르헨티나인의 언어」 등을 잇달아 발표하면서 주목받는 시인이자 수필가로 명성을 쌓았다. 1931년 보르헤스는 아돌프 카사레스 등과 함께 문예지 『수르』에 참여하면서 서구적 문학

경향과 아르헨티나의 향토성을 결합하는 운동을 전개했다. 그는 민족주의의 배타성을 비판하면서 국지성을 극복하는 세계주의를 주창했다. 그러면서 1930년대에는 소설 실험을 시도했으며, 1935년 첫 소설집 「불한당들의 세계사」를 펴냈다.

작가로서 명성을 얻기는 했으나 이 시기에 아버지의 건강이 악화되면서 가세가 기울자 보르헤스는 생계를 꾸려야 하는 처지가 되어 1937년부터 시립 미겔카네 도서관에서 수석 사서로 일하기 시작했다. 1938년에는 아버지가 사망하는 불행을 겪은 데다, 계단을 오르던 중 열려 있던 창문에 머리를 부딪쳐 다쳤는데, 이 상처가 패혈증으로 번지면서 한 달 넘게 병상 생활을 했다. 또한 보르헤스의 아버지는 유전적인 이유로 시력이 약화되다 실명했는데, 보르헤스 역시 이런 유전적인 요인에다 지나친 독서로 이 무렵 시력이 많이 약화되어 있었다. 말년에 이르러서는 완전히 시력을 잃어 후기 작품들은 구술을 통해 비서가 타이핑한 것이다.

보르헤스는 병상 생활을 하면서 본격적으로 단편소설들을 창작했다. 상처의 후유증이 지나치게 커서 자신이 앞으로 시를 계속 쓸 수 있을지 의심하며 소설 〈피에르 메나르, 돈키호테의 저자〉를 쓰는 한편, 그의 대표작으로 꼽히는 소설 〈끝없이 두 갈래로 갈라지는 길들이 있는 정원〉(1941, 후일 몇몇 단편을 추가해 「픽션들」로 출간된다), 「알렙」(1949)에 수록된 작품들 대다수를 썼다. 이 작품들은 발생하지 않은 것들에 대한 계시로 탄생했다고 하는데, 이는 그에게 있어 이성적으로 통제 가능한 일시적 착란 상태를 일컫는다.

일시적 착란 상태의 특징인 시공간의 무한한 확장과 이에 따른 심리적 공황 상태를 겪으면서, 마술적 사실주의라고 불리우는 무한하고 환상적이며 모든 시공간 및 관념의 경계가 허물어진 세계라는 독특한 보르헤스 문학이 탄생한 것이다. 보르헤스는 포스트모더니즘 문학의 상징적 인물로 꼽히지만, 노벨 문학상만은 받지 못했다. 이에 대해 일각에서는 보르헤스가 노벨 문학상을 받지 못한 것은 그의 불명예가 아니라 노벨 문학상의 불명예라고 말하기도 한다.

보르헤스는 1985년 스위스에 강연을 갔다가 병 때문에 제네바에 정착했는데 이듬해 세상을 떠났다.

2) 지체장애 문호들

이솝우화의 이솝

이솝(B.C 520~564)은 그리스의 우화 작가이다. 현대에 와서도 그는 너무도 유명한 작가이지만 정작 그의 전기에는 그가 사모스인(人) 야도몬의 노예이며 루피에서 죽음을 당했다는 이외는 상세한 자료가 없다. 14세기 프라누데스의「이솝전」에 의하면 그는 척추장애인이었고, 천부의 기지, 해학, 화술로써 노예에서 해방되어 우화작가로서 이름을 떨쳤다고 전한다. 류디아왕 크로이소스의 총애를 받아 조언자 역할을 하며 크게 활동했으나 왕명에 의해 피살되었다고 전한다.「이솝전」에는 약 700편 이상의 우화가 실려 있지만, 그 우화들의 일부가 그의 창작이 아님이 밝혀졌다. 그중에는 인도의 전설, 설화 등이 많이 혼입되어 있다고 한다. 그러나 헤로도토스, 소크라테스 등의 저서에도 그에 관한 기록이 있으며 그의 실존과 그의 우수한 문학적인 재능은 의심할 여지가 없다.

중국 최대의 병법가 손자

손자는 B.C 6~5세기경 중국 전국시대의 제나라 병법가이다. 이름은 무(武), 자(子)는 존칭이다. 절도와 규율로 오나라의 군대를 양성하였으며 병서인 〈병법〉를 지었다. 그의 병서는 유교사상에 입각한 인의(仁義)를 전쟁의 근본이념으로 하였는데 거기에는 전쟁의 전술만이 아니고 제후의 내치, 외교, 국가 경영의 비결, 승패의 비기, 인사의 성패 등에 대해서도 비범한 견해를 나타내고 있다. 그의 뛰어난 전략은 후세의 무장들 사이에 널리 이용되었다. 우리나라에도 일찍이 소개되어 애독되었으며 조선 시대에는 한때 역과 초시(譯科 初試)의 교재로 쓰였으며 최근에는 소설로도 소개되어 널리 읽히고 있다. 그는 전쟁터에서 두 다리를 잃은 절단장애인이었다.

중국 최고의 역사가 사마천

사마천(B.C 145~186)은 중국 전한시대의 역사가인데 그에 대한 자료는 매우 희박하다. 그는 부친 사망 후 그 뒤를 이어 태사령(太史令)이 되었다. 기원전 104년 공손경 등과 함께 태초력(太初曆)을 제정하여 후세 역세(曆歲)의 기초를 이루었다. 기원전 98년 한나라 장군 이능이 흉노에 항복한 것을 변호하다가 천자의 분노를 사서 궁형에 처해져 장애를 갖게 되었지만 그때부터 중국 역사를 기술하기 시작하였다. 그가 평생을 바쳐 저술한 「사기(史記)」는 동양 최고의 역사서로 평가되고 있다.

돈키호테처럼 살다 간 세르반테스

세르반테스는 에스파니아의 수도 마드리드에서 1547년에 태어났다. 아버지는 의사이고, 어머니는 귀족 출신이었는데 생활은 매우 어려웠다. 때문에 세르반테스는 학교에도 제대로 다니지 못했다. 16세기 에스파니아는 문화가 발달되어 전 세계가 모방할 정도였다. 세르반테스는 문화 분야뿐 아니라 정치, 경제적으로 에스파니아가 세계를 제패하던 시절에 살았다. 또한 17세기 초 세르반테스가 「돈키호테」를 발표할 무렵에는 유쾌한 풍자문학과 익살을 담은 대화와 극, 시가 번성했다.

세르반테스는 어릴 때부터 예수회에서 교육을 받았는데 친구에게 상처를 입히는 결투를 한 뒤 로마로 도피했다. 귀국 후 세르반테스는 군인이 되어 레판토 해전에 참가했다. 이때 세르반테스는 가슴과 왼팔을 다쳤는데 이 부상으로 한쪽 팔을 쓰지 못하는 장애인이 되었다.

몇 년 뒤인 1573년에는 튀니스 싸움에 참가하고 귀국하다가 터키군의 포로가 되어 5년 동안 옥살이를 하였다. 세르반테스는 이때 네 번이나 탈옥을 시도하였는데 모두 실패했다. 그러나 그러한 실패는 각계 각층의 인물과 사귈 수 있는 계기가 되었으며 이것은 뒷날 「돈키호테」를 쓰는 데 있어 큰 도움이 되었다.

다시 마드리드로 돌아온 그는 생활이 너무 어려워 물가가 싼 남미로 가려고 애를 썼으나 모두 허사로 돌아갔다. 할 수 없이 스페인 남쪽 지방을 돌아다니며 겨우 생활을 꾸려 나갔다. 그 고난 속에서 1584년에 결혼한 후 소설을 비롯한

30편의 희곡을 썼다. 하지만 성공을 거두지는 못했다. 세르반테스는 이렇듯 시도하는 일마다 실패에 실패를 거듭하였다.

1602년에는 누명을 쓰고 옥에 갇히는가 하면 풍운아로서 밑바닥 생활을 체험했다. 가난뱅이 세르반테스가 한 가지 성공을 한 것이 있다면 그것은 바로 소설 「돈키호테」이다. 「돈키호테」는 1, 2부 두 권으로 되어 있는데 2부는 1부가 발표된 후 11년 뒤에 완성되었다. 그러나 돈키호테가 큰 호응을 얻으며 성공했음에도 불구하고 세르반테스는 죽을 때까지 가난을 면치 못했다.

「돈키호테」 외의 세르반테스의 작품으로는 12개의 단편을 묶은 모험 소설집과 희곡집이 있으며 시집으로는 「파르나소산의 여행」이 있다. 고난과 실패를 겪으며 되는 일이 하나도 없던 세르반테스에게 「돈키호테」는 구원이었다. 이 소설처럼 세르반테스는 낙천적으로 실패와 고난의 인생을 이어 갔던 것이다.

20세기 최고의 문인 셰익스피어

셰익스피어(1564~1616)는 영국 최대의 문호이다. 셰익스피어는 아름다운 자연에 둘러싸인 영국의 전형적인 작은 마을 스트레스포드에서 장남으로 태어났다. 부친 존 셰익스피어는 농산물 판매 사업으로 성공하여 그 고장의 행정에 깊이 관여한 유명 인사였다. 부유한 부친으로 인해 그는 비교적 풍족한 어린 시절을 보냈지만 13~14세에 부친의 사업 부진과 법원의 소송 문제 등으로 가세가 기울어 부득이 학업을 중단하고 집안 일을 도울 수밖에 없는 상황이 되었다.

그는 18세 되던 해에 여덟 살 연상인 앤 해더웨이와 결혼하여 삼남매를 낳고 런던으로 간다. 그곳에서 여러 잡역을 하다가 희극역 배우, 극작가로 성공한다. 1590년을 전후한 시대는 엘리자베스 1세 여왕의 치하에서 국운이 융성한 때였으므로 문화면에서도 고도의 창조적 잠재력이 요구되던 때였다. 그런 이유로 그는 엘리자베스 여왕과 제임스 1세의 후원을 받아 재능을 더욱 빛낼 수 있었다.

1590년대 초 런던의 극장이 전염성 질병이 확산되어 일시적으로 폐쇄된 적이 있는데 이것은 그에게 본격적인 집필 활동을 할 수 있는 기회가 되었다. 그리하여 최초로 그의 이름을 붙인 작품집 「비너스와 아도니스」가 출판되었으며 그의 소네트 대부분도 이 시기에 집필된 것이다.

극작가로서의 셰익스피어의 활동기는 1590년부터 1613년까지 대략 24년 간으로 볼 수 있으며 그는 이 기간에 모두 37편의 작품을 발표하였다. 그의 작품을 시기적으로 분류해 보면 초기에는 습작적 경향이 보였으나 영국 역사를 중심으로 한 역사극에 집중하던 시기, 낭만 희극을 쓰던 시기, 화해의 경지를 보여 주던 로맨스극 시기로 나눌 수 있다.

그가 다른 작가와 다른 점은 이처럼 시대적 구획이 뚜렷하게 구분된다는 점이다.

그의 작품이 한층 깊이를 더한 것은 낭만 희극을 쓰고 난 뒤 비극의 작품을 쓰면서부터였다. 4대 비극 〈햄릿〉, 〈오셀로〉, 〈리어왕〉, 〈멕베스〉는 셰익스피어 문학의 절정이자 세계문학의 금자탑이라는 평가를 받고 있다.

셰익스피어는 안짱다리로 걸음이 불편한 지체장애를 갖고 있었고, 성격이 내성적이라 혼자서 조용히 작품을 집필하는 것을 좋아했다. 런던에서 유명해지자 사람들을 피해 고향으로 내려가 평화로운 여생을 보내다가 1616년 54세를 일기로 세상을 떠났다.

낭만파 시인의 대명사 바이런

영국의 세계적인 낭만파 시인 바이런(1788~1824)은 런던의 귀족 집안에서 출생하여 어려서부터 훌륭한 글 재주로 주위의 칭찬을 받으며 성장했다. 캠브리지대학에 입학하여 역사와 문학을 전공했다. 1807년 〈게으른 날들〉을 발표했으나 평판이 좋지 않았고, 졸업한 뒤 무질서한 생활을 계속하다 유럽을 여행하고 돌아와 견문기 「차일드 헤럴드의 여행」을 출판하고서 유명해졌다. 계속하여 〈해적 라라〉 등의 많은 시를 발표하였으나 여자 문제 등으로 비난을 받고 다시 유럽 여행에 올랐다.

그는 〈돈환〉 등 유명한 작품을 계속 발표하여 19세기 낭만파의 대표적인 작가가 되었다. 그리스 문화를 사랑했던 그는 1823년 그리스 독립전쟁에 참여해 독립군에게 사기를 북돋아 주었는데 〈오늘 나는 36세가 되었다〉는 시를 마지막으로 말라리아에 걸려 사망했다. 그는 다리를 몹시 많이 절어 자신의 뒷모습을 보여 주지 않으려고 항상 뒤에서 따라갈 정도로 장애를 의식하며 살았지만 언제나 자기 자신을 노래하고 자신이 사랑하는 시를 쓴 시인으로서 자유롭게 살다 간 낭만주의자였다.

첫 여성 노벨 문학상 수상자 셀마 라게를뢰프

1858년 스웨덴 베름란드주에서 출생한 라게를뢰프는 명문인 모르바카 집안에서 태어났으나 다리의 장애 때문에 집에서 가정교사를 두고 교육을 받았다. 퇴역 군인으로 문학 애호가인 아버지, 자애로운 어머니, 향토의 전설에 밝은 할머니와의 사이에서 아름다운 자연을 접하며 자란 그녀는 일찍부터 문학에 친숙하였다.

그러나 파산으로 집안 사정이 어려워져서 24세에 여자고등사범학교에 입학하고, 졸업 후에는 초등학교 교사로 근무하면서도 창작에 전념하였다. 〈예스타 베를링 이야기〉가 부인잡지 『이둔』의 현상모집에 당선되어 일약 문단의 총아로 데뷔하였다.

그녀는 향토의 전통 있는 광산이나 농원이 근대 산업주의 시대로 접어들면서 망해 가는 모습을 보고 큰 충격을 받았는데 〈예스타 베를링 이야기〉는 바로 자신의 고향인 모르바카 집안의 농원이 남의 손으로 넘어가는 비운을 그린 작품이다.

단편집 「보이지 않는 굴레」, 「안티크리스트의 기적」, 중편 「지주 이야기」, 대작인 「예루살렘」 등을 잇달아 발표하였다. 그녀의 작품에는 모성적인 선의와 사랑으로 가득 차고, 현실과 꿈이 섞여 있어 감미로운 환상 세계를 펼쳐내고 있다.

스웨덴 교육계의 의뢰를 받아 초등학교 아동의 부독본용으로 집필한 「닐스의 모험」은 조국의 아름다운 자연과 전설을 어린이들에게 알리는 작품으로 남녀노소를 불문하고 모든 사람의 열렬한 환영을 받았으며 이 작품으로 웁살라대학교 명예문학박사 학위를 받았고, 1909년에는 여성 최초로 노벨 문학상을 수상하였으며, 1914년에는 여성 최초의 스웨덴 아카데미 회원이 되었다.

1차 세계대전에 큰 충격을 받았던 라게를뢰프는 2차 대전이 발발하자 독일에 있던 유대인 예술가를 구하기 위해 발벗고 나서 자신의 노벨상 수상 메달을 기증하기도 하며 사회활동도 활발히 펼쳤다.

3) 언어장애 문호들

독일을 대표하는 작가 헤르만 헤세

헤르만 헤세는 1877년 남부 독일의 뷔르템베르크의 소도시 칼브에서 태어났다. 신교의 목사인 아버지는 인도에서 선교 활동을 한 일이 있으며, 외할아버지는 30여 개국의 언어를 구사하는 뛰어난 분이었다. 그의 서재에는 기독교 서적부터 그리스 및 라틴의 고전, 인도의 서적 등으로 가득 차 있었다. 이러한 모든 것들은 어린 헤세에게 큰 영향을 주었다. 많은 독서의 영향으로 헤세는 어려서부터 동양 종교에 흥미를 느꼈으며 코스모폴리탄적인 평화주의를 지향하게 되었다. 또한 18세기의 독일문학에 심취하기도 하였는데 소년 헤세는 이렇듯 간접체험을 통해 공상의 나래를 펼쳤다.

14세가 되자 헤세는 목사가 되기 위해 마울브론 신학교에 입학하지만 학교 규율을 제대로 지키지 못하여 반년 만에 퇴학당하고 만다. 한편 극도의 신경쇠약으로 자살을 시도하는 등 우울증으로 시달렸는데 그럴 때 괴테의 작품을 읽고 나면 마음의 안정을 되찾곤 하였다고 한다. 한때는 숙련공이 되려고 기계 공장에서 3년 동안이나 시계 톱니바퀴를 다루는 일을 하기도 하였으나 주위의 비웃음에 그만두었다. 기계공장을 그만둔 헤세는 서점의 점원 생활을 시작하였는데 그때의 체험이 소설 「수레바퀴 밑에서」를 낳았다.

1899년에는 시집 「낭만의 노래」와 「한밤중의 한 시간」을 발표했다. 1904년에 쓴 「페터 카멘친트」는 자연 속에서 인간의 애정을 탐구하고 있는데 헤세는 이 작품으로 일약 유명 작가가 되었다. 그해 아홉 살 연상인 마리아 베르누이와 결혼한 그는 조용한 시골에 파묻혀 오로지 창작에만 몰두했다. 그리하여 1915년에 유명한 「크놀프」를 발표하였다. 1911년 헤세는 결혼 생활에 회의를 느끼고,

싱가포르, 수마트라, 실론 등으로 여행을 떠났다. 그때 받은 감명들을 글로 옮긴 책이 1922년에 출간된 「싯타르타」이다.

한편 아내의 정신병 악화와 자신의 신경 쇠약으로 헤세는 정신과 의사에게 심리요법으로 치료를 받았다. 그 후 정신과 의사의 권유를 받고 프로이드 심리학을 연구한 헤세는 1919년 우리에게 널리 알려져 있는「데미안」을 완성하였다. 인간의 본성과 이성의 갈등을 그린 「지와 사랑」은 1930년에 발표되었으며 대작 「유리알 유희」는 1943년에 출간되었다.

마침내 1946년 헤세는 노벨 문학상을 수상하였다. 그의 시나 소설은 음악적 아름다움을 지니고 있고, 그 내용이 명상적이라는 것이 특징이다. 특히 헤세의 작품 속에는 인도의 불교철학이 숨쉬고 있음이 발견된다. 헤세를 평생 괴롭힌 것은 신경쇠약 외에도 언어장애였다.

「인간의 굴레」의 서머셋 모옴

「달과 6펜스」로 유명한 작가 서머셋 모옴은 1874년 파리 주재 영국 대사관 고문 변호사의 아들로 파리에서 출생하였다. 8세 때 어머니를 여의고 10세 때는 아버지마저 돌아가시자 모옴은 목사인 숙부의 집으로 가서 자라게 된다. 이곳에서 보낸 그의 소년 시절은 자전적 소설인 「인간의 굴레」에서 묘사된 것처럼 매우 불행하고 고독했다.

독일로 유학을 갔던 모옴은 그곳에서 생활하면서 예술에 대한 호기심과 문학에 눈을 뜨게 되었다. 그리하여 작가가 되기로 결심을 하고 영국으로 돌아오지만 숙부에게는 차마 그의 뜻을 말하지 못한다. 그는 생활을 꾸려 나가기 위해 성 토머스 병원 부속 의과대학에 입학하고 그곳에서 의사자격증을 딴다. 그 후 10년 동안 그는 장편, 단편, 희곡 등 많은 작품을 썼지만 이렇다 할 성과를 얻지는 못했다. 그러다가 1908년 희곡 〈프레더릭 부인〉이 큰 성공을 거둠으로써 이름을 얻었다. 그 후 4년 동안 그는 유명 극작가로서 런던의 사교계를 드나들며 여유로운 생활을 하게 된다. 그러나 1912년경부터는 극작까지 중단하고 자신의 가슴 속에 응어리진 어린 시절의 고독과 그의 삶을 소설로 구성하기 시작한다. 그리하여 2년 만에 완성한 것이 장편소설 「인간의 굴레」 이다.

1915년에 출간된 이 소설은 발표 당시에는 사람들에게 별 호응을 얻지 못하였다. 1919년 폴 고갱을 모델로 하여 쓴 「달과 6펜스」를 발표하여 일약 스타가 되었다. 미국에 이어 프랑스에서도 순식간에 베스트셀러에 오르자 그동안 별 반응을 보이지 않았던 「인간의 굴레」 도 새로운 평가를 받게 되었다.

모옴은 말을 몹시 더듬는 언어장애를 갖고 있어 독자들과 편지를 통해 만났고, 기자 인터뷰를 피해 다녔다고 한다.

「이상한 나라의 앨리스」의 루이스 캐럴

1932년 영국 출생인 루이스 캐럴의 본명은 찰스 루트위지 도지슨으로 영국 성공회 신부의 11남매 중 장남으로 태어났다. 옥스퍼드대학 수학과 교수였다. 언어와 청각장애가 있었던 그는 옥스퍼드 신학대 학장이자 친구인 핸리 조지 리들의 막내딸인 열 살 난 앨리스 리들과 두 언니에게 이야기를 들려주는데 작품 속의 주인공은 바로 이 앨리스 리들이 모델이 된 것이다.

1862년 4월 루이스 캐럴이 리들 학장 가족과 옥스퍼드에서 갓 스토우까지 테임즈 강을 따라 보트로 여행을 하면서 매일 저녁 세 자매에게 이야기를 들려주었는데 이 「이상한 나라의 앨리스」도 그 이야기 중의 하나이다. 이 이야기는 1865년에 출판되어 서점에 나오자마자 선풍적인 반응을 일으키며 베스트셀러가 되었다.

루이스 캐럴은 말더듬에 한쪽 귀가 들리지 않는 청각장애가 있었고 지나칠 정도로 내성적인 성격이어서 성직자의 자격이 있었음에도 평생토록 설교단에 서지 않았다고 한다. 루이스 캐럴의 생애는 영국의 전성기였던 빅토리아 여왕의 통치 기간과도 거의 일치하는데 내성적이고 복잡한 성격 탓에 일생을 독신으로 지냈다.

수학교수였지만 동화작가로 더 유명해진 루이스 캐럴은 왕성한 호기심으로 다방면에 걸쳐 연구를 했는데 역사, 희극, 언어, 논리학은 물론 아동문학과 사진에도 관심이 많았다. 당시에는 사진술이 발전되지 않은 터라 사진술은 매우 복잡한 첨단 기술이었다. 실제로 그는 직접 사진 스튜디오를 운영하면서 인물 사진작가로도 유명했는데 〈침대 위에서 잠자는 알렉산드라〉 같은 작품은 자연스러운 자세를 포착해 인물의 특징을 나타내는 기법을 개발한 것으로 인정받고 있다.

루이스 캐럴은 앨리스 리들에게 지나치게 관심을 보이는 것을 의심한 앨리스의 어머니 때문에 마음에 상처를 입고 대학교수를 그만두게 되지만 1872년에 발표된 「거울나라의 앨리스」란 책에서도 앨리스 리들은 보이지 않는 뮤즈로 다시 등장하고 있다.

빅토리아 시대의 대부분의 동화작품이 도덕적 교훈을 내용으로 하고 있는 것에 반해 루이스 캐럴의 작품은 그 자신이 매우 도덕적이고 보수적이었음에도 불구하고 유머와 환상적인 내용을 바탕으로 하여 아이들에게 순수한 즐거움을 주었다. 때문에 그를 근대 아동문학 확립자의 한 사람으로 평가하기도 하는데 이 모든 것은 어린이를 아끼고 사랑한 그가 아이들을 기쁘게 해 주려던 마음에서 비롯된 것이라 볼 수 있다.

그는 루이스 캐럴이라는 필명을 씀으로써 학자이자 보수적인 인간으로서의 도지슨과 재미있고 환상적인 세계를 추구하는 감성적 존재로서의 루이스 캐럴을 엄격히 구별하려고 했겠지만 「이상한 나라의 앨리스」에는 다양한 수학 게임과 퍼즐, 논리적 역설, 수수께끼, 말놀이 등이 잘 나타나 있다. 어떤 의미에서 루이스 캐럴은 수학 레크레이션을 발전시킨 사람이기도 했다.

제5장

장애인관

병자 수호 조약 이후 때때로, 굳게 맺은 갖가지 약속을 저버렸다 하여 일본의 신의 없음을 죄주려 하지 아니 하노라. 학자는 강단에서 정치가는 실제에서, 우리 옛 왕조 대대로 물려 온 터전을 식민지로 보고, 우리 문화 민족을 마치 미개한 사람들처럼 대우하여, 한갓 정복자의 쾌감을 탐할 뿐이요, 우리의 오랜 사회 기초와 뛰어난 겨레의 마음가짐을 무시한다 하여, 일본의 의리 적음을 꾸짖으려 하지 아니하노라. 우리 스스로를 채찍질하기에 바쁜 우리는 남을 원망할 겨를을 갖지 못하노라. 현재를 준비하기에 바쁜 우리는 묵은 옛일을 응징하고 가릴 겨를도 없노라.

제5장 장애인관

1. 장애인 인식

장애인 당사자나 장애인복지 전문가들이 수없이 하는 말이 장애인에 대한 인식 문제이다. 결론적으로 장애인에 대한 인식이 부정적이어서 편견을 갖고 있고 그로 인해 차별을 한다는 것이다. 왜 장애인을 그렇게 부정적으로 인식하는 것일까?

1) 형성 요인

장애인에 대한 편견의 형성 배경은 매우 복잡하기 때문에 어느 한 측면으로만 설명하기에는 어려운 점이 있지만 몇 가지 두드러진 특징이 있다.

보편인간의 지향

우리나라 사람들의 사고 방식 가운데 하나로 이질성을 배척하는 동질의식이 별나게 강하다는 것을 들 수 있다. 같은 민족으로만 같은 언어와 같은 문화를 누리며 같은 땅에서 수천 년을 살아온 나라는 우리 지구상에서 손꼽을 정도인데 그런 민족일수록 이질성에 미숙하므로 자연스럽게 동질성이 강할 수밖에 없다. 동질의식이 강할수록 평균된 보편성의 것에 가치를 두게 되며 평균과 동떨어진 이질의 개성 있는 것일수록 비가치화한다. 물론 우리의 문화가 서구 지향적으로 급속히 변화되고 있는 것은 사실이지만 그것은 한시적으로 특정 세대에서만 나타날 뿐 근본적인 측면에서는 아직도 동질성 위주의 문화가 존속하고 있다.

그래서 평균인간, 동질인간, 보편인간을 지향하게 되며 그 기준에서 이탈될수록 존재가치를 상실한다. 거기에 우리 선조들이 살아왔던 촌락 단위의 정착된

농경사회는 동질의식을 형성하였고, 이는 유교적 배경을 가진 농경사회의 특성으로 해석해 볼 수 있다.

우리 선조들은 농경문화 속에서 시시각각 변하는 기후와 대자연이라는 강적을 상대로 일치단결하여 싸워야 했고, 일정한 시기에 씨 뿌리고, 못자리 만들고, 모심고, 김매고, 보 막고, 나락 베고, 나락 들이고, 타작하는 그때그때의 적절한 시기에 한정하여 일을 하여야 하는 노동력 결집형으로 자연을 일구어야 했다. 따라서 농경문화에서는 노동력을 창출하기에 충분할 정도의 정신건강과 육체건강 즉 오체구족(五體俱足)한 사람만이 그 시대의 보편인간이 될 수 있었던 것이다.

완전인간의 지향

개성을 평가하지 않는 보편인간을 지향하는 사회에서는 어느 한 가지 분야에서 탁월한 능력을 발휘하는 사람을 인정하기보다는 이것저것 고루 갖춘 완전성을 지향하게 된다. 이러한 사고 방식은 아직까지도 우리의 일상생활 속에서 작용하고 있다. 즉 필요한 물건을 그때그때 구입해서 쓰는 일품주의(一品主義)가 아니라 쓸모가 있거나 없거나를 따지기보다는 이것저것 구색을 갖추기 위하여 한 세트로 구입하는 전품일절주의(全品一切主義)가 지배적이다. 곧 모든 것을 갖추어야 하는 완전주의 사회에서 장애인은 막스 쉘러의 보편자로서 행동하는 사람이 아닌 개별자로서 행동하는 사람으로 인식되기에 항상 수치심을 갖게 하거나 열등감을 갖도록 하였다.

욕구불만의 전이

인류의 불행은 소수집단에 대한 차별로 생산, 확대되고 있다. 소수집단이 차별의 대상이 되는 것은 미국의 법철학자 누스바움이 갈파하였듯이 투사적 혐오 때문인데, 투사적 혐오란 아무런 실제적 근거도 없지만 원초적 대상에서 역겹다고 느껴지는 속성을 특정한 사람이나 집단에 전가하는 것이다.

이런 속성이 욕구불만 전이로 나타난다. 인간은 누구나 욕구불만을 가지고 있다. 이러한 욕구불만을 적절히 해소시키는 사람을 우리는 건강한 사람이라고 하고 그렇지 못한 사람을 건강치 못한 사람이라고 한다. 따라서 이 요인은 한국인에게만 국한된 것은 아니다. 그럼에도 불구하고 한국은 서구의 다른 나라에 비해 이러한 욕구불만을 해소하기 위한 사회적 메카니즘(방어기제)이 장애인에게 투사되어 편견을 형성하는 경우가 많다는 데에 문제가 있다.

대부분의 사람들은 자신의 욕구불만을 해소하기 위한 대상을 자신보다 못한 사람이나 대리물로 정하는 경향이 있는데 이를 전위(displacement)라고 한다. 이러한 전이의 대상으로 흔히 장애인이 등장되었는데 한국의 장애인에 대한 편견은 바로 이 같은 사회의 편견 구조에서도 그 이유를 찾아볼 수 있다.

이런 인식 속에서 형성된 장애인관은 우리나라 사람들이 보편적으로 갖고 있는 장애인에 대한 생각이다. 그런데 이 생각이 이 땅에 살고 있는 450만 장애인들의 생명줄을 잡고 뒤흔들고 있기 때문에 장애인관을 바로잡아 놓지 않으면 장애인은 아무리 노력해도 정당한 평가를 받을 수 없다. 그 사회가 어떤 장애인관을 갖느냐에 따라 장애인의 삶이 결정되기에 장애인관은 대단히 중요한 의제이다.

2. 한국인의 장애인관

한국인의 장애인관은 과연 어떨까? 이런 의문을 갖고 장애인식바로잡기연구소에서는 2005년 국회의원과 연예인을 대상으로 국내 최초로 설문조사를 실시하였다. 국회의원은 우리나라 국민을 대표하는 사회지도층이고 연예인은 국민들의 정서를 대변하고 있기 때문이다. 그 후로는 국회의원과 연예인을 대상으로 실시된 장애인인식조사가 없어서 2005년 설문조사 분석 내용을 소개하지만 지금 실시한다 해도 크게 달라지지 않을 것이다.

1) 국회의원 장애인 인식도

조사 규모

국회의원 장애인인식조사는 국내 최초로 국회의원 집단으로 실시한 장애인 인식조사로 전체 국회의원 295명 가운데 196명이 참여해 참여율 66%를 보이고 있지만 전수조사의 의미를 갖는다. 소속 정당 분포를 보았을 때 열린우리당이 50.0%, 한나라당이 43.9%, 민주노동당이 4.1%로 국회의원 소속정당 분포와 거의 일치한다(각당 의원수 비율: 열린우리당 50.17%, 한나라당 40.68%, 기타 비교섭단체 9.15%). 응답 국회의원 성별 분포는 남성이 86.4%로 국회의원 소속정당 분포와 역시 일치한다(전체 국회의원 여성의원 비율 13.3%, 남성의원 비율 86.7%). 당선 선수별 분포도 초선의원이 72.4%를 차지해 초선의원들의 의욕을 느낄 수 있었다(초선의원 비율은 61.2%).

국회의원의 장애인 기본 상식

제17대 국회의원들의 장애인에 대한 기본 상식이 어느 정도인가를 알 수 있는 3개 문항을 살펴보면 장애를 가진 사람을 부르는 명칭에 대해 장애인이 55.0%로 가장 많았지만 장애우라고 응답한 국회의원도 44.1%나 돼서 국회의원들이 법이나 제도를 통해 장애인문제를 공부하지 않고 매스컴에서 하는 얘기를 듣고 장애인에 대한 상식을 얻었다는 것을 알 수 있다. 장애인복지법상의 장애를 가진 사람 명칭은 '장애인' 으로 명시되어 있다(장애인복지법 제2조).

우리나라 장애인 인구를 국회의원들이 어떻게 알고 있느냐는 대단히 중요한 문제이다. 장애인 인구에 따라 장애인 정책의 중요성이 결정되기 때문이다. 우리나라 장애인 인구를 400만이라고 알고 있는 국회의원이 48.5%로 가장 많았다. 그다음이 150만 명으로 29.3%를 보였다. 장애 원인에 대해서 93.6%가 후천적 원인에 기인한다고 응답해 비교적(2000년 장애인실태조사에서 장애원인의 89.8%가 후천적으로 나타남) 정확히 알고 있었다. 후천적 원인 가운데 가장 큰 장애원인을 교통사고로 보고 있었다(65.3%).

국회의원과 장애인의 밀접도

다음은 국회의원과 장애인의 밀접도를 알 수 있는 설문이다. 가까이 지내는 사람 가운데 장애인이 있느냐는 질문에 66%가 있다고 했다. 그 사람과의 관계를 묻는 질문에 가족이 15.9%, 친척이 33.6%, 친구가 50.4%로 친구가 많았지만 친인척도 적지 않다는 것을 알 수 있다. 하지만 34.0%에 해당하는 국회의원이 장애인과 교류가 없다는 사실은 매우 안타까운 일이다.

국회에 장애인국회의원이 영입된 것에 대해 47.8%가 당연한 일이다, 28.6%가 장애인복지를 맡아 줄 국회의원이 생겼구나, 22.2%가 우리나라도 많이 발전했구나, 1.5%가 어떻게 대해야 할지 다소 염려가 됐다로 나타났다. 당연하다는 것은 일상적인 답변이어서 별 의미는 없다고 보지만 문제는 장애인국회의원 탄생을 장애인복지를 맡아줄 국회의원으로 받아들이고 있다는 데 있다. 장애인국회의원을 폭넓은 의정 활동을 하는 정치인으로 보지 않고 국회의원 신분의 장애인복지 전문가로 인식하고 있다는 해석이 가능하기 때문이다.

만약 장애인국회의원 영입을 당연한 일로 보았다면 그다음 설문 장애인국회의원에 대한 느낌에서 훌륭하다는 응답이 최고치를 차지하지 않게 된다(34.2%). 게다가 도와줘야겠다는 응답(29.7%)까지 합하면 장애인국회의원을 동정적인 시각으로 바라보는 국회의원이 63.9%나 되는데 이런 인식은 상대가 국회의원이든 거리의 장애인이든 장애인에 대한 차별 인식을 갖고 있다는 사실을 잘 드러내고 있다. 장애인국회의원을 동료로 인식하는 국회의원이 29.7%가 된다는 것이 그나마 위안이 된다.

거리에서 장애인을 보았을 때의 느낌에 대한 설문도 같은 맥락에서 해석된다. 장애인을 위해 뭔가를 해야겠다와 마음이 아프다가 82.7%나 차지하고 있는 것은 장애인을 자선의 대상으로 보고 있다는 것을 잘 말해 준다.

장애인을 위해 뭔가를 해야겠다는 응답이 59.1%로 압도적이었고 장애인 행사에 참여해 본 경험을 묻는 응답에도 90.2%가 있다고 했는데 우리나라 장애인복지는 왜 이렇게 지체되고 있고 실제로 장애인복지에 성과를 올리고 있는 국회의원이 없는 이유는 무엇일까. 이것이 바로 제17대 국회의원의 장애인 인식 실체이다.

국회의원의 장애인 인식도

보좌관이나 비서관을 장애인으로 고용할 의향을 묻는 질문에 68.6%가 일에 도움이 된다면 장애는 상관이 없다고 응답했다. 고용할 의사가 있다고 대답한 12.7%까지 합하면 81.3%가 장애인 고용에 긍정적인 인식을 갖고 있는 것으로 나타났지만 실제로 고용된 장애인은 없다. 그러니까 일에 도움이 된다면 고용하겠다 68.6%, 고용할 의사가 없다 1.6%, 차차 고려해 보겠다 15.7%를 포함하면 국회의원 85.9%가 장애인을 고용할 의사가 없다고 보아도 무방하다. 자녀가 배우자를 장애인으로 선택하면 어떻게 하시겠습니까 라는 설문에 본인의 의사에 따른다 60.9%, 적극 지원한다는 0%, 아직 생각해 보지 않았다 29.2%, 솔직히 말리고 싶다가 9.9%로 나타났다. 이것으로 국회의원들은 장애인과의 결혼을 100% 반대하고 있다는 해석이 가능하다. 적극 지원한다는 응답이 단 한 명도 없었을 뿐 아니라 국회의원 신분으로 반대라는 입장을 표명할 수 없으니까 본인들의 의사에 따른다는 유보적인 태도를 보인 것이다.

이상으로 국회의원이 갖고 있는 장애인에 대한 인식이 일반 국민 인식과 크게 다르지 않다는 것을 알 수 있다. 제17대 국회의원은 장애인에 대해 많은 것을 알고는 있지만 그리고 장애인과 접할 기회도 적지 않지만 아직도 장애인을 시혜적인 시각으로 바라보고 장애인을 수용하는 태도에서는 매우 소극적이라고 결론 내릴 수 있다.

세분화된 분석

소속당 특성에 따른 장애인 인식에서는 민주노동당이 장애인에 대한 기본 상식도 많고 장애인 친분도에서 높게 나타났다. 장애인국회의원에 대한 인식도 동료적인 평등관을 갖고 있었다. 진보적일수록 장애인에게 열린 마음을 갖고 있다는 것을 알 수 있다. 성별 특성에 따른 장애인 인식에서는 여성국회의원이 남성국회의원에 비해 장애인에 대해 많이 알고는 있었으나 장애인을 감정적으로 대하고 막상 실제 상황에 부딪혔을 때는 소극적인 인식을 보였다.

당선 선수 특성에 따른 장애인 인식에서 초선의원들은 장애인 관련 상식을 비교적 정확히 알고 있었고 3선 이상의 의원들이 장애인이 원하는 방향을 잘 알고 있었다. 초선의원들의 장애인 인식은 평등적이고 3선 이상의 의원은 아직도 동정적이었다. 그래서 초선의원들은 장애인을 긍정적으로 수용하는 태도를 보인 반면 3선 이상 의원들은 장애인을 받아들이는 데는 소극적이었다. 장애인과의 생활 경험 유무에 따른 장애인 인식에서 장애인과 친분이 있는 사람이 친분이 없는 사람에 비해 장애인에 대해서도 많이 알고 있고, 장애인에 대한 인식도 긍정적이었다. 또한 장애인을 수용하는 태도도 적극적이라는 것을 알 수 있었다.

2) 연예인 장애인 인식도

우리나라 대중문화는 연예인이 형성하여 이끌어 간다고 해도 지나치지 않을 만큼 많은 영향력을 행사하고 있기에 장애인식바로잡기연구소에서는 국회의원에 이어 연예인을 대상으로 장애인에 대한 인식도를 알아보는 설문조사를 실시하였다. 이 조사는 2005년 4월부터 6월까지 이루어졌으며 조사에 응한 연예인은 총 408명이었다.

연예인의 활동 분야는 연기자가 가장 많은 195명으로 47.5%를 차지하였고, 코미디언 88명, 기타(MC, 성우, 모델 등) 81명, 가수 45명이었으며, 성별로 보면 남성이 268명(65.7%)으로 여성보다 많았다. 활동기간별 분포는 10~20년이 122명으로 29.9%, 20년 이상이 105명, 5년 미만이 101명, 5~10년이 80명으로 고른 분포를 보였다.

연예인과 장애인의 밀접도

가까이 지내는 사람 가운데 장애인이 있느냐는 질문에 50.6%가 있다고 대답했고 49.4%는 없다고 응답해 반반 정도였다. 가까이 지내는 사람과의 관계로는 동료(35.3%), 친척(27.5%), 이웃(26.8%), 가족(10.4%)이었는데 연예인 가족 가운데 장애인이 의외로 많은 것으로 드러났다.

강원래가 장애인이 되었다는 소식을 들었을 때 어떤 생각이 들었느냐는 질문에 장애가 정말 남의 일이 아니구나 싶었다는 응답이 가장 많았고(62.0%), 다음이 안됐다, 연예인 생명이 끝이구나(29.7%), 그리고 오토바이를 좋아하더니 그럴 줄 알았다는 응답도 있었다(3.4%). 강원래가 활발한 활동을 하는 것을 보고 어떤 생각이 들었느냐는 질문에 힘들 텐데 싶어 안타깝다 57.3%, 오히려 더 성공할 것 같다 23.8%, 얼마나 할 수 있을지 걱정이 된다 13.5%, 쇼 같다 5.5%로 성공이란 긍정적인 평가 이외의 나머지 평가 76.2%는 부정적인 평가를 하고 있는 것으로 나타났다.

강원래의 사고 소식에 연예인 생명이 끝난 것으로 생각한 것은 우리나라에서 장애인이 연예 활동을 하는 것이 어렵다는 것을 잘 말해 준다. 그리고 동료가 장애인이 되었다는 소식을 들었을 때 동료 걱정보다는 자기 걱정을 먼저 하는 심리가 작용하고 있다는 것 또한 알 수 있었다.

연예인의 장애인 밀접도를 알 수 있는 장애인 행사 참여 경험에 대해 54.3%가 있다 혹은 많다 라고 했고, 나머지 45.7%는 없다고 했는데 관심이 없다고 응답한 2.5%는 앞으로도 장애인 행사에 참여할 의사가 없는 사람들이다.

거리에서 장애인을 보았을 때 어떤 생각이 드느냐는 질문에 불편하겠다(35.9%), 장애인을 위해 뭔가를 해야겠다(32.4%), 나는 행복하다(14.7%), 불쌍하다(17.0%)로 응답했는데 장애인을 위해 뭔가를 해야겠다는 적극적인 사고 방식을 제외한 67.6%는 장애인을 동정적인 시각에서 바라보거나 자기 위안으로 삼고 있었다.

연예인의 장애인 인식도

장애인이 연예계에 데뷔한다고 했을 때 어떻게 하겠느냐는 질문에 환영한다는 59.0%와 더 잘할 것 같다 6.7%를 합한 65.7%는 긍정적이었으나 나머지 34.3%

는 불가능하다든지 안 나왔으면 좋겠다든지 하는 부정적인 반응을 보이고 있다. 동료들이 100% 찬성을 해도 힘든 일이 연예계 데뷔인데 반대하는 사람이 34.3%나 되는 상황에서는 장애인의 연예계 진출이 당분간은 어려울 듯하다.

자녀가 장애인과 결혼한다고 했을 때의 태도에 대해서는 본인의 의사에 따른다 52.8%, 솔직히 말리고 싶다 39.8%, 결사반대한다 5.9%로 적극 지원한다 1.5%를 제외한 나머지 98.5%는 사실상 반대를 하고 있는 것이 된다.

장애인 행사에 참여했을 때 소감을 묻는다면 어떻게 대답하겠느냐는 질문에 참 많은 것을 느끼고 배웠어요가 42.0%, 우리 모두 예비장애인이에요 21.6%, 육체의 장애는 아무것도 아니에요 19.3%, 표정이 밝아 장애인 같지 않아요 17.1%로 나타났는데 이 응답 항목은 실제로 연예인들이 많이 했던 말 가운데 뽑은 것이다. 더 좋은 소감이 개발되어야 하겠지만 가장 겸손하고 친근감 있는 인사는 참 많은 것을 느끼고 배웠어요로 보고 있다.

장애인 인식개선 사업에 대한 제안이 들어왔을 때 어떻게 하겠느냐는 문항에 대해 적극적으로 참여하겠다 58.4%, 마음으로 지원하겠다 32.5%, 매니저와 상의해 보겠다 6.9%, 솔직히 관심 없다 2.2% 순이었다. 적극적으로 참여하겠다는 58.4%도 막상 시간을 내기가 힘들 텐데 마음으로 지원하겠다고 그럴 듯하게 피해 가거나 매니저한테 미루거나 아예 관심이 없는 사람들도 41.6%나 되니 걱정스런 일면이다.

연예인의 장애인 연기 선호도

연예인들은 장애인 연기를 가장 잘한 연기자로 영화 〈오아시스〉에서 뇌성마비 역할을 한 문소리를 꼽았다(52.8%). 다음이 영화 〈말아톤〉에서 자폐청년 역할을 한 조승우가 뒤를 이었다(39.6%). 장애인 역할이 들어오면 어떻게 하겠느냐는 질문에는 53.1%가 꼭 해 보고 싶다고 강한 의욕을 보였다. 잘해 낼 자신이 없다거나 마음이 내키지 않아서 거절하는 쪽을 택한 연예인도 적지 않다는 것을 알 수 있다(46.9%). 연예인이 맡고 싶은 장애인 역할은 자폐증이 가장 많았고(34.4%), 다음이 시각장애(20.8%)인데 자폐증 연기가 하고 싶은 것은 하기 힘든 역할을 통해 연기의 진수를 보여 주고 싶은 욕심 때문인 듯싶다(『솟대문학』 61호, 2006).

3. 언론의 장애인관 변화

국민들이 장애인을 어떻게 보고 있느냐가 가장 극명하게 드러나는 곳이 언론이다. 언론은 국민들의 시선을 좇아가고 있기 때문이다. 언론은 단편적인 보도를 하고 있지만 결국 그것은 대중의 시각을 형성하는데 결정적인 역할을 한다. 언론 속의 장애인관은 인물이 그 성격을 나타내고 있다. 실명을 거론하는 것이 본인들에게 누가 될지도 모르나 이미 언론에 공개된 공인이라 역사적인 인물로 평가해 보는 것은 의미 있는 일이다.

1) 시대별 변화

(1) 1980년대 장애인관

우리나라 언론에 장애인문제가 본격적으로 다뤄지기 시작한 것은 1981년 세계장애인의 해였다. 왜냐하면 우리나라 장애인복지의 기틀이 세계장애인의 해를 기해 마련됐기 때문이다. 세계장애인의 해라는 커다란 이벤트를 치르기 위해 언론에서는 앞다투어 장애인 기사를 싣거나 방송을 했는데 대부분 장애를 딛고 성공한 장애인들의 극복기였다.

마침 1981년에 대학을 수석으로 졸업한 필자의 기사가 당시 가장 지면을 많이 차지하는 톱 기사였다. 당시 언론에서는 장애인의 어려움만을 부각시키면서 피나는 노력으로 그 고통을 이겨냈다는 것과 그 고통 뒤에는 희생적인 어머니가 있었다는 사실로 귀결시켰다. 당시의 장애인관은 한마디로 장애인의 장애 극복을 인간 승리로 극대화시키고 장애인 가족 특히 어머니의 역할을 헌신적인 모성으로 감동을 유발시켰다.

이런 사회 분위기 속에서 1980년대에는 모든 장애인문제의 해결사로 정립회관의 황연대 관장이 등장했다. 그녀는 소아마비장애인으로 의사가 됐지만 장애인 복지를 위해 흰 가운을 벗고 장애인을 위한 장애인의 대모로 활약했다. 1982년도 장애인법관임용 탈락 사건이 발생했을 때 황연대 관장은 임용에서 탈락한 장애인들을 위해 눈물로 호소했다.

그때 언론은 그 모습을 그대로 실었고 그 모습은 민심을 자극했다. 결국 사법부는 장애인법관을 받아들이는 것으로 사건이 마무리됐다. 당시 언론은 장애인에 대해 다분히 동정론을 폈다. 그 장애인법관들이 뛰어난 능력을 가진 수재라는 점을 강조했지 그들의 인권을 침해한 사법부의 부당 행위에 대해서는 언급하지 않았다.

이런 사회 분위기 속에서 목발을 사용하는 기타리스트 김병식이 연예계에서 활동을 한 것은 주목할 만하다. 김병식은 삼육재활원 출신으로 장애 때문에 부모로부터 버림을 받다시피하여 재활원에서 성장을 하였고 기타 연주와 작곡, 편곡, 노래 등 음악에 재능을 보여 장애예술인으로 활발한 활동을 하며 방송에 모습을 자주 보였었는데 사람들은 김병식을 음악인으로 보기 전에 그가 살아온 삶에 더 주목하였다.

그 후 1988년 서울장애인올림픽을 치루면서 드디어 장애인문제가 떠오르기 시작했다. 장애인올림픽 개최국의 장애인복지 수준을 점검해 보는 기사였다. 그때 가장 먼저 서울 시내의 장애인을 위한 시설이 0점이라고 편의시설 문제점을 진단하는 기사가 등장했다. 하지만 여전히 언론에서는 장애인선수들의 장애 극복에만 초점을 맞췄다. 선진 외국의 장애인체육이 얼마나 발전했는가를 소개하는 기사는 찾아보기 힘들었다. 장애인체육이 국내에 소개되면서 형성된 장애인관은 장애인이 더 이상 집에만 있고 싶어 하지 않고 비장애인과 똑같은 삶을 누리기를 원한다는 것이었다. 그래서 힘들게 휠체어바퀴를 굴리며 골인 지점을 향해 달리고 또 달린다는 인식을 갖게 했다. 80년대의 장애인관은 동정적인 측면이 강했지만 장애인의 욕구가 서서히 표면화되기 시작한 시기였다.

(2) 1990년대 장애인관

1990년대에 들어오면서 장애인복지에 큰 변화가 일어난다. 장애인문제를 장애인 스스로 해결하기 위한 장애운동이 시작된 것이다. 장애운동은 장애인 인권이 기본 이념이 되기 때문에 장애인복지가 장애인 인권 차원에서 이슈화되었다. 그래서 언론에는 장애인이 시위하는 모습이 자주 실렸다. 장애인복지를 위해 장애인 당사자들이 몸부림치고 있다는 것을 보여 주면서 장애인 인권 문제도 세분화되었다. 장애인이동권, 교육권, 노동권, 참정권에 이르기까지 장애인이 우리 사회에서 누려야 할 권리가 무엇이라는 것을 분명히 제시했다. 그 과정에서 장애인복지 지도자상도 교체되었다.

장애인운동가가 새로운 지도자로 등장한 것이다. 온몸에 쇠사슬을 묶고 장애인이 이 땅에서 어떤 고통을 겪고 있는지를 보여 주면서 모든 차별과 맞서 싸우는 장애인이동권연대 박경석 대표가 언론의 주목을 받게 된다. 박경석 대표는 대학 재학 시절 행글라이더 사고로 중도에 장애인이 된 후 장애인문제를 풀기 위해 현장으로 뛰어들었다. 이렇게 장애운동이 활발히 전개되면서 장애인들의 목소리가 점점 커지기 시작했다.

(3) 2000년대 장애인관

드디어 제17대 국회 때 야당과 여당에 각각 장애인 비례대표로 장애인국회의원이 국회에 입성한다. 열린우리당의 장향숙 의원은 휠체어를 사용하는 여성장애인이고 한나라당의 정화원 의원은 시각장애인이다. 당시 언론에서는 장향숙 의원이 무학력자이고 가난한 장애인임을 강조했다 그래서 무학, 무직이란 단서를 붙여 그녀를 소개했다.

정화원 의원은 우리나라 최초로 시각장애를 갖고 국회의원이 됐기 때문에 언론에서 그의 시각장애를 강조했다. 시각장애 국회의원과 휠체어 국회의원 탄생으로 장애인이 우리 사회의 지도층이 되는 계기를 마련했다.

2000년대 장애인관의 큰 변화는 장애인 스타들이 대거 나타났다는 것이다.

네 손가락의 피아니스트 이희아, 휠체어개그맨 박대운, 인기 듀오 클론의 강원래, 영화 〈말아톤〉의 실제 주인공 배형진, 인기 예능프로그램의 코너 〈준호야 사랑해〉의 김준호 등 대중에게 많이 알려진 장애인 스타들의 활약이 두드러지기 시작했다. 2000년대 언론의 주목을 받았던 장애인 스타들이 만든 장애인 이미지 사례를 정리하면 다음과 같다.

휠체어댄스로 무대를 장악한 강원래

클론의 강원래가 2000년 교통사고로 휠체어를 타게 된 후 5년 동안의 공백 기간이 있었지만 클론은 무대 위에서 여전히 건재함을 보여 줬고 더군다나 격렬하면서도 절도 있는 휠체어댄스는 보는 사람들의 가슴을 뭉클하게 만들었다. 무대 위의 휠체어 바퀴들이 한없이 멋져 보였다고 클론의 컴백 무대에 격려와 찬사가 쏟아졌다. 클론이 보여 준 휠체어댄스는 장애인의 수동적인 이미지를 벗어던지게 했다. 강원래의 극복에 찬사를 보내는 사람들도 많지만 강원래가 다시 무대에 설 수 있을 때까지 묵묵히 기다려 준 구준엽의 우정을 높이 평가하는 사람들도 많았다. 구준엽이 휠체어를 타며 친구와 함께하는 모습이 바로 장애인과 함께하는 모습의 전형적인 모델이다.

이제 강원래는 장애인의 대명사가 됐다. 사람들은 강원래를 보면서 장애는 후천적으로 언제라도 입을 수 있는 사고라고 생각하게 됐고, 강원래가 가수로서 무대 활동을 하는 것을 보고 장애가 끝이 아니라 얼마든지 새롭게 시작할 수 있다는 것을 인정하게 되었다. 강원래는 장애인 이미지 메이커가 된 것이다.

휠체어개그맨 1호 박대운

박대운은 6세 때 교통사고로 두 다리를 잃었다. 연세대학교 신문방송학과 재학 시절인 1998년 휠체어로 유럽 대륙을 횡단해 화제가 됐었다. 그런 박대운이 2005년 봄 KBS-2TV 〈폭소클럽〉에 '바퀴 달린 사나이' 라는 고정 코너를 맡아 우리나라 최초의 휠체어개그맨이 됐다. 오락 프로그램에 장애인이 등장하게 된 것은 파격적인 캐스팅이었다. 그동안 왜 재미있는 오락이나 웃기는 개그 프로그램에는 장애인을 출연시키지 않았을까?

그것은 장애인은 웃음과는 거리가 먼 침울한 사람이라는 편견 때문이다.〈tip6〉 사람들은 장애인이 웃으면 표정이 밝다고 칭찬한다. 장애인을 칭찬하면서 늘 밝고 명랑해서 장애인 같지 않다는 말을 한다. 장애인 같지 않다는 것은 장애인 같은 사람이 있다는 뜻인데 사람들이 생각하는 장애인 같은 사람이란 장애 때문에 우울하고 침울한 캐릭터를 뜻한다. 이렇게 장애인의 모습을 정형화시켜 놓고 그 모습이 장애인 같고 그 정형화된 틀에서 벗어나 있으면 장애인 같지 않다고 말하는 것이다.

박대운은 개그맨으로 성공하지는 못하였다. 6개월 만에 '바퀴 달린 사나이' 코너는 폐지되었다. 본인이 개그맨이 될 생각도 없었지만(당시 PD 시험을 준비하고 있었음) 시청자들이 장애인개그맨을 받아들일 준비가 되어 있지 않았기 때문이다.

백만불짜리 다리 배형진

배형진은 자폐성발달장애인 청년이다. 배형진은 2005년 1월에 개봉한 영화 〈말아톤〉의 실제 주인공이란 것 때문에 최고의 인기를 누렸다. 언론에서 주목을 받았던 장애인은 거의 지체장애인이다. 지적장애 분야는 아예 관심 밖이었다. 그런데 영화 〈말아톤〉으로 지적장애인도 대중들에게 사랑받는 스타가 될 수 있다는 사실을 증명해 주었다. 배형진은 그 유명세로 광고 모델로 등장하여(SK텔레콤) 장애인도 상업적인 가치가 있다는 것을 보여 주었다.

장애인이 광고에 나올 때는 대부분 공익광고이고 그것도 구색 맞추기 위한 엑스트라 정도인데 배형진은 완전 주연으로 모든 구성이 배형진에게 맞춰졌다. 배형진의 활약을 보면서 사람들은 지능이 떨어지는 장애가 사람들과 어울려 살 수 없는 무가치한 존재라는 생각에서 벗어나게 했다. 지적장애인이 갖고 있는 장점에 호감을 갖기 시작한 것이다.

한국의 웃음을 장애인작가가 만들고 있다

정말 웃을 일이 없다. 온통 힘들다는 소리고, 둘만 모여도 편가르기로 표정이 굳어 버린다. 우리 한국 사람들이 웃을 수 있는 시간은 매주 일요일 저녁 〈개그콘서트〉(KBS-2TV)를 시청할 때이다. 올 한해 〈개그콘서트〉는 정말 많은 웃음을 선사했다. 코너 멘붕교실의 '사람이 아니무니다'는 우리 사회에 사람이 아닌 사람이 많다는 뜻이다. 그런데 사람이 아닌 캐릭터를 갸루상으로 설정한 것은 올해 유난히 시끄러웠던 독도 문제로 일본과의 감정이 그 어느 때보다 빨간색이기 때문이다.

"부자가 더 지독해."라는 말로 마무리를 짓던 코너 정 여사는 너무라는 부정적 부사를 한국인의 웃음 코드로 만들었다. ~~너무 라고만 해도 웃음이 빵 터진다. 부정을 긍정으로 만든 것이다.

정 여사에 등장한 브라우닝이란 인형에 생명을 불어넣어 준 것도 〈개그콘서트〉가 아니면 불가능한 일이었다. 웃음은 부정을 긍정으로도 만들고 무생물을 살아 있는 생명으로도 만드는 기적 같은 힘을 갖고 있다.

난 지금 〈개그콘서트〉를 광고하는 것이 아니다. 한국의 웃음 코드를 만들어 낸 〈개그콘서트〉 작가가 목발을 사용하는 장애인이란 사실을 밝히고 싶어서이다. 오늘(2012년 12월 12일) 25회 한국방송작가가상 시상식이 있었는데 예능 부문 수상자 이상덕 작가가 수상식장을 올라오는 모습을 보고 깜짝 놀랐다. 그는 아주 힘들게 발걸음을 옮겼다. 시상 소감을 발표할 때 숨을 가빠하며 "계단 4개를 올라왔는데 산에 올라온 것처럼 숨이 차네요."라는 말로 시작했다.

그는 방송작가 경력 20년인 베테랑이다. 주요 집필 작품을 보면 〈한바탕 웃음으로〉, 〈폭소대작전〉, 〈코미디 세상만사〉 등 주요 코미디 프로그램은 모두 그의 머리에서 나온 웃음이었다.

삶에 지친 우리 국민들을 웃게 한 사람이 장애인작가였다는 것은 시사하는 바가 크다. 장애인을 우울한 존재로 장애인은 웃음이 없는 사람으로 보고 있는 사회적 편견이 얼마나 잘못된 오류인가를 잘 말해 준다. 우리 사회는 장애인에게 뭔가를 베풀고 있다고 생각하지만 장애인작가 한 명이 전 국민을 웃기고 있으니 비장애인이 장애인에게 얼마나 많은 것을 받고 있는지를 생각하면 장애인을 시혜의 대상으로 여기는 것이야말로 코미디가 아닐까 싶다.

〈개그콘서트〉의 웃음이 건강한 것은 그 작가가 장애라는 남다른 문화를 경험하고 있기 때문이다. 약자를 이해하니까 온갖 무시를 당하면서도 자존심을 지키는 코너 거지의 품격이 나올 수 있고, 뚱뚱하거나, 키가 작거나, 촌스러운 남자 4명이 나와서 각자 자신이 경험한 고통을 호소하는 코너 네 가지를 통해 편견이 얼마나 무거운

> 고질병인가를 대변해 주고 있다.
>
> 한국의 웃음 코드 〈개그콘서트〉 작가가 장애인이라는 그것도 장애가 너무 심하다는 사실은 장애 때문에 평가절하를 하는 사람들을 부끄럽게 만든다. 지금 우리에게 필요한 것은 웃음이다. 웃음만이 우리 국민들을 힐링(치유)해 줄 수 있다. 대한민국을 웃게 만드는 이상덕 작가야말로 한국의 소중한 보물이다.
> (에이블뉴스, 2012.12.13.)

이렇게 성공한 장애인을 영웅시하면서도 장애인을 하나의 피사체로 보는 시각은 여전하였다. 2004년 5월 정동영 열린우리당 의장의 장애인 목욕 봉사가 방송과 신문에 보도되어 장애인에 대한 인권침해를 일으킨 사건이 있었다. 선거를 앞두고 열린우리당의 착한 모습을 보여 주기 위해 장애인 시설을 찾아가 목욕봉사를 한 것인데 목욕 봉사의 대상이 된 장애인의 발가벗은 모습이 그대로 보도되어 장애인들이 강력히 항의했다. 왜 이런 일이 생기느냐 하면 장애인을 인격체로 보지 않기 때문이다. 장애인은 아무것도 모르기 때문에 발가벗겨도 부끄러운 줄도 모른다고 생각한다. 장애인을 불쌍한 동정의 대상으로 보기 때문에 봉사를 해주면 고마워한다고 생각하는데 이것이 바로 잘못된 인식이다. 이것은 장애인을 무인격의 물건으로 본 행위이고 그 행위를 정당화시키는 무지한 보도였다.

(4) 2010년대 장애인관

2010년도에 장애인에 대한 인식에는 변함이 없다. 2013년 초 우리 사회를 뒤흔들었던 사건인데 지금 우리 뇌리 속에는 그 사건이 아주 오래된 일로 인식되거나 아예 잊혀졌다. 하지만 장애인계는 이 사건을 잊어서는 안 된다. 이 사건이란 바로 장애인총리의 탄생을 물거품으로 만든 장애인복지 역사상 가장 비극적인 장애인 차별 사태이다.

우리나라 최초의 여성대통령이란 기록을 세우며 제18대 대통령이 된 박근혜 당선인은 김용준을 국무총리 후보로 지명하였다. 대통령당선인은 김 후보를 가리켜 '김용준 총리 지명자가 살아온 길을 보면 늘 약자 편에 서서 희망을 줘 왔다며 나라의 법치와 원칙을 바로 세우고, 무너진 사회 안전과 불안에 대한 국민의 불신을 해소하고, 국민행복시대를 열어갈 적임자라고 생각한다.' 고 지명 배경을 설명하였다. 하지만 언론에서는 총리 지명자 김용준의 장애를 노골적으로 문제 삼으며 총리로서의 자질에 의문을 제기했다. 언론에서는 왜 이런 우려를 했을까? 그 저변에 장애인에 대한 편견이 깔려 있었기 때문이라고 생각할 수밖에 없다.

김용준은 누구인가

김용준은 소아마비(지체장애2급)를 딛고 헌법재판소 소장까지 오른 신화적 인물이다. 그는 한화그룹의 전신인 조선총포화약 대표를 지낸 김봉수 씨의 5형제 중 장남으로 태어났다. 그러나 부친이 6·25전쟁 중 납북돼 편모슬하에서 성장했다. 친가와 외가가 모두 부유한 편이어서 경제적으로 큰 어려움은 없었다. 그러나 장애 때문에 어머니 등에 업혀 등하교를 하며 힘든 학창 시절을 보냈다. 장애인이라는 이유만으로 희망하던 경기고등학교 진학이 좌절되어 서울고등학교에 입학하게 되는데 2학년 때 검정고시로 고등학교 과정을 마치고 서울대학교 법대에 합격했다. 이어 대학 3학년 때인 만 19세에 고등고시(현 사법시험)에 최연소로 수석 합격하여 신문에서 대서특필하였다.

김용준은 1960년 최연소 판사로 법조계에 발을 내딛었다. 당시 언론 인터뷰에서 '만약 법관이 된다면 독점기업 등 강자의 횡포로부터 보다 많은 약자를 돕는데 애쓰겠다.' 는 포부를 밝혀 화제를 모으기도 했다. 김용준은 항상 최연소를 기록했다. 학교 과정도 단축시켰지만 시험에 일사천리로 합격하여 실패를 모르고 사회생활을 시작하였다. 그는 법관으로서의 진급도 빨랐다. 대법관, 헌법재판소 소장에 이르는 40여 년의 세월 동안 법과 원칙을 수호하는 강직한 법조인으로 살았다. 1994년 10여 년 간 계속된 생수 논쟁에 종지부를 찍고 생수 시판을 허용하는 판결을 내리기 위해 1년여 간 생수사업자와 소비자들을 직접 만나는 등 발로 뛰는 재판을 하여 그의 장애는 전혀 문제가 되지 않았다. 헌재 소장

시절에는 과외 금지, 군제대자 가산점제, 영화 사전검열, 동성동본 혼인금지 등 국민 기본권 침해 행위에 대해 적극적인 위헌 의견을 낸 인물로도 유명하다.

그는 가정적으로도 성공적인 삶을 살았다. 부인 서채원 씨는 이화여자대학교 재학 중 메이퀸 선발대회에 학과 대표로 뽑힐 정도로 미인이다. 자녀는 2남 2녀를 두었는데 장남 김현중 씨는 미국 뉴욕주 변호사 자격증을 가진 국제변호사이고 차남 김범중 씨는 극동대 중국통상법학과 학과장으로 재직 중이며 두 사위 최영익·김범수 씨 모두 변호사로 그야말로 법조인 가정이다.

총리 지명에서 사퇴까지

김용준 전 헌법재판소장이 18대 대통령직인수위원장에 임명되자 언론은 그가 지체장애인 점을 부각하는 기사를 일제히 내보냈다. 상당수 언론이 '장애에도 불구하고' '소아마비를 앓아' 등의 표현을 여과 없이 쏟아 냈다. 인수위원장이 장애인이라는 사실도 의외였는데 2013년 1월 24일 박근혜 정부의 첫 국무총리 후보로 김용준 위원장이 지명되어 새 정부가 장애인총리를 탄생시켜 약자를 배려하고 능력만 있으면 차별을 두지 않겠다는 인사(人事) 철학을 보여 주었다.

> "나는 장애인으로서 사회에 진 빚이 많다. 불우 청소년과 장애인에게 사랑의 빚을 갚으며 살아갈 것이다."

2000년 임기 6년의 헌법재판소장직을 물러나며 남긴 이 메시지처럼 사람들은 퇴직을 한 지 13년 후 박 당선인의 선택을 받은 김 지명자를 사회적 약자 배려, 대통합, 법치를 관통하는 중심에 선 인물로 생각하였다. 그는 장애인총리라는 전대미문의 기록을 세웠을 뿐만 아니라 75세(1938년생)로 역대 최고령 총리라는 새 기록을 남길 수 있었지만 김용준 국무총리 후보자는 1월 29일 전격 사퇴했다. 새 정부 초대 총리 후보자가 청문회도 거치지 않고 자진 사퇴한 것은 헌정사상 처음이다. 김 지명자는 사퇴의 변에서 '국민의 알권리도 중요하지만 인격을 최소한 존중하며 보도해 달라.' 며 언론보도에 불편한 감정을 내비쳤다.

김용준이 총리가 되어서는 안 된다는 이유

김 후보자는 장애인으로서 자수성가해 소수자 목소리를 대변할 것이라는 기대가 높았고 법조계 재직 기간에 대한 평가도 좋아 국민들의 충격이 더욱 크다(국민일보, 2013년 1월 30일 사설)

이것이 아마도 대부분의 국민의 정서일 것이다. 그런데 유독 중앙일보는 그의 장애를 집중적으로 공격하였다. 2013년 1월 28일자 중앙일보 38면에 '"질문 간단히 써 달라" 보청기 총리, 문제 없나' 라는 기사에서 문제가 되는 부분을 발췌하면 다음과 같다.

김 후보자는 기자회견에서 질문 7개 중 3개를 못 알아들었다. 여러 차례 "다시" "뭐라고요?"라고 했다. 어떤 질문은 조윤선 대변인이 그에게 다가가 다시 말해 주어야 했다. 김 후보자는 "내가 청력이 시원찮아서…"라고 했다. 그는 반말로 "질문할 사람들 간단히 써"라는 주문까지 했다.

국무총리에게 건강한 청력은 필수다. 총리는 매주 국무회의에 참석한다. 2주에 한 번은 직접 주재한다.

국회 대정부 질문은 더욱 심각한 문제다. 대정부 질문은 국정에 관한 치열한 공방전이다. 단어 하나, 토씨 하나가 매우 중요하다. 총리가 잘못 알아들으면 혼선이 불가피하다.

건강 같은 생물학적 조건은 후보자를 검증할 때 가장 기초적인 것이다. 청와대 인사 자료를 동원하지 않아도 쉽게 파악할 수 있다. 인수위 핵심 인사에 따르면 후보자 청력 문제는 인수위원장 활동에서 이미 드러났다고 한다.

김용준 국무총리 지명자는 이 기사가 나간 다음 날 사퇴 의사를 밝힌다. 아들의 병역 문제나 투기 의혹은 자료를 통해 소명을 하면 되지만 장애 때문에 국무회의도 주재하기 어렵고, 국회 대정부 질문에 대한 답변을 하지 못할 것이라는 예단에 대하여서는 증빙할 자료도 없고 설명 자체가 구구한 변명이라는 판단을 하였을 것이다.

김용준 지명자는 인수위원회나 여당 그 어느 곳에서도 옹호해 주는 사람이 없었다. 인수위 핵심 인사도 인수위원장 활동에 어려움이 있었다고 하였고, 새누리당의 한 중진 의원은 '김 전 후보자는 인품과 자질이 훌륭하지만 장애와 고령 탓에 개혁 드라이브를 걸어야 할 새 정부의 초대 총리감으로는 부적절했다.' 고 역시 그의 장애를 문제삼았다.

논평에서도 김용준은 표적이 되었다. 한겨레신문 2013년 1월 29일 김종구 칼럼에서 '김용준, 도덕적 흠결보다 반말 남발 더 심각' 이란 제목으로 이런 글이 실렸다.

김 후보자한테 어른거리는 강한 불통의 이미지는 도덕적 흠결 의혹 이상으로 심각한 상태다. 김 후보자는 여러모로 '불청 총리'라고 이름 붙일 만하다. 그것은 단순히 귀가 약해 잘 듣지 못한다는 의미에서가 아니다. 일각에서는 일흔다섯의 고령 등을 들어 김 후보자의 총리 적격성에 물음표를 던지기도 하지만 생물학적 건강 문제는 오히려 부차적인 것일 수 있다. 귀가 잘 안 들리는 것은 보청기를 끼면 어느 정도 해결될 문제지만 김 후보자한테 더 필요한 것은 귀 보청기가 아니라 가슴의 보청기가 아닐까 하는 생각이 들 정도다.

김 후보자가 인수위 기자회견장에서 자주 써 온 '요지가 뭐요' 등의 언어습관부터 그렇다. 일반 사회생활에서도 '요지가 뭐냐'는 말은 진정으로 상대편이 말하고자 하는 바를 알고 싶어서가 아니라 시비조 내지는 답변 회피용으로 주로 쓰는 말이다.

나설 때와 물러설 때를 잘 판단하는 것은 세상을 살아가는 현명함의 으뜸이다. 물론 이것이 말처럼 쉬운 일은 결코 아니다. 김 후보자가 왠지 나서지 않아야 할 때, 나서지 않을 장소에 나선 것 같다는 생각이 자꾸만 든다.

귀 보청기뿐만 아니라 마음 보청기도 필요하다고 하며 김용준 지명자를 마음이 닫힌 사람으로 몰고 가면서 '당신은 나서지 말어, 당신은 그럴 자격이 없는 사람이야.' 라고 점잖게 윽박지르고 있다. 칼럼 제목에서 반말 남발을 지적하였듯이 내용 가운데에도 반말에 대해 손자뻘이니까 이해는 할 수 있지만 공적인 자리에서 반말을 일삼는 사람치고 됨됨이가 훌륭한 사람도 별로 보지 못했다고 하며 인격을 짓밟았다. 서울신문 2013년 2월 6일 김종면 수석논설위원의 '김용준이 부끄러워해야 할 진짜 이유' 라는 칼럼에서도 역시 편견적 시각이 발견된다.

김 위원장은 검증의 야속함을 탓하기 전에 제 허물부터 살펴야 한다. 정말 억울하게 낙마했다면 눈물 많고 정 많은 국민이 알아서 울어 준다. 하지만 지금 국민은 값싼 동정의 눈물조차 허락하지 않는다. 가슴에 분노와 허탈만 남았다. "나는 장애인으로서 사회에 진 빚이 많다. 불우 청소년과 장애인에게 사랑의 빚을 갚으며 살아갈 것이다."라고 한 사람이 누구인가. 도덕성의 늪에 빠져 허우적거리는 김 위원장은 그 빚을 갚기는커녕 씻을 수 없는 정신적 상처와 좌절만 안겨 줬다. 장애인에 대한 편견의 벽만 두껍게 했다. 그럼에도 어깨 처진 그들을 향해 변변한 사과 한마디 하지 않았다. 총리에 지명된 것만도 영광이라고 감읍할 때가 아니다. 내 도덕의 키가 왜 이 정도밖에 안 되나 곡읍을 해도 시원찮을 판이다. 부끄러움을 좀 배웠으면 좋겠다.

김용준이 이미 총리지명자로서의 자격을 상실한 일주일 후의 칼럼이다. 패자를 다시 밟는 태도는 잔인하고 비도덕적인 패륜이다. 김용준이 진짜 부끄러워해야 할 이유가 불우청소년과 장애인에게 정신적인 상처와 좌절만 안겨 준 것이라고 하였는데 우리에게 정말 큰 상처는 언론에서 떼지어 '장애인은 안 돼', '장애인은 못해' 라고 쫓아낸 것이다. 언론에서 이렇게 노골적이고 원색적인 표현으로 장애인 한 명을 뭇매로 공격하며 매장시킬 줄 상상도 못하였다. 언론은 공익성을 우선으로 균형을 맞추면서 정의 편에 서야 하고 표현도 순화되어야 하건만 김용준 문제에 대한 언론은 이 모든 것을 무시한 채 그저 내몰아 내기에 급급했다. 논평이라고 보기에는 너무나 조잡하고 치졸했다.

2013년 1월 29일 한국장애인단체총연맹에서는 '장애는 공직자 인선기준의 결격사유?—일부 언론, 장애를 무능력·공무수행의 부적격자로 낙인찍어' 라는 제목으로 성명서를 내었다. 성명서의 요지는 장애를 무능함으로 판단하는 것은 편견이고 건강과 장애를 구분하지 못하고 있는 것이 더 큰 문제라고 지적하면서 장애인을 아무것도 못하는 무능력자로 인식하는 것은 자유이지만 장애인은 아무것도 해서는 안 되는 사람으로 몰아가는 것은 폭력이고 사회적 살인 행위라고 성토하였다.

한국농아인협회가 2013년 2월 1일 오전 공직자에게 건강한 청력은 필수라는 내용의 '"질문 간단히 써 달라" 보청기 총리, 문제 없나' 를 보도한 중앙일보를 장애차별로 국가인권위원회에 진정했다. 단지 신체적 조건만을 잣대로 공직수행에 의문을 제기하는 것은 장애인 차별이라는 것이다.

이렇게 장애인계에서는 김용준 총리지명자의 장애를 문제삼는 것이 차별이라고 주장하였지만 거대 언론과 맞설 수 있는 힘을 발휘하지 못하였다. 장애인에 대한 차별이 발생하였을 때 장애인계가 대처하는 태도가 소극적인 것도 김용준 지명자가 사퇴를 할 수밖에 없게 만들지 않았나 싶다. 장애인계가 장애인정책에 대하여서는 적극적이지만 장애인 개인의 차별에 대해서는 개인 문제로 치부해 버리는 경향이 있다는 것도 김용준 사건을 통해 여실히 드러났다.

그런데 언론의 이런 보도 태도가 언론 주관적인 판단은 아니다. 언론은 그 시기의 사회적 민심을 대변하기 때문에 우리 국민들의 장애인 인식 수준이 그 정도밖에 안 된다는 것을 시사해 준다.

앞으로 장애인은 고위직에 오를 수 없는 걸까

미국은 프랭클린 루즈벨트가 소아마비 대통령이라는 것으로 그를 세계적인 인물로 만드는데 성공했다. 루즈벨트는 장애를 이겨 낸 입지전적인 위인으로 세계의 많은 사람들에게 꿈과 희망을 심어 주었다. 미국 국민들은 물론이고 정치적 정적들, 더욱이 2차 세계대전으로 힘겨루기를 하던 시절 국제적 정적들도 루즈벨트의 장애에 대해 언급한 적이 없다. 기자들도 루즈벨트의 장애가 드러나는 사진이나 화면을 내보내지 않았다. 장애는 루즈벨트 개인이 감당해야 할 불편이지 루즈벨트의 대통령직을 평가하는 요소가 되지 않기 때문이다. 루즈벨트 대통령 부인 엘레나 여사가 대통령의 장애가 루즈벨트에게 어떤 영향을 미쳤느냐는 질문에 '대통령의 장애는 어려운 사람들을 이해하고 고통을 인내하게 만들었다.' 고 대답했듯이 사회 지도자의 장애는 긍정적인 측면이 분명히 있다.

캐나다에는 장애인총리가 있었다. 바로 장 크리스티앙 총리인데 그는 한쪽 귀가 안 들리고, 안면 근육마비로 입이 비뚤어져 발음이 어눌한 장애 속에서도 1993년부터 총리에 세 번이나 선출됐었다. 크리스티앙 총리가 존경을 받은 것은

'나는 말은 잘 못하지만 거짓말은 안 합니다.' 라는 말에서 알 수 있듯이 정직했기 때문이다.

장애인장관도 있다. 영국은 2001년 내무장관에 시각장애인 데이비드 블런켓을 임명했고, 독일에서는 볼프강 쇼이블레가 휠체어를 타고 2010년 재무장관을 지냈다. 블런켓이나 쇼이블레는 장관으로서 존재감이 컸다. 쇼이블레는 독일의 2인자로 군림하였고, 블런켓은 영국의 토니 블레어 총리가 그에게 팔을 내어주어 안내를 해줄 정도로 시각장애인장관을 대우해 주었다.

이렇듯 선진국에서는 이미 장애인대통령부터 장관까지 장애인들이 국가를 이끌어 가는 중책을 맡아 능력을 인정받았다. 정치적 이념 때문에 대립을 하는 경우는 있었지만 장애를 문제삼아 무능하다고 인신공격을 하지는 않았다.

그런데 우리나라에는 장애인을 바라보는 두 가지 시각이 있다는 사실에 주목하여야 한다. 조선일보는 2013년 1월 25일자 신문에서 김용준 총리지명자 관련 기사를 다음의 제목으로 실었다.

「3세 소아마비, 19세 사시수석, 75세 총리… 드라마 같은 삶」(정치 2면)
「정치 야심 없고, 경험 많고, 야도 반대 힘든 카드…3박자 갖춘 후보」(정치 3면)

그런데 다른 신문에서는 김용준 총리지명자를 보청기총리, 불청(不聽)총리라고 하면서 그의 단점을 부각시켰다. 똑같은 사람을 놓고 시각에 따라서 무능한 사람이 되기도 하고 신화적인 존재가 되기도 하였다.

김용준 총리지명자에게 쏟아졌던 모든 비난에 대하여 옹호할 생각은 없다. 장애인이라고 모든 것을 다 편견의 프레임에 넣고 옳다고 주장하는 시각도 잘못된 편견이기 때문이다. 하지만 김용준의 장애를 비난한 것은 잘못된 일이기에 바로잡아야 한다.

김용준 경우와 다른 듯 비슷한 사건이 있다. 2004년 열린우리당에서는 17대 국회의원 비례대표 1번으로 장향숙이란 이름을 올렸다. 그때 언론에서는 장향숙

의원을 3무(無)로 표현하였다. 첫째, 무학이다. 장향숙은 장애가 심하여 학교교육을 전혀 받지 못하였다. 둘째, 무직이다. 장향숙은 직업이 없다. 장향숙이 직업이 없는 것을 언론에서는 우리 사회가 장애인에게 일자리를 주지 않기 때문이라고 설명하였다. 셋째, 무재산이다. 당시 장향숙은 국민기초수급대상자였다.

언론은 3무라는 최악의 상황에서 국회의원 배지를 단 장향숙을 영웅으로 만들었다. 2004년도에 장애를 이렇게 긍정적으로 받아들였던 언론이 10년이나 지난 후인 2013년도에는 왜 그토록 부정적으로 깎아내렸을까?

장향숙과 김용준의 장애에 대한 언론의 태도가 전혀 다른 것 같아도 사실은 같은 맥락이다. 장향숙의 국회 입성은 하나의 이벤트였다. 열린우리당이 사회적 약자 편에 서있다는 것을 극대화시키기 위한 전략이었던 것이다. 언론은 장향숙이 국회의원으로서 어떤 입법 활동을 하고, 국회 내에서 다른 국회의원들과 어울려 정치를 하는 모습을 보도하지 않았다. 휠체어를 사용하는 국회의원을 위하여 어떤 편의시설이 마련되고 어떤 서비스가 제공되는지를 소개하였다. 장향숙을 국회의원으로 보기보다는 장애인으로 국회에 머물고 있는 존재로 인식하였다고 보는 것이 더 정확할지도 모른다.

인선(人選)을 할 때는 장애 때문에 배제를 해서도, 장애 때문에 선택이 되어서도 안 된다. 그 자리의 적임자여서 선정을 한 것인데 그 사람에게 장애가 있다는 것을 알게 되지만 그 장애가 선정을 뒤바꾸는 요소가 되지 않는 사회가 되어야 한다. 앞으로 김용준 사건 같은 비합리적인 일이 생기지 않도록 하기 위해서는 장애인 차별에 대응하는 장애인계의 태도가 적극적이면서도 합리적이어야 설득력을 가질 수 있을 것이다.

(5) 최근의 장애인관

2017년 한해는 언론에서 장애라는 단어의 노출 빈도가 높았다. 어금니 아빠 이영학이 지적장애와 정신장애를 갖고 있는 장애인이라는 것과 가수 김광석 사망에 대한 의혹이 제기되면서 딸 서연 양이 지적장애인이었다는 사실이 언론을 통해 계속 보도되었기 때문이다.

언론을 통해 장애인의 실상을 고발하는 시사탐사 프로그램을 비롯해서 정부의 장애인복지정책과 장애인계 소식을 소개하는 정보 프로그램을 장애인계에서는 원하고 있지만 엉뚱하게 불미스러운 사건에 의해 장애인이 도마에 올라 열심히 살아가는 장애인들에게 피해를 주었다.

2017년에도 특수학교 건립을 반대하는 님비현상이 나타났다. 서울 강서구에서 일어난 사건인데 지역구 국회의원인 김성태 의원은 무릎을 꿇고 애원하는 장애인부모를 외면하고 도망가듯이 행사장을 빠져나가 비난을 받았다. 이 뉴스도 언론에서 많이 다루어졌다.

그런데 이 소식 역시 장애인에게 좋은 영향을 주지 못했다. 장애인부모가 무릎을 꿇어 장애인교육시설의 절실함은 전달되었지만 장애자녀를 키우려면 저자세로 호소해야 한다는 약자의 모습으로 각인되었기 때문이다.

2018년은 장애를 남발하는 한해였다. 잔인한 살인사건의 범인을 심신(心神)미약으로 규정하려고 하는 사회 분위기가 확산되었는데 원래 심신(心神)은 정신적인 문제를 뜻하지만 일반적으로 정신과 육체를 가리키는 심신(心身)으로 받아들이기 때문에 장애라는 단어는 없지만 장애로 인식하게 되었다. 이밖에도 모든 사회문제를 분노조절장애, 충동조절장애, 기억장애, 반사회성장애, 성격장애, 다중인격장애 등 장애와 연결시켜서 사람들이 납득하지 못하는 비상식적인 행동을 장애로 판단하는 사회 분위기가 형성되었다.

11월 24일 kt 아현지사 화재로 발생한 통신 대란을 각 언론마다 통신장애라는 표현을 사용하여 통신장애가 하나의 고유명사가 되었다. 교통 혼잡을 의미할 때도 교통마비라고 하여 장애를 뜻하는 단어를 일상적으로 사용하고 있다. 이렇듯 아직도 장애를 부정적인 의미로 비유하고 있는 언어 습관이 개선되지 않고 있다.

왜 아직도 장애인은 부족한 사람이고 학대의 대상이며 주민들이 함께 살기를 거부하는 것일까? 그것은 장애인을 바라보는 사회적 시선이 왜곡되어 있기 때문이다. 요즘은 인쇄 매체보다 케이블TV에서 아침저녁으로 시사토크프로그램을 편성하여 심층 보도를 하고 있는데 양적으로 확대된 방송 환경 속에서 정제되지 않은 방송언어가 시청자들에게 그대로 전달되어 부정적인 장애인 인식이 더 노골적으로 드러나고 있다. 특히 어금니 아빠 이영학 사건은 장애를 의심하는 사회를 만들고 있어서 장애인 인식의 새로운 문제점으로 드러났다.

어금니 아빠 사건 보도 분석

어금니 아빠 이영학에 대한 기사는 양적으로는 많으나 내용은 거의 비슷하여 유의미한 분석 결과를 도출할 수 없기에 이영학 장애에 대한 부분이 가장 자세히 소개된 기사 몇 편을 통해 문제점을 탐색해 보고자 한다.

아시아경제(2017. 11. 2.)의 '어금니 아빠 이영학, 지적·정신장애 vs 지능범' 이라는 제목의 기사에 이영학의 장애에 대해 다음과 같은 내용이 있다.

> 검찰이 '어금니 아빠' 이영학(35)을 상대로 실시한 지능지수 검사에서 '하(下)' 등급이 나왔다고 1일 밝혔다. 그러나 이영학은 13년간 후원금 13억 원을 받아 유용하고 여중생 살인 · 사체유기 후 범죄 은폐를 시도하는 등 지능범으로서의 면모를 보였다.

이영학의 지능검사 결과 이영학은 지능이 낮은 것으로 나왔다고 하였는데 지능이 낮으면 곧 지적장애라는 것이 일반화되어 있지만 지적장애를 판정하는 기준은 다양하다. 훈련이 가능한지, 교육이 가능한지, 일상생활에 타인의 도움이 얼마나 필요한지 등을 살펴보고 판정을 하기 때문에 지능지수만 갖고 지적장애로 단정지을 수는 없다. 그리고 이영학이 장애를 이용해 어떤 이익을 취했느냐를 보도한 부분도 있다.

> 이영학은 기초생활수급자 신분을 유지하기 위해 2000cc 미만의 외제차량만을 자신의 명의로 등록했다. 장애인의 경우 2000cc 미만 차량이 재산에 포함되지 않는다는 점을 악용한 것이다. 이를 통해 생계급여와 장애수당 등을 포함 매달 약 160만 원을 받아온 것으로 전해졌다.

장애인이 2천cc 미만의 차량을 소유하고 있으면 각종 세금 혜택을 받을 수 있어서 외체차를 소유할 정도로 재산이 있으면서도 2천cc 미만의 차량을 구입한 것은 장애를 악용한 것이고, 더욱이 생계급여는 물론 장애수당까지 챙긴 사실을 보도한 것은 장애인은 취할 수 있는 이익이 많다는 것을 시사하고 있다.

이런 기사 내용이 가짜 장애인에 대한 경각심을 주기도 하지만 이로 인해 대다수의 장애인들은 장애인복지 서비스를 권리가 아닌 시혜로 받고 있다는 분위기를 조성하여 결국 장애인에 대한 편견과 차별로 이어지게 한다. 또한 이 기사는 이영학이 양형에 장애를 이용할 것이라는 내용도 덧붙였다.

> 앞으로의 재판 과정에서 이영학이 지적·정신장애나 과거 정신질환 병력을 이용해 양형 참작을 요구할 가능성도 있다. 다만 지적·정신장애인이라는 증명서나 의사의 정신감정서가 있어도 자유심증주의상 법원이 무조건 이를 고려해야 하는 것은 아니다. 또한 이 사건의 경우에는 지적·정신장애 여부가 양형에 영향을 주기는 어렵다는 것이 전문가들의 분석이다.

이영학의 장애가 재판에 영향을 주지 않을 것이라는 전문가 의견을 붙인 것은 이영학의 범죄가 용서받을 수 없는 중죄라는 인식도 있지만 이영학이 장애인이라는 것을 인정하지 않는 심리가 더 크다. 이 기사의 제목에서도 그 심리가 잘 드러난다. 이 기사 제목은 한마디로 이영학이 장애인이냐 지능범이냐를 판단해 보자는 것이다. 지적장애인은 판단 능력이 떨어진다고 생각하고 있는데 이영학은 자신이 지적장애인이라며 방어하고 있지만 사람들은 그를 지능범으로 보고 있다. 이런 점에서 이영학 사건은 장애에 대한 판단에 도사리고 있는 모순이 드러나 혼란을 빚었다.

그런데 첫 공판 이후 나온 기사에서는 장애라는 단어가 보이지 않는다. 아래 동아일보(2017. 11. 24.) '어금니 아빠 이영학, 후원금 13억 홍청망청…아내 성매매 강요도 사실' 기사와 같은 기조를 유지하고 있다.

> 여중생 딸의 친구를 유인해 성추행하고 살해한 혐의로 구속기소된 '어금니 아빠' 이영학(35)이 12억여 원의 후원금 대부분을 딸 치료비 이외의 목적으로 사용하고, 1억 원이 넘는 기초수급비까

지 부정 수급해 호화 생활을 해 온 것으로 드러났다.

기사 초반에 집중되었던 장애가 이 범죄 사건의 본질이 아니라는 판단을 하게 된 것이다.

과연 누가 장애인인가

장애인복지와 함께 시작된 장애인등급제가 문재인 대통령 공약으로 폐지가 결정되었다. 장애인등급제 폐지를 주장하는 것은 정해 놓은 기준에 따라 일률적으로 장애를 판정하기 어렵기 때문이다. 장애는 사회적 환경에 따라 다르게 판정될 수 있고, 장애인 개인이 처한 환경에 따라서도 그 경중이 달라질 수 있다. WHO에서 2001년 도입한 새로운 장애분류 방식은 국제기능장애건강분류(International Classification of Functioning, Disability &Health, ICF)이다. ICF는 과거의 분류방식과는 달리 개인적인 상황적 맥락과의 상호작용에 의하여 기능과 장애를 설명하였다. 장애는 개인에 귀속된 객관적인 실체가 아니라 건강상태나 상황에 의해 달라진다는 것이다. 예를 들어 휠체어사용자라고 해서 지체장애 1급이라는 장애 판정은 합리적이지 않고 휠체어사용자가 사무직에서 일을 할 경우는 장애인이 아니고 외판을 한다면 장애 요인이 있기에 그 일을 할 수 있도록 근로지원인이나 이동을 위한 자동차를 지원해 주어야 하기 때문에 장애 판정을 받게 된다는 것이다.

장애인 정상화이론의 대가인 울펜스버거는 장애인의 가치는 사회적 규범에 의해 규정되며 물질 중심적, 외모 중심적 가치관이 장애를 가진 사람을 진짜 장애인으로 내몬다고 하였듯이 장애 판정의 절대적인 기준은 없다. 그런데 기준을 인위적으로 만들어 놓고 그 틀 속에서 장애인 판정을 하고 장애인 등록을 하기 때문에 가짜 장애인을 만들고, 장애 판정으로 서비스 내용이 갈라지는 불이익을 당하게 되는 문제점이 있다.

4. 올바른 장애인관 만들기

"너 장애인 같애."

요즘 청소년 사이에서 가장 심한 비난의 말이다.

"야, 장애인이다."

어린아이들이 장애인을 향해 내뱉는 말이다. 마트에서 엄마 손을 잡고 가던 학령기 전(前) 아동으로 보이는 여자아이가 나를 손가락으로 가르치며 큰 소리로 말했다. 예전에는 '엄마, 저 언니는 왜 저런 거 탔어?' 이렇게 물어보았었는데 이제는 딱 집어서 장애인이라고 하는 것은 어린이집이나 유치원에서 '걸을 수가 없어서 휠체어를 타고 있는 사람들은 장애인' 이라고 배웠기 때문이다.

그리고 청소년들이 욕 삼아 장애인 같다고 하는 것은 못생기면 얼굴장애, 각선미가 없으면 다리장애, 짜장면을 먹을지 짬뽕을 먹을지 선택을 금방 하지 못하면 결정장애 등 부족한 모든 상황을 장애로 표현하는 청소년 문화 때문이다. 이런 문제를 개선하고 올바른 장애인관을 정립시키기 위해 세 가지 제안을 공론화하고자 한다.

첫째, 장애인의 반대 용어에 대한 정립이 필요하다.

비장애인으로 할 것인가? 정상인, 일반인의 문제점은 무엇인가?

이들 두 가지 질문에 대한 답을 찾아서 사회적 합의를 이끌어 내야 한다. 장애인의 반대말이 정상인이면 안 되는 이유에 대한 설득 없이 정상인이라고 하면 무조건 틀렸다고 지적하는 것은 장애인에 대한 거부감을 더 키운다.

둘째, 장애에 대한 잘못된 비유를 개선해야 한다.

교통마비, 통신장애 등 꽉 막힌 어려운 상황을 장애에 비유하는 것이 일상화되었는데 이런 비유가 장애를 부정적으로 인식하게 만든다.

셋째, 장애의 남발을 막아야 한다.

분노조절장애, 충동조절장애, 기억장애, 심신미약(장애라는 단어는 없지만 장애로 인식) 등 어떤 문제에 장애를 붙이고, 장애를 비하하고 조롱하는 신조어를 생산하고 있는데 이런 남발이야말로 긍정적인 장애인관 형성에 방해 요인이 된다.

장애인 인식에 올바른 장애인 용어 사용이 매우 중요하다는 것을 알 수 있는데 (사)장애인먼저실천운동본부에서 실시한 〈2018언론모니터링〉에 장애인 용어와 관련하여 다음과 같은 내용이 있다.

〈표12〉 장애인 비하용어와 법적용어

과거용어	비하용어	자제용어		법적용어(권장용어)
		정상인 · 일반인		비장애인
장애자 심신장애자	애자 · 불구자 병신 · 불구			장애인
맹인	애꾸눈 · 외눈박이	장님 · 소경 · 봉사		시각장애인
	귀머거리			청각장애인
	말더듬이 · 벙어리		⇒	언어장애인
	언청이			안면장애인
정신지체인 정신박약자	백치 · 저능아			지적장애인
지체부자유자	찐따 · 절름발이 · 앉은뱅이 불구자 · 꼽추			지체장애인
간질장애인				뇌전증장애인

〈표13〉 장애 관련 부적절한 표현과 대체 표현

부적절한 표현		대체 표현
장애를 앓다		장애를 갖다
절름발이 ㅇㅇ		불균형적인 · 조화롭지 못한
귀머거리 삼년 · 벙어리 삼년		인내의 시간을 보내고
꿀 먹은 벙어리		말문이 막힌 · 말을 안하는
벙어리 냉가슴 앓다		가슴앓이하다
장님 코끼리 (다리)만지기	⇒	일부만 알면서 전체를 알듯이 · 주먹구구식
눈 뜬 장님		무엇을 보고도 제대로 알지 못하는 사람
눈먼 돈		임자 없는 돈
외눈박이의 시각		왜곡된 시각 · 편파적인 시각
외눈박이 방송		편파 방송
벙어리장갑		손모아장갑
정신분열증 · 정신장애		조현병
깜깜이 회계		확인불가능한 회계, 알 수 없는 회계

〈표14〉 장애인 관련 신조어

신조어	대체 표현
병크(병신 크리티컬)	조직 내 규칙을 어기는 사람
병맛(병신 같은 맛)	맥락 없고 형편없으며 어이없음
병림픽(병신들의 올림픽)	인터넷상에서 별거 아닌 주제로 싸움이 붙은 경우
병먹금(병신에게 먹이 금지)	관심을 주지 말라
여병추(여기 병신 하나 추가요)	찌질이가 한 명 더 있다는 뜻
정공(정신병자 공익)	정신질환으로 공익근무요원이 된 사람을 비하
찐따	일본에서 절름발이를 나타내는 '찐빠'의 발음이 변형된 말
문찐(문화 찐따)	빨리 변화하는 문화를 따라가지 못하고 뒤쳐진 사람
눈리신	눈앞의 상황을 인식하지 못하는 게임 사용자를 비하하는 것에서 시작하였으나 점차 시각장애를 지칭하는 용어로 확산
손잭스	손가락이 3개인 게임 캐릭터 '잭스'의 이름을 따서 게임 조작이 서툴러 컨트롤이 부족한 사람에 대한 조롱

장애인 인식개선을 위해 언론 모니터링을 하고 사전에서 장애인 관련 어휘를 어떻게 정의하고 있는지 조사하는 소극적인 방법으로는 장애인 인식개선의 효과를 높이기 어렵다. 우리나라 장애인복지 예산에는 장애인 인식개선 사업에 대한 예산이 겨우 사업을 홍보하는 정도인데 장애인 인식개선을 적극적으로 시행하기 위해서는 장애인 인식개선 사업 예산이 장애인복지 예산의 10%는 되어야 한다.

2018평창동계패럴림픽을 앞두고 (사)한국장애예술인협회에서 kt가 주축이 되어 나눔을 실천하는 기업 간 노사공동 협의체 UCC(Union Corporate Committee)와 함께 'Wheelchair First' 운동을 펼쳐서 큰 호응을 이끌어 냈듯이〈tip7〉 별도의 예산으로 부수적인 홍보가 아닌 독립적인 장애인 인식개선 사업을 기획하여 범국민운동으로 확산시켜 나가야 한다.

캠브리지 사전에 차별이란 특정 개인이나 집단에 대해 다르게 처우함으로서 결과적으로 불이익을 주는 행동이라고 정의하고 있다. 장애인에 대한 차별은 속성이 아니라 관계 언어이다. 즉 차별의 원인은 없고 그저 관습으로 생긴 부정적인 인식 때문에 생긴 현상인 것이다.

영국 작가 조지 오웰이 살기 좋은 사회의 조건을 배려와 정의로 인간과 인간의

휠체어 퍼스트, 한국인의 마음입니다

1. 문화 배리어프리를 위한 "Wheelchair First" 운동

30년 전 개최되었던 서울장애인올림픽으로 물리적인 장벽이 없어졌다면 2018평창 동계패럴림픽으로는 인식의 장벽(문화적 장벽)을 없애야 장애인복지의 목표인 자연스러운 포용(inclusion)을 이룰 수 있기에 평창장애인올림픽을 문화올림픽으로 승화시키기 위해 시작된 문화 배리어프리(barrier free) 운동입니다.

"Wheelchair First" 운동 3대 실천

첫째, 엘리베이터는 장애인 먼저
둘째, 장애인에게 출입문 열어 주기
셋째, 장애인 보행자 앞에서 자동차 서행하기

휠체어장애인에게 엘리베이터 양보하기

휠체어장애인이 오면 건물 출입문 열어 주기

휠체어장애인이 지나가면 자동차 서행하기

"내가 당신 뒤에"
Wheelchair First

• 로고
장애인에게 배려하고 양보하면서 장애인과 비장애인이 함께 웃는 사회 분위기를 예술성있게 형상화.

• 슬로건: 내가 당신 뒤에
비장애인이 장애인 뒤에서 언제나 장애인을 지지해 준다는 의미.

2. "Wheelchair First" 캠페인송

2018평창동계패럴림픽을 앞두고 휠체어퍼스트 운동을 적극적으로 전개하기 위해 장애인 인식개선 캠페인송을 제작하여 보급하였다.

• 가사

자--아무리 급-해--도 주위를 둘러 봐-요 천천히
잠시만 멈춰. 양보,배-려 Wheelchair First
자--모두 다 함께해-봐-요.
장애인 먼저, 우리가--
내가 당신 뒤--에 Wheelchair Fir--st

• 크레딧

-제작: (사)한국장애예술인협회
-작사 · 작곡: polaris 이정민(뇌성마비)
-노래: 휠체어성악가 황영택, 가수 다애

3. "Wheelchair First" 캠페인 댄스

가사 내용을 전달할 수 있는 안무로 누구나 쉽게 노래를 따라 부르며 율동을 할 수 있게 하였으며 춤 제목을 A+ 댄스라고 하였다.
(앞의 A는 able, access, ace, 뒤의 A는 Art로 장애인예술)
-안무: 김용우(휠체어무용가)
-무용: K휠댄스프로젝트

신뢰 쌓기라고 하였듯이 국민 행복을 위해서는 바로 이런 신뢰가 필요한데 근거도 없는 편견적 시각으로 차별을 하는 것은 신뢰를 무너트리고 불신을 조장하는 일이다. 우리 사회 불신을 없애고 신뢰를 쌓기 위해서는 차별을 없애야 하는데 그러려면 편견적 시각부터 바로잡아야 한다. 그래야 우리 사회 정의가 살아나고 배려가 실천되면서 포용이 이루어질 수 있다.

그래서 올바른 장애인관을 정립하는 것이 무엇보다 우선되어야 한다. 한 나라의 생활 수준을 가장 잘 표현하는 것은 광고이다. 광고는 그 나라 문화와 국민성 그리고 경제성장 등 모든 것을 담고 있기 때문이다. 독일 방송이나 잡지에는 복권 광고가 자주 나오는데 당첨을 알리는 사람이 문을 두드리면 집 주인이 문을 열고 나와서 예상치 못했던 소식에 기뻐하는 모습을 담은 광고가 있다. 그런데 당첨을 알리는 행운의 메신저가 장애인이다. 장애인에 대한 이미지를 좋게 하려고 일부러 장애인을 등장시킨 것이다. 독일 사람들이 장애인에 대해 갖고 있는 인식이 그냥 만들어진 것은 아니라는 사실을 알 수 있다.

만약 이 광고가 우리나라에서 제작됐다면 어떻게 구성을 했을까? 아마 당첨을 알리는 메신저를 장애인으로 설정하지 않고 복권에 당첨된 사람을 장애인으로 설정했을 것이다. 우리나라의 장애인 인식으로는 장애인이 복권 당첨을 가장 필요로 하는 경제력이 없는 사람으로 생각하고 있기 때문이다. 만약 그렇게 설정된 복권 광고를 했다면 장애인은 여전히 수혜자로 인식됐을 것이고 복권 판매도 크게 늘지 않았을 것이다. '저 복권은 장애인들이 사는 거구나.' 라는 인식이 암암리에 고착화될 테니 말이다. 앞으로 언론 매체에 장애인을 등장시킬 때는 독일의 복권 광고처럼 행운의 메신저 역할을 맡기는 것이 필요하다.

사회학자 수잔 웬델이 '인간은 어느 한 시기에는 장애적인 상황에 놓일 수밖에 없다.' 고 하였듯이 장애는 그렇게 특별한 일이 아니고 장애는 미리 알아두면 살아가는데 도움이 되는 하나의 경험적 상식이기에 '장애인 먼저' 사회를 만드는 것은 모든 국민을 위한 일이다. 우리나라는 아직도 장애인복지의 목표를 사회

통합(integration)에 두고 있지만 장애인복지의 국제적인 추세를 나타내는 단어는 포용(inclusion)이다. 통합은 인위적인 더하기이지만 포용은 화학적인 스며듦이어서 장애인 인식개선의 목표는 장애인 포용사회가 되어야 한다.

뇌성마비 철학자 알렉상드르 졸리앙은 한국에서 3년 이상 살면서 최근의 한국인은 장애인을 투명인간처럼 마치 그 자리에 없는 존재인 듯 무관심한 것이 특징이라고 하며 신학자 모리스 준델이 한 말을 인용하였다.

> 우리가 타인에게 무심한 것은 타인의 입장이 되어 보지 않고 자신 안에 갇혀 있으며 자기 자신을 극복하지 못하고 있기 때문이다.

한국 사람들은 자기 안에 갇혀 자신의 문제를 이겨 내지 못하여 타인에게 눈길을 돌리지 못할 정도로 각박하게 살고 있는 현실을 지적한 것이다. 프랑스 철학자의 눈에 비친 한국인의 모습은 매우 미성숙하다는 뜻이다.

이런 상태에 있는 우리 국민들에게 장애인 포용사회를 주장하는 것은 어불성설인지도 모른다. 하지만 여기서 장애인 포용사회로 가는 방법은 찾았다. 바로 타인의 입장이 되어 보는 것이다. 우리가 흔히 말하는 입장 바꾸어 생각해 보는 역지사지(易地思之)이다.

잠시 눈을 감으면, 잠깐 귀를 막으면 그리고 작은 턱 앞에서 '만약 휠체어라면'이라고 장애인 입장을 생각해 보면 자기 안에 갇혀 타인에게 무관심한 미성숙에서 벗어날 수 있을 것이다.

제6장

불교의 장애인관

오늘 우리의 할 일은 다만 자기 건설이 있을 뿐이요, 결코 남을 파괴하는 데 있는 것이 아니로다. 엄숙한 양심의 명령으로써 자기의 새 운명을 개척함이요, 결코 묵은 원한과 한 때의 감정으로써 남을 시기하고 배척하는 것이 아니로다. 낡은 사상과 낡은 세력에 얽매여 있는 일본 정치가들의 공명심에 희생된, 부자연스럽고 불합리한, 그릇된 상태를 고쳐서 바로잡아, 자연스럽고 합리적인 바른 길, 큰 으뜸으로 돌아오게 함이로다.

제6장 불교의 장애인관

1. 장애는 과연 업보인가?

장애를 전생의 업(業)으로 설명하는 경향이 있다. 그것은 불교의 인과론(因果論)을 잘못 해석했기 때문이다. 인도에서 탄생한 윤회설에 대한 오해로 전생의 잘잘못이 현생의 모습을 결정한다는 숙명론적인 해석이 만연하게 되었다.

특히 한국 불교는 인과와 업의 개념으로 민중에게 도덕을 가르쳐 왔기 때문에 인과응보를 사회에 전파시켰다. 불교의 인과설은 통속적인 인과응보설이 아니므로 불교의 가르침에 위배되는 해석이 사회적 편견을 만들었는데 그 편견의 가장 큰 피해자가 장애인이다.

이런 피해를 줄이기 위해서는 업이 무엇인지에 대한 정확한 이해가 필요하다. 업을 의미하는 산스크리트어인 카르마(Karma)는 행위 그 자체를 의미한다. 의식적인 행위로 다른 사람이나 생명체에 영향을 주는 행위가 업인 것이다. 업은 몸(身), 입(口), 뜻(意)으로 짓는 세 가지 업(三業)이 있다. 따라서 자신의 의지가 들어가지 않으면 업이 아닌 것이다.

부처님은 인도를 들끓게 했던 극단적인 사상들(六師外道, 육사외도)과 맞서 종교적인 혁신을 일으켰다. 부처님은 무연무인론자(無緣無因論者)도 숙명론자도 아니었다. 전생의 업이 현재의 삶을 결정한다는 견해를 부정하였고 동시에 과거의 업의 영향이 현재의 삶에 어떠한 영향도 주지 않는다는 생각도 부정하였다. 부처님은 이 두 가지의 극단을 거부하고 중도(中道)의 관점에서 업을 설(說)하였다.

그러니까 장애의 원인이 과거의 어떤 바르지 못한 행위의 결과라고 생각하는 숙명론적인 장애인관은 부처님이 타파하고자 하는 외도(外道)였다는 것을 알 수 있다. 장애 원인의 90% 가량이 교통사고나 산업재해 등으로 인한 후천적인 것에 원인이 있다는 통계(2017장애인실태조사)에서도 장애를 숙명으로만 받아들일 수 없는 사회문제라는 사실이 드러난다.

업에 대한 새로운 해석이 필요하다. 업을 만드는 원인은 하나가 아니고 불특정 다수이다. 그것을 연(緣)이라고 한다. 그러니까 자기 혼자 만든 업이 아닌 것이다. 예를 들어서 어떤 사람이 교통사고로 하반신마비가 되었다고 했을 때 그것을 그 개인적인 업으로 판결 내릴 수 없다는 것이다. 자동차가 없는 세상이었다면 그는 교통사고를 당하지 않았을 것이니 말이다.

그리고 업의 필연성은 외면적인 것, 즉 신체, 남녀의 구별과 같은 외적 생물학적인 요소에 대해서는 업의 작용이 부정되어야 한다는 주장이 있다(사사끼 겐쥰). 불교는 인간적 생존에 관한 종교이기에 내적인 의지를 조건으로 해야 한다. 부처님도 그렇게 말씀하셨다.

> 출생을 묻지 말고, 단지 행위를 물어라(숫타니파타)

이렇게 본다면 장애를 개인의 또는 한 가정의 업으로 볼 수 없다. 긍정적인 장애인관의 걸림돌이 되어온 업 문제를 이렇게 해석을 하는데 납득이 된다면 불교에서야말로 가장 이상적인 장애인관을 정립시킬 수 있다.

2. 장애인에 대한 불교적 관점

1) 불교 경전 속의 장애인

부처님 살아 계실 당시를 중심으로 해서 각 장애 유형별로 어떤 장애인이 어떻게 생활하였는지 살펴보기로 한다.

(1) 시각장애

부처님의 10대 제자 가운데 시각장애인이 있었다는 사실은 놀라운 일이다. 부처님의 10대 제자는 종교적 상징성이 큰 인물이니 말이다. 그 사람은 바로 아나율이다. 아나율(阿那律, Aniruddha)은 카필라성 출신으로 곡반왕의 아들이다. 부처님께서 아나율이 천안제일(天眼第一)이라고 했는데(종지부) 천안이란 멀고 가까움, 안과 밖, 낮과 밤을 불문하고 공간을 초월하여 다 볼 수 있는 능력을 가리킨다. 또 아주 미세한 물질도 능히 보고, 시간을 초월하여 중생들의 내세에 관한 것도 알 수 있는 힘을 말한다. 아나율이 이런 천안을 갖게 된 것은 바로 실명으로 인해서였다. 그런데 아나율이 실명을 한 이유는 다음과 같다. 부처님이 어느 날 비구들에게 설법을 하고 있을 때 그 자리에 있던 아나율이 깜빡 잠이 들었다. 그것을 본 부처님은 아나율에게 주의를 주었다.

'자네는 무엇 때문에 출가했는가?' 라고 묻자 그 뜻을 알아채고 아나율은 '지금부터 부처님 앞에서는 잠자지 않겠습니다.' 라는 맹세를 하고 불면(不眠)으로 정진했다. 그래서 아나율의 눈에 병이 났다. 부처님께서는 치료를 받도록 권했지만 아나율은 받아들이지 않고 계속 정진을 했기에 완전히 실명해 버렸다. 그러니까 실명은 잠을 자지 않을 정도로 지독하게 노력하는 과정에서 비롯된 것이지 전생의 업 때문에 빛을 잃은 것은 아니다. 아나율은 실명으로 천안을 얻었기 때문에 실명은 빛을 잃은 것이 아니라 우리 눈이 할 수 없는 인식 기능을 할 수 있게 되었음을 뜻한다.

부처님께서도 실명을 한 제자에게 각별한 사랑을 쏟았다. 아나율은 앞을 볼 수가 없었기 때문에 바늘귀를 꿰기가 몹시 힘들었는데, 부처님께서 아나율을 위해 바늘귀를 꿰어 주셨다(증일아함경).

부처님의 원력으로 아나율의 눈을 뜨게 해 준 것이 아니라 앞을 볼 수 없는 아나율을 위해 바늘귀를 꿰어 주는 현실적인 지원으로 인간적인 사랑을 실천하였다. 장애인을 함께 살아가야 할 동반자로 받아들이는 포용적인 모습이다.

(2) 지적장애

부처님은 지적장애를 조금 늦어지는 사람으로 받아들였다. 그것은 주리반득이야기에서 잘 알 수 있다. 주리반득(周理般得)은 주리반특(周理般特)이라고도 하는데 범어로 츄리 판타카(suddhipanthaka)라고 한다. 주리반득은 길에서 태어났다. 여행을 하다가 아이를 낳았는데 쌍둥이였다. 첫 번째 태어난 아들은 반득이고, 두 번째 태어난 아들은 주리반득이라고 이름지었다. 반득은 길이라는 뜻이고, 주리는 작은 이라는 의미여서 길에서 태어난 작은 아이라는 뜻이다. 그런데 형 반득은 아주 총명했는데 주리반득은 매우 어리석었다. 요즘도 쌍둥이의 한쪽 아이가 지적장애를 갖게된 경우가 종종 있기 때문에 상당히 현실적으로 느껴진다. 주리반득은 어찌나 둔했던지 3년 동안 수행을 했지만 글귀 하나를 제대로 못외웠다.

요즘도 공부를 못하는 아이들에게 화장실 청소를 시키듯이 주리반득도 청소만 했다. 그러던 어느 날 주리반득은 자신의 신세가 너무 한심해서 청소를 하다 말고 엉엉 울었다. 그때 지나가던 부처님께서 그 모습을 보시고 이유를 묻자 주리반득은 자기는 아무래도 부처님 법을 배울 수 없을 것 같다고 한탄했다.

그런 주리반득에게 부처님은 청소와 빗자루라는 말만 외우도록 하였다. 그런데 주리반득은 청소를 외우면 빗자루를 잊어버리고 빗자루를 외우면 청소를 잊어버렸다. 그런 주리반득에게 부처님은 수행자들의 방을 청소해 줄 수 있겠느냐고 물었다. 주리반득은 겸손하게 부처님 말씀을 받아들여 자기 동료인 수행자들의 방을 청소했다. 주리반득은 진심으로 열심히 청소를 해 주었는데 그러던 어느 날 문득 깨달았다. 그래서 주리반득은 그 깨달음을 부처님께 전했다. '부처님, 빗자루는 이 세상의 더러움을 쓸어 버리고 깨끗하게 합니다. 우리 사람들도 지혜의 빗자루로 마음속을 깨끗이 해야 합니다.'

그 말에 부처님은 환히 웃으며 비로소 깨달음을 얻었다고 기뻐해 주셨다. 그 후 주리반득은 동료들 앞에 나가 설법을 할 정도로 존경받는 수행자가 되었다. 그 모습을 보고 바사익왕이 크게 놀라며 어떻게 된 일이냐고 묻자 부처님께서는 이렇게 대답하셨다. '반드시 많이 배우는 것을 요하지 않습니다. 행하는 것이 으뜸입니다.'

지적장애인을 함부로 대할 때가 있다. 하지만 그것은 대단히 잘못된 일이다. 그들도 지식의 습득이 아닌 행동을 통해 얼마든지 훌륭한 일을 할 수 있다. 그들에게도 가능성이 있다는 것을 인정해야 한다. 다시 말해 그 어떤 경우에도 인격은 존중되어야 한다는 것이다. 부처님께서 장애인에 대해 편견을 갖지 말라는 가르침을 주고 있다.

(3) 지체장애

장애를 가지고 있는 사람들이 곳곳에서 자기 일에 최선을 다하고 있음을 알 수 있게 하는 일화가 있다. 다문제일(多聞第一)이라는 칭송을 받은 웃다라가 척추장애를 가지고 있었음을 그냥 지나쳐서는 안된다. 우다야나 왕의 왕비 샤마바티는 불교에 깊이 귀의했는데 왕비는 좀처럼 외출을 하지 않았다. 그래서 시녀인 웃다라로 하여금 바깥 소식을 전해 들었는데, 왕비가 원하는 소식은 법회에서 하신 부처님 말씀이었다. 그래서 웃다라가 법회에 참석하여 들은 이야기를 왕비에게 전해 주곤 했는데, 웃다라는 머리가 좋아서 법회에서 들은 이야기를 그대로 전해 주어 왕비의 신심(信心)이 더욱 돈독해졌다. 그런데 둘째 왕비 마간디야가 샤마바티를 시기하여 죽이려고 왕에게 중상모략적인 정보를 주었다. 화가 난 왕은 당장 부인을 죽이려고 했지만 왕비의 자비스런 얼굴을 본 왕은 도저히 죽일 수가 없었다. 뿐만 아니라 자기의 잘못을 깨닫고 왕비에게 자기의 잘못을 사과했다. 그런 왕의 태도에 마간디야는 더욱 질투심이 끓어 올라 왕이 출타한 틈을 타서 샤마바티 내전에 불을 질렀다.

그때 다른 시녀들은 모두 도망가기에 바빴지만 웃다라는 도망가지 않았다. 샤마바티를 구하려고 끝까지 불 속을 헤매다 불 속에 묻히고 만다. 변하지 않는 그 마음, 그것을 몸에 장애가 있는 웃다라만이 가지고 있었다. 웃다라는 총명할 뿐만 아니라 의리도 있었다. 이것으로 불경 속에는 장애인이 아주 긍정적인 모습으로 나타나 있음을 알 수 있다.

2) 불교의 장애인복지

불교와 장애인은 거의 관련이 없거나 아니면 거리가 먼 것으로 생각한다. 불교에서는 장애인을 무시한다고까지 생각하는 사람들이 있다. 하지만 그것은 편견이다. 불교야말로 장애인을 편견 없이 대하고 있다. 부처님의 제자로 등장을 하거나 아니면 시녀일지라도 중요한 역할을 했다. 장애인의 모습이 소외가 아니라 이끌어 가는 주도적이고 적극적인 모습으로 그려져 있다. 그리고 부처님은 장애인문제를 아주 현실적으로 접근하였다.

그 예로 앞을 볼 수 없는 바라문이 있었는데 그가 어느 날 부처님께 이런 설법을 요청했다. '부처님, 사람들은 세상에 빛이 있다, 색깔이 있다고 말하는데 나는 믿을 수가 없습니다. 청컨대 부처님께서 빛이 있는지 없는지 말씀해 주시고 있다면 제가 알 수 있도록 설명해 주십시오.' 그러자 부처님은 설법을 하지 않고 지바라는 의사를 불러 그 바라문의 눈을 치료해 주도록 했다. 다행히 치료로 시력을 되찾을 수 있었는데 시력을 찾은 바라문은 자기 눈으로 빛과 색이 있음을 확인했고, 그것이 무엇인지도 스스로 깨닫게 되었다.

이렇게 부처님은 장애인을 연민의 대상으로 보지 않았다. 만약 부처님이 바라문을 불쌍히 여겼다면 위로의 말씀을 하였을 것이다. 그리고 부처님께서는 장애인의 문제를 감상적으로 해결하지 않고 사회복지 차원에서 해결하려고 했다. 부처님이 그 자리에서 자기 손으로 바라문의 눈을 뜨게 하는 기적을 연출하지 않고 의사에게 치료를 해 주도록 한 것은 아주 실질적인 방법이다.

불교에서는 장애인을 연민의 대상으로 보지 않기에 장애인관은 긍정적이다. 그리고 장애인문제를 현실적으로 해결해 주어 사회 속에서 그 능력을 제대로 평가받게 한다.

(1) 불교의 복지사상

불교의 복지사상은 자비사상, 보은사상, 평등사상, 보살사상이다(방귀희, 1982). 자비는 고통을 제거해 주고 기쁨을 주는 것을 말한다. 그래서 종교의 근간을 이루는 사랑과는 다르다. 자비사상을 불교 장애인복지 사상으로 보는 것은 장애로 생긴 문제를 해결해 주고 장애인에게 필요한 서비스를 제공해 주는 것이 최상의 장애인복지이기 때문이다.

보은사상은 은혜에 보답하는 것을 말하는데 현재의 장애인복지제도가 시혜적인 것을 뒤집을 수 있는 가장 결정적인 사상이다. 장애인에게 복지 서비스를 제공하는 것은 하나의 보답이기 때문에 장애인 입장에서 당당하게 서비스를 받을 수 있다. 보은사상으로 장애인복지를 실시하면 장애인이 소외 계층이 아닌 동등한 사회 구성원으로 사회에 포용될 수 있게 된다.

그리고 평등사상은 장애인복지의 목표이다. 장애인, 비장애인이란 구분을 없앨 수 있는 것은 바로 이 평등사상 때문이다. 모든 사람은 평등하기 때문에 차별을 해서는 안 된다. 장애인이 우리 사회에서 차별을 받고 있는 것은 불교적 관점에서는 매우 잘못된 일이다.

끝으로 보살사상은 불교 장애인복지 실천에 대한 이론이다. 불교는 하화중생(下化衆生)을 목적으로 하고 있는데 하화중생이 바로 자원봉사이다. 그리고 보살은 남을 이롭게 하는 사람을 가리키는데 그런 사람이 바로 자원봉사자이다. 그러니까 자원봉사의 기원은 불교에서 비롯되었다고 해도 무리가 아니다. 요즘은 자원봉사가 아닌 자원 활동이라는 표현을 쓰고 있는데 그것은 남을 위해 봉사한다는 것이 베풀어 주는 희생으로 생각되기 때문에 그 행위를 받는 입장에서는 유쾌하지 않다. 그래서 자원봉사 대신 자원 활동이라는 단어로 바뀌었다.

(2) 보살행(菩薩行)

보살(Bodhisattva)은 보제살(菩提薩)의 약어로 Bodhi와 sattva의 복합어이다. Bodhi는 깨닫는다는 뜻이고 sattva는 존재라는 뜻으로 중생을 가리킨다. 즉, 보살은 깨달음을 구하는 중생이다. 경전에서는 보살의 역할을 다음과 같이 규정하고 있다.

도행반야경(道行般若經)에

보살은 많은 중생을 완전한 열반으로 이끌어 들인다.

대지도론(大智度論)에

자기를 이롭게 하는 동시에 남을 이롭게 하는 마음이 보살의 마음이다.
보살은 큰 서원을 세워 마음이 부동하며 정진하여 물러서지 말아야 한다.

범망경(梵網經)에

보살은 불성(佛性)의 자비심을 내어 항상 모든 사람을 도와서 복되게 하며 즐겁게 해야 한다.
보살은 모든 중생을 대신해서 고통을 감수해야 하며 나쁜 일은 자기에게 돌리고 좋은 일은 타인에게 주어야 한다.

소품반야경(小品般若經)에

보살은 모든 욕망을 조절하여 탐욕과 인색함이 없이, 자신의 목숨을 버릴지라도 사람을 해치지 않는다. 보살은 마땅히 중생을 안락하게 해야 한다.

대방광불화엄경(大方廣佛華嚴經)에

보살은 중생들의 부모가 되어 그 괴로움을 제거해 준다.

경전에 나타난 보살행을 분석해 보면 남을 위해 자비심을 내어 자비행을 실천하기로 마음먹고 남을 이롭게 하기 위해 끊임없이 노력하는 최대의 선행을 가리킨다. 그런데 보살은 항상 고통 속에서 필요한 존재라는 것을 알 수 있다.

유일마니보경(遺日摩尼宝經)에

광야나 산에는 연꽃이 피어나지 않고 방죽의 진흙탕 속에서 연꽃이 피어나듯이 열반 속에서는 보살이 생겨나지 않고 애욕 속에 보살법이 생긴다.

중생의 고통이 있기 때문에 보살이 있는 것이고 그 고통을 덜어 주는 것이 보살이 할 일이며, 그런 행동을 보살행이라고 한다. 다시 말해 보살은 사회 속에 뛰어들어 복지증진을 위해 함께 노력하는 사람이다. 그래서 보살의 자세에 대해 불교에서는 다음과 같은 조건을 붙였다.

화엄경(華嚴經)에

> 한 사람의 중생을 위함도 같고 일체중생을 위함도 같아서 큰 자비심을 일으켜 모든 중생으로 하여금 깨달음에 안주하게 한다.
>
> 그리고 보살은 한순간도 피곤하고 싫어하는 마음을 일으키지 않는다. 한 사람을 위해서라도 최선을 다 해야 하고 피곤하다거나 싫어졌다거나 하는 마음을 갖지 않아야 한다.

이상에서 보살행은 마음과 행동 모두 타인을 향하고 있지만 자원 활동을 하는 사람들이 대부분 타종교인들이기 때문에 불교에는 남을 위해 봉사하는 마음이 없는 것처럼 되어 있다. 하지만 불교의 사상 속에는 너무나도 훌륭한 봉사 정신이 있다는 것을 알 수 있다.

보살은 일시적인 봉사가 아니라 영원한 봉사이고, 보살은 도와주는데서 끝나지 않고 중생의 문제를 자신의 문제로 받아들인다. 보살은 넓고도 깊으며 겸손하다.

상부경(常不經)에 보살은 만나는 사람마다 공손히 합장을 하며 '나는 당신을 가벼이 여기지 않습니다, 당신은 앞으로 해탈할 수 있습니다.' 라고 했다. 보살은 상대방을 존중한다. 상대방이 단순히 도움을 필요로 하는 사람이 아니라 앞으로 모든 번뇌에서 벗어나 부처님처럼 해탈의 경지에 이를 수 있는 존귀한 사람으로 여긴다.

그리고 보살은 자기 자신의 수양을 통해 만들어지기 때문에 그 마음이 건실하다. 그 자기 수양은 승만경에서 찾을 수 있다. 승만 부인이 부처님 앞에서 10가지 서원을 하는데 그것이 곧 보살의 길이다.

그 10대 서원(誓願)은

1. 계를 범할 마음을 일으키지 않겠다
2. 교만한 마음을 일으키지 않겠다

3. 성내는 마음을 일으키지 않겠다
4. 질투하는 마음을 일으키지 않겠다
5. 인색한 마음을 일으키지 않겠다
6. 재산을 가난한 중생을 위해 쓰겠다
7. 애착하지 않는 마음과 만족함이 없는 마음과 거리낌이 없는 마음으로 중생을 대하겠다
8. 고독한 사람, 갇혀 있는 사람, 질병이 있는 사람 등 가지가지의 고통과 재난을 당하는 중생들을 본다면 잠시도 멀리하지 않고 반드시 이익되게 하고 온갖 고통으로부터 벗어나게 하겠다
9. 나쁜 짓을 하는 사람을 그대로 버려두지 않고 거두어들이겠다
10. 이 모든 것들을 끝내 잊지 않겠다

이렇게 서원한 보살이 중생을 구제하는 방법은 4가지가 있다. 이것을 사섭법(四攝法)이라고 한다.

포시섭(布施攝)—중생에게 필요한 재물이나 법을 보시하여 이끌어 들이는 방법
애어섭(愛語攝)—부드럽고 온화한 말로 이끌어 들이는 방법
이행섭(利行攝)—선행으로 중생을 이익케 하여 이끌어 들이는 방법
동사섭(同事攝)—중생의 근성에 따라 행동을 같이하여 이끌어 들이는 방법

보살은 다각적인 면에서 중생들을 돕기 위해 노력하고 있다. 불교의 보살은 이타행의 표본이며, 보살사상을 행동으로 옮기는 보살행에는 교만이 없다. 보살행은 남을 이롭게 하면서 자신의 수양을 함께하기 때문이다. 이렇게 보았을 때 보살행은 수준 높은 행위임을 알 수 있다.

3. 불교 장애인복지의 과제

불교 장애인복지에 대한 연구는 매우 미약하다. 하지만 불교 경전 속에는 장애인과 장애인복지에 대한 이념이 곳곳에서 발견된다. 불경에 나타난 장애 명칭은 신체적 장애, 병약, 기형, 정신적 장애, 악업(탐욕, 번뇌, 집착, 비방, 질투, 허언)이다. 현대적 장애 개념보다 훨씬 넓다. 인간의 잘못된 심리 상태까지 장애로 보고 있다. 요즘 사람들이 흔히 말하는 마음의 장애를 가리킨다. 그렇다면 장애는 누구나 가질 수 있는 것으로 장애가 그다지 특별한 것이 아니고 삶의 하나의 조건이라고 보아야 한다.

불교 장애인복지를 위해 가장 먼저 해야 할 과제는 올바른 장애인관을 정립시키는 일이다. 그리고 불교 장애인복지를 실천할 수 있는 방법을 찾아야 한다. 올바른 장애인관에 대해서는 앞에서 언급했기 때문에 여기에서는 불교 장애인복지 실천 방법을 제시하고자 한다.

첫째, 보시행이다. 보시라 함은 욕심을 거두고 자신의 것을 나누는 것을 뜻한다. 보시를 할 때는 준다는 마음 없이 주어야 한다. 그런데 요즘 우리 사회의 기부는 준다는 것을 너무나 강조하기 때문에 받는 사람들이 부담을 갖게 되고 기부 활동이 선행으로 필요 이상의 칭찬을 받고 있는데 받는 입장에서는 큰 낙인이 될 수 있다.

둘째, 복전행이다. 복전이란 행복을 키우는 땅이란 뜻이다. 장애인복지가 단순히 장애인을 돕는 것이 아니라 자신의 행복을 위해서라고 생각하는 것이다. 얼핏 생각하면 반대급부를 바라는 것 같지만 불교의 복전은 대가를 예상해서 행하는 것이 아니라 즐거운 마음으로 하라는 뜻이다.

그런데 실제로 장애인복지는 복전임에 분명하다. 장애인복지가 발전해서 자립생활이 가능해지면 장애인을 위한 사회적 비용이 감소하고 장애인이 세금을 내는 국민으로 사회에 기여하게 되니 말이다. 그래서 미국의 존 F 케네디 대통령은 미국의 미래를 여는 열쇠는 장애인복지에 달려 있다고 하며 장애인복지에 박차를 가해 미국의 성장을 일구어 냈다.

그래서 불교 장애인복지를 발전시키기 위해서는

첫째, 종단 차원에서 불교 장애인복지 실천 체계를 갖추어야 하고

둘째, 불교 장애인복지에 대한 연구로 프로그램의 전문화를 꾀하고

셋째, 민간 자원을 모아 장애인복지 기금을 마련하고

넷째, 장애인을 위해 일할 수 있는 인적 인프라를 구축하고

다섯째, 불교 장애인복지 사상을 계몽하며 불교적 장애인관을 형성해가야 한다.

4. 종교의 장애인관

「장애인선교의 이론과 실제」(이계윤, 1996)에서 장애인에 대한 성경적 관점을 자세히 기술해 놓았다. 불평등 조건으로서의 장애인으로 창 29:17~18에서 레아는 시각장애를 갖고 있기 때문에 야곱의 선택에서 밀려나고 만다고 했고, 징벌로서의 장애로 레 26:16에서는 재앙을 받은 결과로 레아가 시각장애를 갖게 된 것으로 기술되어 있다. 그리고 죄인 혹은 불결한 존재의 상징으로서의 장애인을 묘사하고 있으며 하나님을 거역하고 부인하며 순종하지 않은 사람들을 가리킬 때 장애인을 비유하고 있다.

하지만 성경에 장애인을 이렇게 부정적인 관점으로만 보고 있지는 않다. 생명 전체로서의 장애, 하나님의 영광을 나타내기 위한 장애, 변화된 증거로서의 장애로 장애를 중요한 존재로 인식하고 있다.

그래서 장애인을 하나님 나라의 구성원으로 보고 있고, 하나님 자신과 동일시하기도 한다. 따라서 장애인을 하나님의 형상을 지니고 있다고 한다. 성경에는 장애인이 치유받은 사건을 수없이 기록하며 그것을 기적이라고 하였다.

장애인은 사회적 약자이기 때문에 구원을 해 줘야 하는 선교의 대상으로 삼고 있어서 장애인복지에 적극적인 것이 바로 기독교 장애인관을 보편화시켰다고 볼 수 있다.

한 사회를 지배하는 이념에 따라 장애인관이 결정되는데, 그렇다면 우리는 가장 이상적인 장애인관을 가질 수 있다. 우리나라는 불교적 이념이 근저에 깔려 있기 때문이다. 전생의 죄를 운운하는 업보 윤회는 업사상의 표피적인 면만을 가지고 유출한 왜곡된 논리이고, 불교의 연기론(緣起論)이야말로 가장 이상적인 장애인관을 형성할 수 있는 논리이다.

인간뿐만 아니라 우주적인 모든 존재는 공간적, 시간적으로 홀로 존재하는 것은 없고, 서로 의지하고 도우면서 생성, 발전한다는 것이 연기론이다. 그래서 타인의 아픔과 고통이 곧 나의 고통과 아픔이라고 받아들이기 때문에 불교의 장애인관은 장애인과 비장애인을 구분하지 않는 원융(圓融)사상을 가지고 있다.

긍정적인 장애인관의 걸림돌이 되어 온 업은 공업(公業)으로 보아야 한다. 이것은 장애인계에서 장애인 모델로 수용하고 있는 사회적 모델로 해석이 가능하다. 장애는 개인적인 불능이 아닌 사회의 물리적, 제도적 그리고 인식의 장벽이 만든 환경의 문제라는 것이다.

장애인이라는 낙인으로 차별하며 배제하는 사회는 건강하지 않다. 장애인문제는 우리 사회가 함께 해결해 나가야 할 공적인 의무라는 인식이 필요하다.

제7장

장애인 용어

당초에 민족의 요구로서 나온 것이 아닌 두 나라의 병합의 결과가 마침내 한때의 위압과 민족 차별의 불평등과 거짓으로 꾸민 통계 숫자에 의하여, 서로 이해가 다른 두 민족 사이에 영원히 화합할 수 없는 원한의 구덩이를 더욱 깊게 만드는 지금까지의 실적을 보라! 용감하고 밝고 과감한 결단으로 지난날의 잘못을 바로잡고, 참된 이해와 한뜻에 바탕한 우호적인 새 판국을 열어 나가는 것이 피차간에 화를 멀리하고 복을 불러들이는 가까운 길임을 밝히 알아야 할 것이 아닌가?

제7장 장애인 용어[4)]

어휘는 지식을 습득하고, 사고하며 의사소통하는 수단으로 언어를 배우는 유아기부터 성인에 이르기까지 국어 능력의 핵심 요소이다. 어휘 능력은 듣기, 읽기, 말하기, 쓰기의 4대 언어 기능을 직접적으로 지원하므로 국민의 언어생활에 토대가 되는 능력이다. 이런 어휘들은 그 나라를 대표하는 사전에 등재됨으로써 법률적, 문화적, 교육적으로 공식 언어의 지위를 획득한다. 특히, 우리나라는 영미 국가들과 달리 "국가 언어(national language)", 즉 "국어"를 채택하고 있다. 즉, 국가가 관리하는 표준국어대사전(이하 '사전')에 등재되어야 어휘로서 합법성을 가진다. 장애 관련 어휘도 예외는 아니다.

2000년대 이후 우리나라에서 장애인의 사회참여가 활발해지면서 장애 관련 법률과 서비스가 크게 늘고, 새로운 테크놀로지들이 속속 도입되고 장애인 스포츠가 활성화되는가 하면, 장애학(disability studies)이 독립적인 학문 갈래로 자리 잡았다.

우선, 법률의 경우 1977년 「특수교육진흥법」이 장애 관련 법률로는 처음 제정된 이후 지금은 20건이 시행되고 있다. 특히 2005년 이후 장애 관련 법률이 집중적으로 제정되고 있다. 이는 국내 장애운동의 성과로 장애인의 사회적 지위와 사회참여가 고양되던 시기와 겹친다. 이 같은 법률에 따라 활동지원제도, 장애인 바우처, 장애인복지관, 장애수당, 장애연금 등 많은 장애인복지 서비스가 신설 또는 확대되었다. 아울러 1981년 5개에서 시작한 법정 장애 유형이 지금은 15개로 확대되었다.

또 과학기술이 발달하면서 장애인의 편리한 삶을 보조하는데 필요한 다양한 기기들이 개발되었다. 예전부터 장애인들이 사용하던 휠체어, 목발, 보청기, 흰지

4) 이 글은 한국장애인인권포럼에서 주최한 '장애 주류화 정책의 가능성과 전략 과제'에서 소개된 윤삼호 장애인정책모니터링센터 소장의 발표문인 "장애 관련 어휘에 무관심한 표준국어대사전"(2018)을 요약한 것입니다.

팡이, 의수족 같은 보조기기들은 이제 로-테크(low-tech)에 속하고 점자 단말기, 스크린 리더, 화면 확대기, 골전도 보청기, 사물인터넷 연계 보조기기 등 높은 기술 수준을 요구하는 하이-테크(high-tech) 제품들이 빠른 속도로 개발되어 있다. 또 지난 평창패럴림픽에서 보았듯이 비장애인들이 잘 모르는 생소한 장애인 스포츠와 장비들이 무수하다.

한편, 1980년대부터 영국과 미국을 중심으로 장애를 인간의 손상 측면(의료 모형)이 아니라 환경 측면(사회 모형)에서 연구하는 새로운 학문인 장애학이 등장했다. 이와 같은 사회과학이 등장하면서 장애인과 사회가 상호작용하는 양상을 연구하기 시작하면서 많은 개념어들이 생성되었다.

당연한 결과이겠지만 이 같은 변화에 따라 국제사회에서 지난 반세기 동안, 그리고 국내에서는 지난 20여 년 동안 장애 관련 어휘가 폭발적으로 증가하였다. 하지만 장애인정책모니터링센터가 조사한 결과 일상에서 널리 사용되는 장애 관련 어휘 중 상당수가 사전에 등재되어 있지 않고, 등재된 어휘들조차 뜻풀이가 부정확하거나 부적절한 경우가 많다. 장애 관련 어휘들이 언중의 입으로 통용되고는 있지만, 공식언어로 인정받지 못하고 있다는 것이다.

우리나라 국어에 관한 법률 「국어기본법」 제2조(기본 이념)는 "국가와 국민은 국어가 민족 제일의 문화유산이며 문화 창조의 원동력임을 깊이 인식하여 국어 발전에 적극적으로 힘씀으로써 민족문화의 정체성을 확립하고 국어를 잘 보전하여 후손에게 계승할 수 있도록 하여야 한다."고 규정한다. 또 제17조(전문용어의 표준화 등) ①항은 "국가는 국민이 각 분야의 전문용어를 쉽고 편리하게 사용할 수 있도록 표준화하고 체계화하여 보급하여야 한다."고 규정한다. 이 같은 법률 규정이 과연 장애 관련 어휘에도 제대로 적용되는지 살펴보았다.

1. 장애 관련 어휘 찾기

1) 조사 방법

조사 대상 어휘 선정

내부 기획회의(3차례), 외부자문(한국장애인단체총연합회, 한국시각장애인연합회, 한국농아인협회, 한국지체장애인연합회)을 통해 조사 대상 장애 관련 어휘를 사전에 선정하였다. 어휘는 두 가지 형태로 선전하였는데, 하나는 현재 널리 통용되고 있지만 사전에 등재되지 않은 어휘(100개)를 선정하는 것이고 또 하나는 사전에 등재되어 있지만 뜻풀이가 부적절한 어휘(30개)를 선정하는 것이었다.

언론 노출 빈도 조사

사전에 등재되지 않은 어휘들의 구체적인 사용 횟수를 확인하기 위해 10대 중앙 일간지(경향신문, 국민일보, 동아일보, 문화일보, 서울신문, 세계일보, 조선일보, 중앙일보, 한겨레신문, 한국일보)를 말뭉치(코퍼스)로 삼아 2017년 8월 1일부터 2018년 8월 31일까지 보도된 기사를 전수조사하였다. 담당 조사원이 신문 스크랩 서비스를 제공하는 웹사이트 아이서퍼(www.eyesurfer.com)에 접속하여 해당 어휘를 입력한 다음, 노출 빈도를 하나하나 계산하는 방식으로 조사하였다.

사전 조사

기획회의와 외부자문을 통해 사전에 이미 등재되어 있지만, 뜻풀이가 부적절하다는 지적을 받은 어휘들을 사전에서 일일이 확인하고 표로 정리한 다음 문제점을 지적하였다.

2. 장애 관련 어휘 표준국어대사전 등재 현황

사전에 등재되지 않은 장애 관련 어휘들을 ‘장애 유형관련 어휘’, ‘서비스 기관 및 종류 관련 어휘', '보조공학 및 이동권 관련 어휘', '장애 관련 주요 법률 및 법률 용어', '장애인 스포츠 관련 어휘', '기타 어휘' 등으로 유형화하였다. 그리고 각 어휘들이 다른 사전이나 법률에서 어떻게 뜻풀이 또는 정의하는지도 살펴보았다.

1) 장애 유형 관련 어휘

「장애인복지법」은 장애 유형을 크게 '신체적 장애'과 '정신적 장애'로 분류한다. '신체적 장애'는 다시 '외부 신체 장애(지체장애, 뇌병변장애, 시각장애, 청각장애, 언어장애, 안면장애)'와 '내부 신체 장애(신장장애, 심장장애, 간장애, 호흡기장애, 장루·요루장애, 뇌전증장애)'로 나눈다. 그리고 '정신적 장애'는 '지적장애', '자폐성장애', '정신장애' 3가지 유형이 있다.

15가지 법정 장애 유형 중 사전에 등재된 것은 '언어장애', '정신장애', '지적장애' 3개뿐이고 12개는 등재되지 않았다. 사전에 미등재된 법정 장애 유형 관련 어휘가 지난 1년 동안 10대 중앙일간지에 노출된 빈도는 '시각장애' 2,235회, '청각장애' 866회, '지체장애' 471회, '뇌병변장애' 83회, '자폐성장애' 82회, '신장장애' 25회, '뇌전증장애' 9회, '안면장애' 7회, '간장애' 3회, '심장장애' 2회, '호흡기장애' 2회, '장루·요루장애' 0회 순이다. 언론 노출 빈도가 유형에 따라 큰 차이를 보이지만, 법정 장애 유형인만큼 모두 사전에 등재해야 할 것이다.

특이할 점은 사전에 '시각장애', '청각장애', '지체장애'는 없지만 '시각장애인', '청각장애인', '지체장애인'은 등재되어 있다. 장애와 사람 둘 다 사전에 등재하면 최상이겠지만, 둘 중 하나만 등재할 경우에는 사람보다 장애를 등재하여 뜻풀이하는 것이 더 바람직하다. 장애 유형을 전문용어로 정확하고 구체적으로 정의한다면, 그런 장애를 가진 사람은 장애 유형 뒤에 접미사 "인(人)"만 붙이면 의미가 정확하게 통할 것이다.

한편, 「장애인복지법」상 15개 법정 장애 유형은 아니지만 일상적으로 널리 사용되는 장애 유형들도 사전에 대부분 등재되어 있지 않다. 사전에 미등재된 비-

법정 장애 유형 관련 어휘가 지난 1년 동안 10대 중앙일간지에 노출된 빈도는 '발달장애' 1,800회, '외상후스트레스장애' 205회, '주의력결핍과잉행동장애' 96회, '척수장애' 73회, '행동장애' 62회, '학습장애' 34회, '하지장애' 34회, '절단장애' 33회, '상지장애' 26회, '양극성장애' 26회, '저신장장애' 8회, '내부장애' 2회 순이다.

비-법정 장애 유형이라도 언론 노출 빈도가 높고 언중이 일상생활에서 많이 사용하는 유형이라면 사전에 등재하여 국민들이 장애 유형과 장애인을 정확하게 이해할 수 있도록 도움을 주어야 할 것이다.

2) 서비스 기관 및 종류 관련 어휘

장애인복지 서비스를 제공하는 기관과 서비스 종류와 관련된 어휘 역시 사전에 등재되지 않은 경우가 다수 발견되었다. 사전에 미등재된 서비스 기관 및 종류 관련 어휘가 지난 1년 동안 10대 중앙일간지에 노출된 빈도는 '복지관' 1,709회, '활동지원' 815회, '바우처' 541회, '활동보조' 276회, '장애등급' 250회, '직업재활' 187회, '수화(수어)통역' 169회, '자립 생활' 132회, '장애 유형' 98회, '장애인(전용)주차구역' 93회, '탈시설' 90회, '화면해설' 76회, '장애인 거주시설' 45회, '보완대체의사소통' 18회 순이다.

'복지관'의 경우 대다수 국민들이 사용하는 어휘인데도 여태 사전에 등재되지 않은 까닭은 납득하기 어렵다. 또 「수어기본법」이 제정되고 난 뒤 '수화통역(사)'란 말이 일반화되었다. '자립 생활'의 경우는 일반 언중에게는 다소 생소한 어휘일지 몰라도 장애 당사자라면 대부분 알고 있는 어휘인데도 등재되지 않고 있다. '언어생활', '가정생활', '사회생활', '학교생활' 처럼 '자립 생활'도 사전에 등재되어야 한다.

3) 보조공학 및 이동권 관련 어휘

2000년 이후 과학기술의 발달과 장애인 이동권 투쟁의 영향으로 장애인을 위한 보조공학과 이동권과 관련된 어휘들이 많이 생성되었지만, 아직 이런 어휘들이 사전에 등재되지 않고 있다. 사전에 미등재된 보조공학 및 이동권 관련 어휘가 지난 1년 동안 10대 중앙일간지에 노출된 빈도는 '편의시설' 2,405회, '스크린도어(안전문)' 339회, '무장애' 279회, '이동권' 265회, '저상버스' 226회, '전동휠체어' 169회, '유니버설 디자인' 93회, '보조공학' 47회, '수동휠체어' 36회, '흰지팡이' 22회 순이다.

'편의시설', '스크린도어(안전문)', '무장애', '저상버스', '전동휠체어', '유니버설 디자인', '흰지팡이' 등은 장애인뿐 아니라 비장애인들에게도 이미 익숙하게 사용하는 어휘다. 빠른 시일 안으로 모두 사전에 등재되어야 한다.

4) 장애 관련 주요 법률 및 법률 용어

사전에 미등재된 장애 관련 법률 및 법률 용어 관련 어휘가 지난 1년 동안 10대 중앙일간지에 노출된 빈도는 '통합교육' 363회, '특수교사' 213회, '장애인복지' 208회, '장애인의 날' 185회, '장애인차별금지법' 115회, '장애인의무고용(제도)' 81회, '장애인복지법' 71회, '장애학생지원센터' 54회, '장애수당' 31회, '장애인고용부담금' 24회, '장애인권리협약' 18회 순이다.

'통합교육'이나 '특수교사' 같은 장애인교육 관련 어휘는 학부모가 아니더라도 많은 언중이 알고 있고 또 평소 사용하는 어휘들이다. '특수교사'의 경우는 사전에 등재되어 있지만, 한자의 뜻풀이가 완전히 다르다. (특수교사: 자기의 지휘와 감독을 받는 사람을 교사하여 범죄 행위를 하게 하는 일) 또 '아동복지'와 '노인복지'는 사전에 등재되어 있는데, '장애인복지'가 아직 등재되지 않은 것은 형평성에도 어긋난다. '장애인의 날'의 경우도 '어버이날', '어린이날' 처럼 사전에 등재되고, '장애인차별금지법', '장애인복지법', '장애인권리협약' 같은 대표적인 장애 관련 법률도 사전에 등재되어야 한다. '아동복지법', '노인복지법' 등은 이미 등재되어 있다.

3. 기존에 등재된 어휘의 뜻풀이 문제

사전에 장애 관련 어휘들에 대거 누락된 것도 큰 문제지만, 기왕 등재된 장애 관련 어휘들의 뜻풀이가 전반적으로 볼 때 구태의연하고, 빈약하고, 심지어 장애 차별적 요소가 있는 경우도 있다. 문제점을 하나씩 짚어 보기 위해, 우선 사전에 등재된 표제어와 뜻풀이를 제시하고, 뜻풀이의 문제점을 지적한 다음 다른 사전이나 법률의 뜻풀이와 비교해 보았다.

1) 질병 및 장애 유형 관련 어휘

(1) 장애와 장애인

•사전 뜻풀이: 신체 기관이 본래의 제 기능을 하지 못하거나 정신 능력에 결함이 있는 상태(장애). 신체의 일부에 장애가 있거나 정신 능력이 원활하지 못해 일상생활이나 사회생활에서 어려움이 있는 사람(장애인).

•뜻풀이 문제점: 장애를 "결함이 있는 상태"로 정의하는 것은 국제사회에서 이미 오래전에 폐기된 개념이다. 또 "신체의 일부에 장애가 있거나"보다 "신체 일부에 손상이 있거나"가 더 명확한 뜻풀이다. 하지만 위 뜻풀이는 오래된 의료 모형에 따른 것이어서 전반적으로 추세에 맞는 새로운 해석이 필요하다. 특히, 2006년에 제정된 장애인권리협약의 장애인 정의를 참고할 필요가 있다.

•다른 문헌 참고: ① "장애인"이란 신체적·정신적 장애로 오랫동안 일상생활이나 사회생활에서 상당한 제약을 받는 자(장애인복지법) ② "장애"란 신체적·정신적·사회적 요인으로 장기간에 걸쳐 일상생활 또는 사회생활에 상당한 제약을 받는 상태(국가인권위법) ③ "장애"란 신체적·정신적 손상 또는 기능상실이 장기간에 걸쳐 개인의 일상 또는 사회생활에 상당한 제약을 초래하는 상태(장애인차별금지 및 권리구제에 관한 법률) ④ "장애인"은 다양한 장벽과의 상호 작용에서 다른 사람과 동등한 완전하고 효과적인 사회참여를 저해하는 장기간의 신체적, 정신적, 지적, 또는 감각적 손상을 가진 사람을 포함한다(장애인권리협약).

(2) 자폐

•사전 뜻풀이: 『의학』 심리적으로 현실과 동떨어진 자기 내면세계에 틀어박히는 정신적인 질환. 현실 세계는 꿈과 같이 보이며 대인 교섭이 이루어지지 못한다.

•뜻풀이 문제점: "현실과 동떨어진", "내면세계에 틀어박히는" 같은 장애 비하적 표현을 사용한다. 또 "현실 세계는 꿈과 같이 보이며" 같은 설명은 전혀 근거가 없다.

•다른 문헌 참고: 언어·신체표현·자기조절·사회적응 기능 및 능력의 장애로 인하여 일상생활이나 사회생활에 상당한 제약을 받아 다른 사람의 도움이 필요한 사람(장애인복지법).

(3) 지적장애

•사전 뜻풀이: 『의학』 정신의 발달이 뒤져 있는 상태. 유전적 원인, 또는 후천적 질병이나 뇌의 장애로 인하여 청년기 전에 지능 발달이 저지되어 자기 신변의 일을 처리하거나 환경에 적응하는 것이 어려운 상태이다.

•뜻풀이 문제점: "뇌의 장애로 인하여"는 "뇌의 손상으로 인하여"로 고쳐 써야 한다.

•다른 문헌 참고: 정신 발육이 항구적으로 지체되어 언어·신체표현·자기조절·사회적응 기능 및 능력의 장애로 인하여 일상생활이나 사회생활에 상당한 제약을 받아 다른 사람의 도움이 필요한 사람(장애인복지법).

(4) 심신장애

•사전 뜻풀이: 『법률』 사물을 판별하거나 의사를 결정할 능력이 불완전한 상태. ≒정신장애.

•뜻풀이 문제점: 표제어를 "심신장애"에서 요즘 많이 사용하는 "정신장애"로 바꿀 필요가 있다. "심신(心神)"은 사실 '마음과 정신'을 뜻하는 말인데 '몸과 마음'으로 오해하는 독자들이 많다. 일본어의 잔재를 없애고 국어를 순화하는

차원에서도 표제어를 교체하는 게 좋다.

•다른 문헌 참고: "정신장애" 란 ①지속적인 정신분열병, 분열형 정동장애, 양극성 정동장애 및 반복성 우울장애에 따른 감정조절·행동·사고 기능 및 능력의 장애(장애인복지법 시행규칙) ②심리나 행동에 나타나는 마음의 기능부전. 정신의학적으로는 그 원인으로 유전적 원인에 기초되는 것으로 생각되는 내인성 정신장애, 신체적, 기질적 원인에 의거하는 기질성 정신장애, 심인에 기초되는 심인성 정신장애 등으로 구분하지만, 실제로 그 원인은 그다지 뚜렷하지가 않다. 오히려 복수의 생물학적 개체요인과 사회, 심리적 환경요인에 의해 복합적으로 일어나는 장애라고 할 수 있다(경찰학사전).

(5) 청각장애인

•사전 뜻풀이: 『사회』 선천적이거나 후천적인 요인으로 청각에 이상이 생겨 소리를 듣지 못하는 사람.

•뜻풀이 문제점: 청각장애인은 "소리를 듣지 못하는 사람" 뿐 아니라 보청기 같은 보조기구를 착용하면 소리를 어느 정도 들을 수 있는 사람을 포함한다. 오히려 이 뜻풀이는 "농인" 에 해당되는 것이다. 청각장애인 중 소리를 전혀 듣지 못하는 사람의 비율은 20% 미만으로 알려져 있다.

(농인: 청각에 장애가 있어 소리를 듣지 못하는 사람. 주로 수어로 의사소통을 한다.)

•다른 문헌 참고: 청력 손실이 심하여 보청기를 착용해도 청각을 통한 의사소통이 불가능 또는 곤란한 상태이거나, 청력이 남아 있어도 보청기를 착용해야 청각을 통한 의사소통이 가능하여 청각에 의한 교육적 성취가 어려운 사람(장애인 등에 대한 특수교육법).

(6) 조현증

•사전 뜻풀이: 『의학』 사고의 장애나 감정, 의지, 충동 따위의 이상으로 인한

인격분열의 증상. 현실과의 접촉을 상실하고 분열병성 황폐를 가져오는 병이다. 청년기에 많으며 내향적인 성격이나 비교적 공격적 성향을 가진 사람에게 일어나기 쉬운데, 유전적인 요인과 깊은 관련이 있는 것으로 본다.

•뜻풀이 문제점: "인격분열", "분열병성 황폐", "공격적 성향을 가진 사람에게 일어나기 쉬운데" 같은 장애 비하적 표현을 사용한다. "유전적인 요인과 깊은 관련이 있는 것"이라 했는데, 사실 유전적 요인뿐 아니라 사회환경적 요인도 크게 작용한다. 이 같은 뜻풀이는 조현증 장애인에 대한 사회적 공포를 더욱 조장하고 이들에 대한 부정적인 이미지를 강화하는데 일조한다.

•다른 문헌 참고: ①사고, 감정, 지각, 행동 등 인격의 여러 측면에 걸쳐 광범위한 이상 증상을 일으키는 정신 질환. 뇌의 이상에 의해 발생하는 뇌질환, 뇌장애로 보는 것이 옳고, 그렇기에 다양한 증상으로 나타남(국가건강정보포털) ②망상, 환각, 혼란스러운 언어, 부적절한 감정, 기이하고 퇴행된 행동 등의 정신 증상을 특징으로 하는 정신병의 일종이다. 직업, 대인관계, 개인 관리 등 주요 영역의 기능이 발병 전에 비해 현저히 저하된다. 이 병의 본태는 아직 완전히 규명된 것은 아니지만 근래에 와서 치료법이 많이 발달되었다. 약물요법 이외에도 정신요법, 생활요법, 작업요법, 환경요법 등으로 치료 효과가 상승하고 있다(특수교육학 용어사전).

2) 보장구와 재활 관련 어휘

(1) **보장구**

•사전 뜻풀이: 장애인들의 활동을 도와주는 기구.

•뜻풀이 문제점: 뜻풀이가 너무 빈약하고 무성의하다. 아울러 "보장구"라는 어휘와 함께 "보조기기", "보조기구", "보조공학"이 동일한 또는 비슷한 의미로 사용되고 있어서 보다 섬세한 뜻풀이가 필요하다.

•다른 문헌 참고: ① "장애인보조기구"란 장애인이 장애의 예방·보완과 기능향상을 위하여 사용하는 의지(義肢)·보조기 및 그 밖에 보건복지부 장관이 정하

는 보장구와 일상생활의 편의 증진을 위하여 사용하는 생활용품을 말한다(장애인복지법). ②장애인의 신체 일부의 결손이나 기능의 장애를 보충하고 일상생활 등을 용이하게 하기 위해 그 기능을 돕는 가장 보편적인 보조기구의 총칭이다(사회복지학사전).

(2) 점자

•사전 뜻풀이: 손가락으로 더듬어 읽도록 만든 시각장애인용 문자. 두꺼운 종이 위에 도드라진 점들을 일정한 방식으로 짜 모아 만든 것이다.

•뜻풀이 문제점: 일반용어에 대한 뜻풀이로는 무난하다고 볼 수 있으나 2017년 「점자법」이 제정되어 점자에 대한 관심이 높아지고 있는 상황이므로 "점자"를 '전문용어'로 분류하여 뜻풀이를 좀 더 정교하게 할 필요가 있다.

•다른 문헌 참고: ①시각장애인이 촉각을 활용하여 스스로 읽고 쓸 수 있도록 튀어나온 점을 일정한 방식으로 조합한 표기문자를 말한다. 이 경우 도형·그림 등을 촉각으로 인지할 수 있도록 제작된 촉각자료를 포함한다(점자법). ②촉각을 통해 읽고 쓸 수 있도록 다양한 점형에 의미를 부여해 놓은 문자 상징체계이다. 점자는 직사각형의 칸을 구성하는 점 여섯 개(세로 3개, 가로 2개)를 조합하여 만드는 63가지의 점형으로 적는 문자이다(특수교육학 용어사전).

(3) 재활

•사전 뜻풀이: 신체 장애자가 장애를 극복하고 생활함.

•뜻풀이 문제점: "신체 장애자"이 아니라 "신체 장애인"이고, 또 오늘날 "재활"의 범위에는 신체적 장애인뿐 아니라 정신적 장애인도 포함된다. 또 "재활"이라는 어휘가 가지는 중요성에 비추어 뜻풀이가 너무 간결하고 빈약하다.

•다른 문헌 참고: ①신체 장애인에 대해 신체만이 아닌 정신적, 사회적, 경제적, 직업적으로 가능한 한 회복을 도모하는 과정(사회복지학사전) ②의료적, 물리적, 심리적, 직업적 중재를 제공하여 장애를 가진 사람들이 스스로 자립하여 사

회와 기능적으로 상호작용할 수 있도록 돕는 통합적인 것이다. (중략) 장애인 재활이란 개념은 단순한 치료, 훈련이라는 기술적인 것을 넘어 한 사람의 사회인으로서 생활이 가능하도록 적절한 욕구를 만족시키는 종합적인 접근이며, 단순하게 신체적 또는 정신적 질병을 의학적 치료만이 아니라 기능적인 회복, 심리적, 사회적, 직업적 측면까지 잠재적 기능을 포함하는 복귀를 의미하는 것이다(장애인복지용어 핸드북).

(4) **재활의학**

• 사전 뜻풀이: 『의학』 장애자를 신체적·정신적으로 가능한 최대한도까지 정상적으로 회복시키기 위한 학문. 의학의 한 분야이다.

• 뜻풀이 문제점: "장애자" 는 과거 용어이고 "정상적으로 회복" 이란 말에서는 '장애인은 비정상적인 사람' 이라는 의미를 함축하고 있어서 다른 표현법을 사용해야 한다.

• 다른 문헌 참고: ①장애를 가진 사람을 주어진 조건 하에서 신체적, 정신적, 사회적 능력뿐 아니라 취미, 직업, 교육 등 잠재적 능력을 최대한 발달시켜 줌으로써 정상에 가까운 생활을 영위할 수 있게 해 주는 의학의 한 분야이다(두산백과). ②운동학, 기능 회복의 생리학, 운동치료학이 기초를 이루고, 이 위에 임상학으로서의 물리요법, 작업요법, 언어요법이 있다. 또한 종적 질환이 아닌 횡적 장애를 연구하는 장애학, 재활의학의 한쪽의 중심을 차지하고, 각종 부분과 제휴하고 있다(간호학대사전).

3) 교육 관련 어휘

(1) **특수교육**

• 사전 뜻풀이: 『교육』 신체적·정신적으로 특별한 아동에게 행하는 교육. 장애나 두드러지는 재능으로 특별한 교육적 조치가 필요한 아동을 대상으로 한다.

• 뜻풀이 문제점: "특별한 아동" 보다 "장애가 있는 아동" 으로 국한하는 게

바람직하다. “두드러지는 재능” 을 가진 아이들에 대한 교육은 오늘날 “영재교육” 이란 말로 표현하는 것이 일반적이어서 이 “특수교육” 과 “영재교육” 을 구분하여 사용해야 혼선이 없을 듯하다.

•다른 문헌 참고: ①특수교육 대상자의 교육적 욕구를 충족시키기 위하여 특성에 적합한 교육과정 및 제2호에 따른 특수교육 관련 서비스 제공을 통하여 이루어지는 교육을 말한다(장애인 등에 대한 특수교육법). ②시청각장애·지체장애·지적장애 등으로 통상의 학교나 일반학급에서는 교육의 효과를 기대할 수 없는 학생을 위하여 특별한 학교·학급을 마련하고, 각 장애의 특성에 맞는 교과과정에 따라 실시하는 교육(두산백과). ③장애로 인하여 일반교육과정의 목표를 달성하기 어려운 학생들의 교육적 욕구에 대한 특수교육관련 서비스 제공을 통해 이루어지는 교육을 의미하며, 장애아동이 갖고 있는 잠재능력을 개발하여 최대한 활용할 수 있게 하는 것이 목적이다(장애인복지용어핸드북). ④특수교육 대상자의 교육적 요구를 충족시키기 위하여 특성에 적합한 교육과정 및 특수교육 관련 서비스 제공을 통하여 이루어지는 교육(교육학용어사전).

(2) 특수학교

•사전 뜻풀이: 『교육』 신체, 지능에 장애가 있는 아동에게 특수교육을 행하는 학교. 맹아학교, 농아학교 따위가 있다.

•뜻풀이 문제점: “신체, 지능에 장애가 있는” 보다 “신체적 또는 정신적 장애가 있는” 이 더 정확한 표현이다.

•다른 문헌 참고: 장애인의 교육을 위하여 일반학교와 분리된 형태로 설립된 교육시설이다(특수교육학 용어사전).

(3) 특별학급

•사전 뜻풀이: 『교육』 심신의 장애가 있는 학생의 적절한 지도를 위하여 특별히 설치하는 학급.

•다른 문헌 참고: ①특수교육 대상자의 통합교육을 실시하기 위하여 일반학교에 설치된 학급을 말함. 특수학급 아동들의 기초과목은 분리교육을 하지만 비장애 아동들과 통합하여 수업하게 되는 것이 우리나라의 일반적인 특수학급의 형태임(장애인복지용어 핸드북). ②특수교육 대상자의 통합교육을 실시하기 위하여 일반학교에 설치된 학급을 말한다(장애인 등에 대한 특수교육법). ③특수교육 대상자의 통합교육을 실시하기 위하여 일반학교에 설치된 학급이다(특수교육학 용어사전).

4) 기타 어휘

(1) 접근권

•사전 뜻풀이: 『법률』 어떠한 비밀이나 정보에도 접근할 수 있는 국민의 권리.

•뜻풀이 문제점: 오늘날 국제사회에서 접근권(rights to access)은 정보접근권뿐 아니라 장애인이 사회활동에 참여할 수 있도록 보장하는 포괄적 접근권을 의미한다. 따라서 표준국어대사전의 이 같은 내용을 담은 뜻풀이에 추가하여야 한다.

•다른 문헌 참고: 접근권이란 물리적 접근권뿐만 아니라 정보 접근권, 과학기술 접근권, 의사소통 접근권, 경제생활과 사회생활 접근권을 포함한다(From Exclusion to Equality, UN, 2007).

(2) 기형아

•사전 뜻풀이: 신체의 발육이나 기능에 장애가 있어 정상과는 다른 모습으로 태어난 아이.

•뜻풀이 문제점: "정상과는 다른 모습으로" 태어났다는 건 어린아이의 몸을 정상과 비정상으로 나눌 수 있는 가치기준이 있다는 의미를 함축한다. 이런 기준으로 보면, 당연히 비장애아이의 몸은 정상이고 장애아이의 몸은 비정상이 된다.

(3) 교통마비

•사전 뜻풀이: 악천후나 천재지변 또는 여러 가지 사고 따위로 교통 기관이 제구실을 하지 못하는 상태.

•뜻풀이 문제점: 뜻풀이에 문제가 있는 건 아니지만 "교통마비"를 "교통체증"으로 순화하여 사용해야 한다. "교통마비(痲痺)"는 "소아마비", "뇌성마비", "근육마비" 등 특정한 신체적 손상을 비유하는 것이어서 그 자체가 장애차별적 어휘이기 때문이다. 하지만 표준국어대사전에는 "교통마비"만 있고 "교통체증"이란 어휘는 등재되어 있지 않다. 한편, 영어권 국가들도 정치적 올바름(political correctness) 운동 이후 "traffic paralysis(교통마비)"를 "traffic jam(교통체증)"으로 순화하여 사용하고 있다.

•다른 문헌 참고: "교통체증"—일정한 지역에서 차의 과도한 집중, 교통사고, 도로 공사 따위로 차량의 통행이 정지되거나 비정상적인 통행 상태가 계속되는 교통의 흐름(우리말샘).

4. 문제 해결을 위한 제언

이상에서 살펴본 것처럼, 현행 표준국어대사전의 장애 관련 어휘는 여러 가지 문제점을 안고 있다. 언론을 비롯해 언중이 널리 사용하고 있는 장애 관련 어휘가 상당수 누락되어 있을 뿐더러 등재된 어휘들조차 뜻풀이가 부정확하거나 부적절한 경우가 다수 발견되었다. 이 같은 문제를 효과적으로 해소하기 위한 방안으로 다음과 같이 몇 가지 제언을 하고자 한다.

첫째, 국립국어원은 장애 관련 어휘를 비롯한 소수자 어휘의 현황에 대한 전반적인 실태조사 또는 대대적인 연구용역을 수행하고, 문제점 해결을 위한 대책을 수립해야 한다. 우리 센터가 수행한 이번 조사는 제한된 예산과 인력, 전문성 부족 때문에 연구의 질과 양이 미흡하기 짝이 없다. 우리는 국내에서는 처음으로

이 문제를 쟁점화한 것에 일단 만족할 따름이다. 많은 예산과 전문성을 갖춘 국립국어원이 이번을 계기로 더욱 체계적이고 효과적인 조사 및 연구를 수행하여 문제를 바로잡기 바란다.

둘째, 국립국어원은 조사 및 연구는 물론이고 일상적인 국어정책을 논할 때 반드시 관련 당사자와 전문가의 참여를 보장해야 한다. 특히, 장애인을 비롯한 소수자 언어문제를 다룰 때는 더욱 당사자의 참여가 중요하다. 사실, 이 조사를 하는 과정에서 적극적으로 장애 당사자단체나 전문가 그룹의 조언과 자문을 받아 등재할 어휘를 선정하고 뜻풀이를 했다는 흔적을 찾아보기 어려웠다. 소수자의 신체적 특성을 배제하고 가치중립적 언어를 사용하자는 정치적 올바름 운동, 의료모형에서 사회모형으로 전환하고 있는 장애인 정책, 다문화 중심의 인식체계가 오늘날 우리 사회에서 자리잡아 가고 있다. 이렇게 새로운 시대 흐름이 국어정책에도 잘 반영되어야 할 것이다. 그러려면 재차 강조하건대, 국어정책에서 관련 당사자와 전문가의 참여가 무엇보다 중요하다. 지금처럼 '국어심의회'가 대부분 국어/국문문학자들로 구성되어 운영되는 이상, 엉터리 뜻풀이가 계속될 수가 있다.

셋째, '국어심의회'에 해당 분야 전문가와 당사자의 참여를 제도적으로 보장해야 한다. 그 방안 중 하나는 「국어기본법」 시행령 제5조 ②항 "국어심의회 위원은 다음 각호의 어느 하나에 해당하는 사람 중에서 문화체육관광부 장관이 성별을 고려하여 임명하거나 위촉한다."고 규정한다. 또 동 시행령 제12조(표준화협의회의 구성 및 운영) ②항은 "표준화협의회 위원장은 해당 중앙행정기관의 국어책임관이 되고, 위원은 다음 각호의 사람 중에서 해당 중앙행정기관의 장이 성별을 고려하여 임명하거나 위촉한다."고 규정한다. 보다시피, '국어심의회'와 '표준화협의회' 위원을 "성별을 고려하여" 위촉한다는 규정은 있지만 장애인 등 소수자를 고려한다는 문구는 없다. 차제에 법률을 개정하여 위원의 다양성을 더 확대할 필요가 있다.

넷째, 무엇보다 중요한 점은 장애 당사자와 단체들이 평소 장애 관련 어휘의 사전 등재와 뜻풀이에 관심을 가져야 한다는 것이다. 당사자들이 자신의 언어가 누락되고 왜곡되는 현실을 보고도 침묵한다면, 그 누가 대신 나서겠는가? 국어는 단지 의사소통 수단의 역할만 하는 게 아니다. 국어는 해석권력을 거머쥐고 특정한 어휘의 의미와 상징을 정의하고, 규정하고, 통제하고, 필요하면 변경한다. 그야말로 한 사회의 법률적, 문화적, 사회적, 이데올로기적 규범으로 작동하는 것이다. 장애인들이 장애 관련 어휘의 해석 과정에 열정적으로 참여해야 한다. 2103년 한국사회복지사협회는 국립국어원에 요청하여 자신들의 이름인 '사회복지사'를 사전에 등재하는데 성공했다. 그 뜻풀이는 다음과 같다. "사회복지에 관한 전문 지식과 기술을 가진 사람. 보건복지부 장관으로부터 자격증을 발급받으며 1급·2급·3급의 등급이 있다. 등급별 자격 기준 및 자격증의 발급 절차 등은 대통령령으로 정한다." 앞서 우리가 살펴본 장애 관련 어휘와 비교하면, 간결하면서도 자신들의 법적 지위를 명확하게 드러내는 뜻풀이다. 당사자 참여의 힘이다.

5. 단어는 그 사회의 문화 수준을 대변한다[5)]

표준국어대사전에 장애 관련 어휘가 매우 빈약하다는 사실을 밝혀 낸 것만으로도 본 연구는 장애인계는 물론이고 대한민국에 큰 공헌을 한 것이다. 막연한 추측이 사실로 드러났고, 이 사실이 사회문제로 인식된다면 개선하려는 노력이 진행될 수 있기 때문이다.

1) 연구 방법

사전에 등재되지 않은 장애 관련 어휘들을 '장애 유형관련 어휘', '서비스 기관

5) 이 글은 발표문 〈장애 관련 어휘에 무관심한 표준국어대사전〉에 대한 필자의 토론문이다.

및 종류 관련 어휘', '보조공학 및 이동권 관련 어휘', '장애 관련 주요 법률 및 법률 용어', '장애인 스포츠 관련 어휘', '기타 어휘' 등으로 유형화하여 각 어휘들이 다른 사전이나 법률에서 어떻게 뜻풀이 또는 정의하는지도 살펴본 연구 범주가 적절하였다.

또한 사전에 등재되지 않은 어휘들의 구체적인 사용 횟수를 확인하기 위해 10대 중앙 일간지(경향신문, 국민일보, 동아일보, 문화일보, 서울신문, 세계일보, 조선일보, 중앙일보, 한겨레신문, 한국일보)를 말뭉치(코퍼스)로 삼아 최근 1년 동안 보도된 기사를 전수조사하여 언론 노출 빈도를 조사한 연구 방법도 매우 현실적이다. 언론은 대중문화를 형성하는 강력한 도구이기 때문이다.

2) 분석 내용

15가지 법정 장애 유형 중 사전에 등재된 것은 '언어장애', '정신장애', '지적장애' 3개뿐이고 12개는 등재되지 않은 이유가 궁금하고, 사전에 '시각장애', '청각장애', '지체장애'는 없지만 '시각장애인', '청각장애인', '지체장애인'은 등재되어 있는 것은 장애를 현상으로 보지 않고 사람이 갖고 있는 문제로 인식하고 있기 때문인 것으로 해석된다.

사전에 미등재된 법정 장애 유형 관련 어휘로 언론에 가장 많이 노출된 것이 '시각장애'인 것은 우리 사회 환경이 시각장애인에게 불편을 주어 많은 어려움을 경험하고 있기 때문이며, '장루·요루장애'의 언론 노출 빈도가 0회인 것으로 장루·요루장애인이 무관심 속에 방치되고 있다는 것을 알 수 있다.

사전에 미등재된 비법정 장애 유형 관련 어휘로 '발달장애'의 노출 빈도가 가장 많은 것은 이제 장애인복지의 주요 이슈가 지체장애나 시각장애에서 발달장애로 옮겨 가고 있기 때문인 것으로 보아야 하며, 그 뒤를 '외상후스트레스장애'가 잇고 있고, 행동장애, 양극성장애 등이 언론에 등장하는 것은 정신적인 문제가 사회문제를 일으키는 원인이 되고 있다고 보기 때문이다.

사전에 미등재된 서비스 기관 및 종류 관련 어휘로 200회 이상의 노출된 빈도를 보인 것은 '복지관', '활동지원', '바우처', '활동보조', '장애등급' 으로 이는 장애인복지 서비스의 핫이슈가 활동보조서비스이고, 서비스 방식이 바우처이기 때문이다. 서비스 기관으로 복지관이 가장 많은 것은 전국 곳곳에 복지관이 건립되어 다양한 프로그램으로 서비스를 실시하고 있는 현실을 잘 반영하고 있다.

사전에 미등재된 보조공학 및 이동권 관련 어휘의 노출 빈도는 '편의시설', '스크린도어(안전문)', '무장애', '이동권', '저상버스', '전동휠체어', '유니버설 디자인', '보조공학', '수동휠체어', '흰지팡이' 순인데 이들 단어는 우리나라 장애인복지가 활발해지기 시작한 1990년도부터 하나 둘씩 등장하기 시작하여 지금은 일반화된 단어인데 사전에 등재되지 않은 것은 관련 부서의 직무유기이다.

사전에 미등재된 장애 관련 법률 및 법률 용어 관련 어휘의 노출 빈도로 '통합교육' 과 '특수교사' 가 상위를 차지한 것은 강서구 특수학교 건립 문제가 사회적 이슈가 되었기 때문이며, '장애인권리협약' 이 가장 하위인 것은 아직도 장애인문제를 권리가 아닌 시혜로 바라보고 있다는 반증이다.

장애인스포츠 관련 어휘에 대한 노출 빈도를 조사하지 않은 것은 2018평창패럴림픽, 2019자카르타장애인아시안게임이 연이어 열리면서 장애인스포츠에 대한 관심이 고조되고 있는 일시적 현상이기 때문이라고 하였지만, 조사를 했다면 장애인체육 국제 행사가 장애인 인식개선에 어느 정도 영향을 미치는지 분석할 수 있었을 것이다.

사전에 미등재된 기타 장애 관련 어휘의 언론 노출 빈도로 '스페셜올림픽' 이 가장 많은 것은 한국스페셜올림픽조직위원회에서 매년 평창스페셜뮤직&아트페스티벌을 국제대회로 개최하며 홍보를 열심히 하고 있기 때문이다.

3) 장애인 관련 언어문화의 문제점

발제자의 4가지 제언에 공감하며 장애인 관련 언어문화의 문제점을 공론화하고자 한다. 장애에 대한 잘못된 비유와 남발이 심각한 수준이다.

'통신에 장애가 발생하여' 라며 사회적, 기술적 문제를 장애에 비유하는 경우가 많다. 외다리처럼 불안정한 상태, 절름발이 행정, 눈먼 돈, 꿀먹은 벙어리 등 부정적인 상황을 장애에 비유한다.

또한 분노조절장애(분노 조절이 안 될 때), 충동조절장애(충동이 조절이 안 될 때), 결정장애(선택을 잘 못할 때), 기억장애(기억을 잘 못할 때), 인식장애(눈치가 없을 때), 얼굴장애(못생긴 얼굴), 키장애(키가 작으면), 공부장애(공부를 못하면), 가짜 장애인, 심신미약(장애라는 단어는 없지만 장애로 인식) 등 장애를 지나치게 남발하고 있다.

이런 장애 관련 어휘 오남용을 묵인한다면 점점 확산되고 재생산되어 장애인 인식이 개선되기는커녕 오히려 잘못된 장애인관이 형성될 것이다.

어휘를 통해 본 우리 사회의 문화 수준은 사회 변화를 따라가지 못하고 있다는 사실이 드러났다. 새로운 단어를 추가하지 않았을 뿐 아니라 국민에게 선진문화적 토양을 제공하지 못하였다. 특히 장애인에게 무관심할 뿐만 아니라 장애에 대한 왜곡이 심각하여 장애인을 바르게 이해할 수 있는 기회를 주지 않아서 장애인 포용사회를 선도하지 못하고 있다.

4) 장애인예술 관련 어휘 첨부

이번 연구에서 '장애인 스포츠 관련 어휘' 는 범주화되어 있었지만 장애인예술 관련 어휘에 대한 언급이 없어서 다음과 같은 내용을 추가한다.

사람과 활동

장애인은 여러 가지 활동을 하고 있는데 예술 활동은 그 가운데 하나로 그것을 장애인예술로 지칭하고, 예술 활동을 하고 있는 장애인을 장애예술인으로 정의한 연구(방귀희, 2013)가 있지만, 아직은 장애예술가, 장애인문화예술 등 여러 가지 형태의 용어들이 혼용되고 있다.

장르 정의

우리나라 문화예술의 범주는 통상 문화예술진흥법 제2조에 규정된 정의를 사용하는데 이 법률에서 '문화예술이란 문학, 미술(응용미술 포함), 음악, 무용, 연극, 영화, 연예(演藝), 국악, 사진, 건축, 어문(語文), 출판 및 만화를 말한다' 로 되어 있지만, 장애인예술 활동은 문학(어문, 출판 포함), 미술(응용미술 및 만화, 포함), 음악(국악 포함) 그리고 나머지 장르를 합하여 대중예술로 분류하는 것이 현실적이기에 장애인예술을 이 네 가지 장르로 구분하고 있다(방귀희, 2013).

• 장애인문학: 장애를 소재로 한 문학이냐 아니면 장애인이 주체가 된 문학이냐의 논란이 있지만 장애인문학지 『솟대문학』 창간호에서 장애인문학을 후자로 정했다. 장애인문학이 본격적으로 수면 위로 드러난 것은 1990년 12월 7일 한국장애인문인협회가 창립되면서부터이고 1991년 장애인문학을 표방한 『솟대문학』이 창간되면서 장애인문학이 문학의 한 장르로 자리매김하게 되었으며, 2016년 봄 『솟대문학』 1~100호를 미국 스탠퍼드대학교 도서관에서 구입해 가면서 장애인문학에 대한 세계적인 연구가 시작되었다.

• 장애인미술: 장애인미술을 정의하는 것은 장애인문학보다는 수월하다. 미술작품의 주제를 장애인으로 하는 예는 거의 없기 때문이다. 따라서 장애인미술을

장애를 가진 미술인들의 작품 활동이라고 정의할 수 있다. 그런데 한 가지 독특한 것은 그림을 손이 아닌 다른 신체를 사용해서 그리는 것에 따라 구필화가, 족필화가로 구분이 된다. 입에 붓을 물고 그림을 그리면 구필, 발가락에 붓을 끼우고 그림을 그리면 족필이라고 하는데 구필화가와 족필화가를 통틀어 구족화가라고 한다.

• 장애인음악: 장애인들의 연주나 노래 등의 음악 활동으로 개인적으로 활동을 하거나 그룹으로 활동을 하며 대중에게 가깝게 다가가기 쉬운 특징이 있다.

• 장애인대중예술: 연극 부문에서 장애인 배우들이 등장하는 장애인연극과 휠체어댄서와 청각장애 무용수의 활동으로 장애인무용이 형성되었고, 장애인캐릭터가 주인공으로 등장하여 장애인문제를 다루거나 장애인들이 참여하여 제작한 영화인 장애인영화가 있다.

사전 등재 제안

• 장애인예술: 장애인이 하고 있는 여러 가지 활동 가운데 예술 활동을 통칭하여 이르는 말.

• 장애예술인: 예술 활동을 하고 있는 장애인을 이름.

• 솟대문학: 장애문인이 주체가 된 문학 활동인 장애인문학을 표방하며 1991년 4월 『솟대문학』이 창간되었다. 3회 추천제와 솟대문학상(2005년 구상솟대문학상으로 개칭) 제도로 2015년 겨울 100호를 끝으로 폐간될 때까지 170여 명의 장애문인을 배출하는 등 1천여 명의 장애문인들이 활동하며 장애인문학이 문학의 한 장르로 자리매김하였다. 우리나라에 장애인문학이란 새로운 장르를 구축하게 한 『솟대문학』을 미국 스탠퍼드대학교 도서관에서 연구 비치용으로 1~100호 한 질을 구입하여 장애인문학을 해외에 알리는 계기를 마련하였다.

장애인 포용사회로 가는 길

장애인문학론 (석창우 體)

Introduction to literature of the Disabled

제8장

장애인방송

또 울분과 원한이 쌓인 2천만 국민을 위력으로써 구속하는 것은 다만 동양의 영구한 평화를 보장하는 길이 아닐 뿐 아니라, 이로 말미암아 동양의 안전과 위태를 좌우하는 굴대인 4억 중국 사람들의, 일본에 대한 두려움과 새암을 갈수록 짙게 하여, 그 결과로 동양의 온 판국이 함께 쓰러져 망하는 비참한 운명을 불러올 것이 분명하니, 오늘날 우리 조선 독립은 조선 사람으

제8장 장애인방송

1. 장애인방송이란

장애인방송은 장애인을 대상으로 하는 프로그램을 말한다. 그래서 장애인방송은 장애인에게 서비스를 제공하는 방송으로 프로그램을 제작하고 있지만 시·청취층을 비장애인으로 하고 있기 때문에 감동과 재미를 추구함에 따라 장애인의 욕구를 충족시키지 못하고 있다. 앞으로 장애인방송은 장애인을 주청취층으로 전문화되어야 한다. 21세기 방송은 특별한 욕구를 가진 사람에 대한 서비스 기능이 강화되었기 때문이다.

특별한 욕구를 가진 계층은 장애인이다. 사회 발전으로 중도장애인이 늘어나고 있고, 인구 고령화가 심각하기 때문에 노인성 장애까지 포함하면 장애인문제가 중요한 사회문제로 등장한다. 다양한 장애인의 욕구를 해결해서 사회 일원으로 당당히 살아갈 수 있도록 방송 전파를 통해 장애인복지 서비스에 대한 정보를 주고 장애인복지 네트워크를 형성할 수 있게 하려면 장애인 전문 방송이 반드시 필요하다.

장애인방송의 기능을 두 가지로 구분할 수 있다.

대상자에게

—장애인복지와 관련된 모든 정보를 전달해서 삶의 질을 높여 준다.

—장애인이 겪는 어려움을 사회에 고발하고 그 개선을 촉구하는 장애인인권 지킴이가 된다.

—장애인에 대한 긍정적인 인식을 심어 주어 부당한 편견과 차별을 막아 준다.

참여자에게

—사회복지에 적극 참여할 수 있도록 유도한다.

—서로 돕고 사는 방법을 제시하여 우리 사회가 밝고 건강하게 발전해 나가도록 한다.

—장애, 질병 등 모든 위험 요소를 예방하여 국민 건강을 지킨다.

—선진시민 의식을 갖도록 하여 인간에 대한 새로운 가치관을 창출한다.

2. 장애인방송의 역사

우리나라 최초의 장애인 대상 프로그램은 1981년 UN이 정한 세계장애인의 해 기념으로 KBS 제1라디오를 통해 1981년 4월 13일에 첫 방송을 한 〈내일은 푸른 하늘〉이다. 이어서 교육방송, 기독교방송, 극동방송, 불교방송에 장애인 대상 프로그램을 신설하여 방송을 했지만 오래가지 못해 폐지됐다. TV에도 장애인 대상 프로그램이 선보였다. 1982년 KBS-3TV에 〈해뜨는 교실〉이 편성되었다. 〈해뜨는 교실〉은 장애인 시설 탐방과 수화 배우기 코너 등으로 구성되었는데 당시 KBS-3TV는 교육방송 역할을 하였기 때문에 시청률이 매우 낮았다.

1991년 SBS 개국과 함께 〈사랑의 징검다리〉라는 장애인 대상 프로그램을 편성해서 1993년 〈사랑의 징검다리〉로 방송대상을 거머쥐기도 했지만 곧 폐지되고 만다. 장애인 대상 프로그램으로 1993년 KBS-1TV의 〈사랑의 가족〉과 2006년 EBS-1TV의 〈희망풍경〉이 신설되어 지금까지 계속되고 있다.

KBS와 서강대학교가 1996년에 장애인 전문 방송인 '사랑의 소리방송' 을 개국시켰고 사랑의 소리방송이 SCA 방식이어서 특수 수신기가 필요한 것에 대한 문제를 해결하기 위해 2000년 1월 1일에는 공중파 KBS-3라디오 사랑의 소리방송으로 다시 개국하기에 이르렀다. 주파수가 기존의 AM639KHZ에서 AM1134KHZ로 변환되면서 출력이 10배나 높아졌기 때문에 가시청권이 확대됐다. 그리고 2010년 4월 20일 서울·경기 지역은 FM104.9MHZ로 FM화되었지만 지방은 주파수가 잡히지 않고 서울·경기 지역도 난청취로 방송을 듣기 어려운 실정이라서 장애인계의 불만이 커져 가고 있다. 〈tip8〉

장애인방송이 꼭 필요한가에 대한 의문을 제기하기도 하는데 장애인방송이 장애인에게 어떤 역할을 하는가를 알아보면 다음과 같다.

—장애인에게 필요한 정보 제공
—장애인복지 정책 수립
—장애인 인식개선
—장애인 사회참여
—장애인복지 인프라 구축

장애인은 사회활동이 활발하지 못하기 때문에 대부분의 정보를 언론을 통해 얻는다. 어떤 의미에서 장애인이야말로 방송 매체의 주요 고객이다. 하지만 방송은 장애인 정보 제공에 미흡하기 때문에 장애인이 방송을 통해 정보를 얻는 기회가 제한되어 있다. 방송에서 장애인문제를 언급하면 그것이 장애인복지 정책을 수립하는데 결정적인 역할을 한다는 것도 장애인들이 방송에 의존하는 주요한 목적이 된다.

예를 들어서 헌법재판소가 시각장애인에게만 안마사 자격을 주는 것은 위헌이라는 판결을 내렸다. 헌법재판소가 위헌 판결을 내린 것은 국민의 직업 선택의 자유 때문인데 시각장애인들은 안마권을 빼앗길 경우 시각장애인의 생존권이 위협을 받는다며 연일 시위를 했다. 이 소식을 방송이 비중 있게 보도하고 국민 여론이 형성되어 국회에서 시각장애인만 안마를 할 수 있도록 규정하는 의료법 개정안이 통과되었다.

그리고 방송이 인식개선을 유도한다는 것은 방송의 대표적인 기능이기도 하다. 방송에서 장애인문제를 올바르게 보도하면 대중들은 그 보도로 장애인문제를 판단하게 되는 것이다. 그래서 장애인에 관한 보도가 많으면 많을수록 사람들은 장애인에 대해 생각할 수 있는 기회가 많아진다. 또한 방송이 장애인복지 인프라

공영방송사 의무 저버린 KBS, 장애인 방송 접근권 보장해야

한국방송공사(이하 KBS)는 대한민국의 대표적 공영방송으로 공정하고 건전한 방송문화를 정착하고, 사회환경 감시와 비판의 언론의 역할도 수행하고 있다.

하지만 최근 공영방송으로서 KBS의 행보는 실망스럽다. KBS 제3라디오에서 장애인 등 소외 계층을 위한 복지, 정책, 일상 정보 등을 제공하는 프로그램들을 폐지·변경하는 등 공익과는 거리가 먼 행태를 보이고 있기 때문이다.

다문화가정을 위한 프로그램 〈우리는 한국인입니다〉 폐지, 〈우리는 한 가족〉의 시각장애인 MC 하차, 시각장애인들을 위한 〈오늘의 신문〉 프로그램 폐지, 〈사랑의 가족〉 프로그램 방영을 비인기 시간대로 변경, 장애인 대표방송 〈내일은 푸른 하늘〉 재방송 편성 폐지 등 공영방송으로서 지켜야 할 시청 약자의 정보접근권을 훼손시키는 방송 운영을 펼치고 있다.

특히, 장애와 관련된 다양한 정보제공 및 사회적 이슈를 다루며 장애에 대한 편견해소 및 인식개선에 앞장서는 〈내일은 푸른 하늘〉, 〈사랑의 가족〉은 지금까지 방송되고 있는 장애인 관련 대표적 장수 프로그램으로 장애계에 가지는 의미는 특별하다.

〈내일은 푸른 하늘〉은 1981년 4월 13일 제1라디오에서 첫 방송 된 이후 2003년 제3라디오로 이관되었고, 제1라디오에서는 매일 밤 12시부터 1시까지 재방송으로 편성되어 유지되었다. 하지만 작년 10월 KBS는 사전 공지도 없이 〈내일은 푸른 하늘〉의 제1라디오 재방송을 폐지하였다.

이러한 단계적 프로그램 폐지로 인해 늦은 시간 재방송으로나마 방송을 듣던 전국의 청취자들은 이마저도 들을 수 없게 되었다. 편성이 유지된 제3라디오 채널은 전국에 방송망을 가지고 있지 못하기 때문이다.

이미, 1993년 5월부터 방송되던 지상파 유일의 장애인 전문 프로그램 〈사랑의 가족〉의 방송 시간을 2017년 6월부터 시청이 어려운 목요일 오후 1시로 변경하여 시청자들의 불만이 팽배한 상황에서 KBS의 결정은 더욱 아쉬운 상황이다.

KBS는 올해 방송지표로 '희망과 감동, KBS가 함께합니다'를 선정하였고 이를 통해 갈등과 분열을 넘어 국민의 힘을 하나로 모으는 역할을 하겠다고 선전하였다. 하지만 그 '희망과 감동' 안에 장애인은 없는 것 같다.

TV 시청에 있어 방영프로그램 예고를 음성으로 안내해 주는 것은 시각장애인들에게 있어 기본적인 시청권이다. 하지만 장애계의 지속적인 요구에도 불구하고, KBS는 시청률이 높은 황금시간대에 방영되는 몇 개의 프로그램만 음성으로 안내해 주는 보여 주기 식의 대처로 일관하고 있다.

또한, 작년 초 있었던 평창패럴림픽에서도 KBS는 올림픽과 비교해 중계 편성시간이 적다는 비판을 받아 중계를 확대한 바 있으며, 올림픽에서 청각장애인을 위한 수어 서비스를 제공하지 않아 장애계의 비판을 받았다. 그 이전에도 수어방송 확대, 평등권에 기반한 보편적 시청권 확보를 위한 가이드라인 마련 등 장애인의 시청권 보장을 위해 건의한 바 있지만 개선된 사항은 '여전히' 없다.

KBS가 진정한 공영방송으로 국민에게 신뢰받기 위해서는 장애인을 비롯한 소외 계층도 모두가 평등하게 방송접근성을 보장해야 한다. 기존만 못하면서 장애인의 방송접근성을 상화하셌다는 섯은 어불성설이다.

이에 우리는 KBS가 대한민국을 대표하는 공영방송으로서의 역할을 충분히 수행하길 바라며 다음과 같이 요구한다.

첫째, KBS는 〈내일은 푸른 하늘〉 라디오 프로그램을 제1라디오에 정규편성하라.
둘째, KBS는 〈사랑의 가족〉 프로그램을 시청 가능한 시간대로 편성하라.
셋째, KBS는 장애인 MC와 출연자들을 대폭 늘려 사회참여를 보장하라.

2019년 1월 28일
한국장애인단체총연맹

구축을 유도한다는 것은 장애인들 입장에서는 대단히 고마운 일이다. 예를 들어서 어느 구에는 장애인 편의시설이 전혀 되어 있지 않다는 보도가 나가면 해당 구청에서 당장 장애인 편의시설 설치 공사를 시작한다. 또 어느 시에는 장애인복지시설 하나 없다고 보도되면 해당 시청에서는 장애인종합복지관 건립 계획을 세운다. 이렇게 방송은 장애인복지 인프라 구축에 막강한 힘을 발휘하고 있다.

그런데 방송에서 장애인 관련 정보를 외면하고, 뉴스에서도 장애인 관련 보도가 장애인의 날 즈음에서야 아이템으로 잡는 연례행사로 여겨지고 있기 때문에 장애인문제를 다루고 장애인에게 필요한 정보를 집중해서 전달하는 장애인방송이 필요성에 의해 개국된 만큼 그 역할을 제대로 할 수 있도록 발전시켜 나가야 한다.

3. 장애인방송의 실제

1) 방송인이 갖기 쉬운 오해

방송 제작 시 방송인은 다음과 같은 편견적 시각을 가져서는 안된다.

—장애인이 출연하면 화면이 칙칙해진다.
—장애인 관련 프로그램은 뻔하다. 대체로 어둡고 재미없으며 슬픈 내용이다.
—장애인이 나오면 시청률이 떨어진다.
—장애인 관련 프로그램은 방송사, 혹은 제작자의 호의에 의해서 이루어진다.
—장애인은 보통 사람과 다른 집단이다.
—장애인 관련 프로그램은 연출이 필요하다.
—장애인은 나이가 없다.
—장애는 유전된다.
—장애인은 순수하고 의지가 강하다.
—장애인을 도와주면 천사이다.
—장애인은 아마추어이지 프로가 될 수 없다.
—장애인은 호기심을 불러일으키는 존재이다.

이런 편견을 갖지 않고 장애인에게 접근을 한다면 장애인에 대해 올바른 자세를 가진 방송인으로서 장애인을 만족시키고 비장애인에게 올바른 인식을 갖도록 할 수 있다. 방송인은 이런 공적 책임감을 갖고 방송에 임해야 한다.

2) 방송인이 유념할 사항

—방송인은 제작된 방송이 시청자들에게 장애인 하면 무조건 불쌍한 사람, 도움이 필요한 사람 혹은 불굴의 의지를 가진 사람으로 편향된 인식을 갖게 하지는 않는지를 점검해 봐야 한다. 그리고 장애인이 동등한 인격체로 함께 살아가는 이웃으로 인식될 수 있도록 하고 있는지도 살펴야 한다.

—장애인 출연자의 장애에만 초점을 맞추거나 부각시키기보다 시청자가 자연스럽게 장애인임을 알 수 있도록 혹은 출연자가 자연스럽게 고백할 수 있도록 제작을 유도하여 장애가 불행이나 비운으로 비춰지기보다 누구에게나 일어날 수 있는 일로 인식되도록 해야 한다.

—방송에 시각적 효과가 중요하지만 눈에 드러나지 않는 장애 혹은 시청자들이 기피할 수 있는 장애를 무조건 배제하기보다는 시청자들에게 장애인에 대한 올바른 정보가 전달되도록 해야 한다.

—모든 사회 이슈와 장애인을 연결한 다양한 방송 프로그램이 개발되어야 하고, 장애인이 드라마, 쇼, 퀴즈 등 다양한 프로그램에 출연할 수 있도록 해야 한다.

—방송인이 유념해야 할 것은 방송을 제작하는 단계에서 장애인 출연자의 협조를 어떻게 유도하느냐이다. 이는 출연자나 제작자 모두 좋은 방송, 만족스런 방송을 만들기 위한 필수요건이기도 하다.

—제작을 협조해 주는 장애인 출연자에게 기획의도, 형식, 내용을 사전에 충분히 설명해야 하며, 출연자의 의견과 협의를 거쳐 제작해야 한다.

—방송제작에 장애인이 출연하게 될 때는 장애인을 도와줄 보조 인력 배치, 장애인 이동 및 편의시설 고려, 시각장애인을 위한 점자나 확대 대본, 청각장애인을 위한 수화통역사 배치 등이 항상 준비돼야 한다.

—편성단계에서부터 장애인 출연자를 위한 접근을 염두에 두어야 하며 그에 필요한 예산을 확보해야 한다.

3) 외국의 방송제작 가이드라인

미국 가이드라인

언론인, 교육자, 대인 서비스 공급자 등의 전문인은 장애인의 공적 이미지를 형성하는 독특한 위치에 있다. 그러므로 그들이 사용하는 용어가 장애인에 대한 편견을 강화시킬 수도 혹은 약화시킬 수도 있기 때문에 장애인에 대한 적절한 용어 사용과 이미지화할 것을 요구하고 있다.

—장애가 이야기의 중심이 아닌 이상 장애에 초점을 맞추지 말 것

불치병이나 선천적 장애 혹은 심각한 부상 등에 관해 눈물을 짜내는 휴먼 스토리를 만들지 말고 교통, 주거, 건강, 고용기회 등에서의 차별과 같은 삶의 질에 초점을 맞출 것을 요구한다.

—성공한 장애인을 슈퍼맨이나 영웅으로 묘사하지 말 것

심지어 대중이 훌륭한 업적에 대해 찬양할지라도 장애인을 슈퍼스타로 묘사하는 것은 모든 장애인이 그와 동일한 수준에 이르러야 한다는 그릇된 기대를 부채질할 수 있다.

—장애를 불굴의, 고통받는 등의 표현을 사용함으로써 선정적으로 보도하지 말 것

—장애를 가진 집단에 대해 지체장애, 시각장애와 같은 일반명으로 묘사하지 말 것

사람을 강조하고 장애라는 특성으로 라벨링하지 말 것을 요구한다. 장애인을 표현할 때 장애 자체로써 표현되지 않도록 하는 것, 다시 말해 장애가 그 사람을 대표하는 특징으로 묘사하지 말아야 한다는 것이다.

—장애가 아니라 사람이 중심이 되도록 할 것

장애인을 표현할 때 장애가 아닌 사람이 표현의 초점이 되도록 하자는 원칙이다.

—한계가 아니라 능력을 강조할 것

다르게 태어난 혹은 몸을 쓸 수 없는 등의 표현보다는 휠체어 혹은 클러치를 사용한다던가 흰지팡이 보행 이라고 표현하는 것이 장애에 대한 편견을 훨씬 줄

여 준다.

—생색내는 듯한 완곡어법도 사용하지 말 것

불리할 수 있는, 정신적으로 다른, 육체적으로 불편한, 육체적으로 도전받는 등의 용어는 생색을 내는 것으로 여겨진다. 이런 용어들은 장애가 숨겨야 할 것이라는 생각을 강화시킬 수 있다.

—이전 질병의 결과로서 생긴 장애를 언급할 때, 질병을 포함하는 것으로 묘사하지 말 것

단지 만성적 질환의 경우를 제외하고 해부학적, 물리적 손상의 결과 장애를 입게 된 사람을 질병을 가진 것처럼 소개하지 말도록 요구하고 있다. 장애인이 환자로 언급되거나 반드시 의사와 관계를 가져야만 하는 것으로 인식되어서는 안 되기 때문이다.

—장애인을 활동적인 사회참여자로 보여 줄 것

사회나 직업 환경에서 비장애인과 소통하는 장애인을 묘사하는 것은 장벽을 깨고 의사소통의 통로를 여는데 도움이 된다.

영국 BBC 방송제작 핸드북

영국의 경우에는 공영방송인 BBC가 장애인차별금지법의 '상품과 서비스 접근' 부분을 적극적으로 수용하여 BBC 내부에서 프로그램 제작시 장애인방송참여를 중심으로 유의할 점을 핸드북 형식으로 작성하였다.

—장애인 접근성 향상과 관련된 비용은 프로그램 제작의 예산 항목으로 편성할 것

프로그램 제작자는 장애인에게 프로그램 홍보와 접근성에 대해 홍보해야 하며 제작과정에서 장애인 참여자를 방해하는 장벽을 제거해야 한다. 특히 방송제작자는 시청자, 방청객, 제작 참여자들을 위한 보조 자료와 정보물을 제작해야 한다.

—건강과 안전을 이유로 한 불합리한 차별 방지

장애인을 건강이나 안전을 이유로 배제하거나 차별하지 않도록 하고 있다. 장애인은 자신이 원하는 좌석을 택하여 앉을 수 있으며, 동행인이 없이도 혼자서 참여할 수 있음을 인정하여야 한다. 안전을 위한다는 이유로 보호자와 함께 오지 않으면 참여하지 못하도록 제한을 해서는 안 된다는 것이다.

—장애인이 접근 가능한 촬영 혹은 제작 현장의 선택

장애인 출연자가 있는데도 촬영장에 편의시설을 마련하지 않은 경우가 있다. 휠체어를 들어올려서 이동을 하면 그만이라고 가볍게 생각하지만 휠체어사용자는 그런 방식을 원치 않는다. 휠체어는 몸의 일부이기 때문에 본인의 의지대로 움직여야지 들어올리는 것은 짐짝 취급을 받는 듯하여 불쾌하다.

4. 선진 외국의 장애인방송

1) 장애인방송국

미국

미국은 소수 계층을 대상으로 한 방송이 활발하게 운영되고 있다. 따라서 장애인방송국도 있고 장애인 관련 프로그램도 전국적으로 다양하게 방송되고 있다. 미국의 장애인방송국으로 유명한 것은 IN TOUCH이다. IN TOUCH는 1974년에 설립됐다. 지역 폐쇄순환 라디오 방송으로 시작했지만 1984년부터 FM라디오로 방송되고 있다.

호주

호주에는 RPH(Radio for the Print Handicapped)가 있다. 하루 24시간 시각장애인을 위해 낭독을 해 주는 방송이다. RPH는 전국적으로 15개의 방송국이 있다. 모회사 RPH 이름 앞에 지역번호를 각각 붙여 2RPH, 3RPH 등의 산하 RPH 지방방송국을 총괄 운영하고 연방정부로부터 예산지원, 송수신 관리, 방송 제작과 직원 연수 등을 RPH 본사가 맡고 있다. 현재 이 방송국은 수도권인

캔버라와 호주 6개의 주에서 2개의 위성 채널에 의해 운영되고 있다.

일본

일본에는 JBS가 있다. 1988년부터 방송을 시작했다. 시각장애인 관련 정보와 사회복지 정보를 주요 내용으로 하루 24시간 방송한다. 그리고 미국 IN TOUCH 프로그램을 주말에 일본말 더빙 없이 영어로 방송해서 영어공부를 하는데 도움을 주고 있다.

2) 장애방송인

장애인의 방송 진출의 벽을 허문 것은 1981년 UN이 정한 세계장애인의 해에 KBS-1라디오에 신설된 장애인 대상 프로그램 〈내일은 푸른 하늘〉에 '방귀희 칼럼'으로 고정 코너를 맡은 필자가 최초이다. 그녀는 그 후 방송작가로 〈내일은 푸른 하늘〉을 31년 동안 집필하여 단일 프로그램 최장기 집필이란 기록을 세웠다. 〈내일은 푸른 하늘〉의 첫 장애인리포터는 18대 한나라당 비례대표로 국회의원이 된 이정선이다.

골형성부전증으로 키가 몹시 작아서 엄지공주란 별명을 가진 윤선아는 KBS-3라디오 〈윤선아의 노래 선물〉, 테너 최승원(지체장애)은 〈최승원의 스튜디오 1049〉, 배우 이영호(시각장애)는 〈우리는 한 가족〉, 가수 박마루(지체장애)는 KBS-2TV 〈사랑의 가족〉을 진행했었다. 클론의 강원래(지체장애)는 〈강원래의 노래 선물〉, 심준구(시각장애)는 주말 프로그램인 〈심준구의 세상보기〉 MC로 활동하고 있고, 성우진(뇌병변장애)은 경인방송에서 〈한밤의 음악여행 성우진입니다〉 PD 겸 DJ로 방송에 참여하고 있다.

2011년 8월 우리나라에서도 최초의 시각장애인 뉴스 앵커가 탄생했다. 바로 숭실대학교 사회복지대학원에 다니던 이창훈이다. 그는 시각장애인을 위한 인터넷 방송 진행자로 활동을 하고 있었기 때문에 방송 메카니즘에 익숙한 장점을 갖고 있었기에 2011년 11월 7일부터 이창훈은 KBS-1TV 〈뉴스12〉에서 생활뉴스를 진행했다. 제1기 KBS장애인앵커 이창훈에 이어 제2기 홍서윤(척수장애), 제3기 임세은(척수장애), 제4기 이석현(뇌병변장애), 제5기 임현우(척수장애)로 이어지고 있다.

해외 방송에서도 활발히 활동하고 있는 장애를 가진 방송인들이 있어서 소개한다.

전신마비로 뉴스 현장을 구석구석 누비는 다르시 폴랜드

전신마비로 손가락 하나 움직일 수 없는 여성인 다르시 폴랜드는 미국 미니애폴리시의 지방방송국에서 현역기자로 시청자들에게 뉴스를 전해 주고 있다. 수영장에서 다이빙을 하다 목뼈가 부러진 폴랜드는 어려서부터 방송기자가 되는 것이 꿈이었고 사고 당시에도 방송국에서 보조요원으로 일을 배우고 있었다. 전신마비 장애가 그녀의 꿈을 포기하게 만들 수도 있었지만 꿈을 실현하기 위해 대학에 진학하여 매스컴학을 공부하고 마침내 방송기자가 되었다. 처음에는 사건을 분석하고 자료를 정리하는 일을 맡아했다. 아무리 의지가 강하다고 해도 발로 뛰는 취재기자가 되기에는 제약조건이 너무도 많았다. 그러나 그는 장애인용 특수차를 구입하여 사건현장 어디든 달려갈 수 있는 여건을 스스로 마련하여 현장으로 나갔다.

그녀의 탁월한 기자 역량을 인정한 방송국에서 1992년 다르시 폴랜드를 일선기자로 발령했다. 그녀는 특종을 도맡아 터뜨렸는데 그 비결은 다른 기자들에 비해 순발력이 뛰어나지는 않지만 취재원을 만나 이야기를 나누다 보면 그녀에게 더욱 속깊은 내용을 털어놓는 인간적인 접근 방식 덕분이었다. 한번은 휠체어를 탄 한 소녀가 그녀를 찾아와 결의에 찬 눈빛으로 '난 이 세상에서 할 일이 없다고 생각했었어요. 그런데 TV에 나오는 당신을 본 뒤 나도 방송기자가 되겠다고 결심했어요.' 라고 말했다. 그녀는 자신의 꿈을 이루면서 다른 장애인들에게는 새로운 꿈을 심어 준 것이다.

인기 MC 그렉 스미스

그렉 스미스는 근육병으로 휠체어를 사용한다. 애리조나 주립대학에서 방송학을 전공하고 피닉스의 방송국에서 5년 동안 근무하다가 마이크를 잡게 되었다. 장애인을 위한 방송 ON THE ROLL의 진행을 맡은 것이다. 그는 다른 방송국에서도 MC로 모셔 가는 인기 사회자이다.

언어장애와 싸우며 토크쇼 진행하는 다이언 레임

다이언 레임은 가장 공정하고 격조 있게 프로그램을 진행한다는 평을 받고 있는 토크쇼 전문 진행자인데 경련성 언어장애를 가지고 있다. 그녀는 영혼에 호소하는 듯한 목소리로 20년 동안 라디오 토크쇼를 진행해 왔다.

영국 BBC 뉴스를 진행하는 시각장애인 앵커 게리 오도노휴

매일 아침 6시에서 9시까지 3시간 동안 진행되는 BBC 뉴스 프로그램 〈투데이〉는 총리에서 일반 시민들에 이르기까지 온 국민이 함께 듣는 영국 최고의 라디오 보도 프로그램이다. 이 프로그램을 진행하는 앵커는 BBC의 중견 기자 게리 오도노휴인데 그는 시각장애인이다. BBC는 그를 위해 점자 정보판 등을 설치한 특수 방송실을 마련해서 오도노휴가 뉴스를 진행하는데 불편이 없도록 해 주고 있다.

스페인의 시각장애인 앵커우먼 누리아 델 사스

스페인 안달루시아 지방의 Canal del Sur(까날 델 수르)라는 방송국에는 세계적으로 유명한 시각장애인 앵커 누리아 델 사스가 있다. 누리아 델 사스는 13세 때 시력을 잃은 시각장애인인데 1998년 안달루시아 지역방송국 뉴스 진행자 공채에 합격했다. 그녀는 월요일부터 금요일까지 낮 12시 정오 뉴스를 진행하는데 TV 뉴스라는 데 주목해야 한다. 그녀는 점자 원고를 손끝으로 읽으며 프로그램을 진행하는데 제작진의 수신호를 받을 수 없어 귀에 조그마한 수신기를 꽂

고 제작진의 지시를 귀로 듣는 것 외에는 다른 앵커들과 다를 바 없다.

어린이 프로그램 진행자 절단장애인 버넬

영국 BBC방송 어린이 프로그램에 새 진행자로 오른쪽 팔꿈치 아래가 없는 쎄리 버넬이 발탁됐다. 버넬은 의수를 사용하지도 않고 옷으로 팔을 가리지도 않고 그대로 드러내기 때문에 짧은 오른쪽 팔이 눈에 확 들어온다. 처음에 시청자들의 반응은 아주 따가웠다. 아이들이 악몽을 꾸지 않을까 걱정이 된다는 등 버넬이 나오면 채널을 돌려 버린다는 등 부정적인 평가를 했다. 하지만 그것은 어른들의 생각이었다. 어린이들은 처음에는 버넬의 팔에 대해 질문을 많이 했지만 평상시처럼 프로그램을 즐기고 있다.

BBC 뉴스 앵커 안면장애인 패트리지

영국 BBC 정오 뉴스에 화상으로 안면장애가 있는 제임스 패트리지가 등장해 큰 성공을 거뒀다. BBC는 장애인에 대한 편견을 없애자는 차원에서 패트리지를 기용한 것인데 방송이 나간 직후 그의 뉴스 진행 장면 동영상이 각종 인터넷 사이트에서 폭발적인 조회수를 기록했다.

여론조사에 의하면 안면장애인을 TV 뉴스앵커로 기용한 것은 매우 좋은 아이디어라는 응답이 44%였고 안면장애인이 앵커로 나선다고 해서 채널을 돌리지 않을 것이라는 응답이 64%나 됐다.

5. 장애인방송의 과제

미국의 문화비평가 호미 바버(Homi K. Bhabha)는 저서 「문화의 가치」(2012)에서 현대는 지배자와 피지배자, 억압자와 피억압자 등 서로 다른 문화집단의 충돌로 문화적 혼종성(hybridity)이 생겨날 수밖에 없는데 이 혼종성의 공간을 제3의 공간이라고 하였다. 이 공간은 차이 또는 다름이 서로 끊임없이 결합하고 협상하는 공간이며 새로운 문화 형식 또는 사고 방식이 지속적으로 탄생하는 역동적인 공간으로 이 제3의 공간은 문화적, 사회적, 정치적 변화의 가능성을 여는 희망의 공간이라고 하였다.

필자는 바로 이런 변화의 가능성을 여는 제3의 공간이 장애인방송이라고 판단한다.

이렇듯 중요한 장애인방송의 발전을 위해 해결해야 할 과제를 제시하면 다음과 같다.

—시청률 경쟁 프로그램이 아니라 시청자 선도 프로그램이 되어야 한다.

시청자 취향에 맞출 것이 아니라 시청자를 교육시켜서 주체적으로 이끌어 가야 한다.

—제작 여건이 개선되어야 한다.

장애인방송은 제작비가 적게 드는 프로그램이 아니라 제작비를 가장 많이 투자해야 하는 방송으로 인식되어 제작 여건이 좋아지면 프로그램의 질이 향상될 것이다.

—전문제작 시스템이 구축되어야 한다.

전문 PD, 전문 MC, 전문 작가 등 전문 인력 보강으로 전문성을 살리고 제작 환경도 장애인 편의를 고려한 시설과 장비로 갖추어야 한다.

—새로운 프로그램을 개발해야 한다.

예를 들어 〈복지119〉로 라디오 방송을 통해 장애인 고충을 신고받아 바로 출동해서 문제를 해결해 주고, 〈SOCAIL 뱅크〉로 후원금이나 재능기부를 비롯한 자원활동 인력을 신청받아서 필요한 사람에게 지원하는 복지 전문 프로그램이 필요하다.

—장애인복지 네트워크를 구축해야 한다.

정부의 장애인복지 정책을 전국에 있는 재가장애인들이 필요한 서비스를 받을 수 있도록 실핏줄처럼 촘촘한 전달체계 시스템이 필요하다.

이러한 장애인방송을 위해 다음의 요건이 마련되어야 한다.

—철학이 있어야 한다.

장애인방송은 재미없어서 사람들이 외면한다고 생각한다. 또한 장애인은 무조건 장애인방송을 애청한다고 생각한다. 하지만 실제로 장애인방송은 장애인이든 비장애인이든 관심이 있고 필요하면 듣는다. 장애인방송은 웃음과 눈물을 생산하는 공장이 아니라 사람들과 교감하는 가슴이 돼야 한다. 장애인방송은 방송적 기교보다는 인간적인 생명력이 있어야 한다. 그러려면 장애인에 대한 깊은 이해와 진실한 마음으로 장애인방송 철학을 형성해야 한다.

—욕구에 대한 서비스가 있어야 한다.

장애인 욕구를 파악해서 곧바로 그 욕구를 채워 주는 서비스가 제공돼야 한다. 사회복지는 분배가 주요 역할인데 공평한 분배를 통해 사회 양극화 현상을 해소할 수 있도록 기금을 모금해서 위급한 사람에게 배분하는 즉각적이고 직접적인 서비스가 이루어져야 한다.

—정보가 있어야 한다.

장애인과 관련된 모든 정보를 신속하고 정확하게 전달해야 한다. 일반 방송에서는 장애인 관련 정보가 다뤄지지 않기 때문에 장애인방송에서 그 정보를 중요하게 다뤄야 한다.

—복지 현장과 연결돼야 한다.

장애인복지 현장에서 장애인방송을 충분히 활용할 수 있도록 방송을 오픈해서 장애인단체와 함께 사업을 진행해야 한다.

—고발 기능이 있어야 한다.

장애인은 사회적 약자로 우리 사회에서 많은 편견과 차별을 받고 있다. 장애인

인권을 보장하기 위해 방송을 통해 불이익을 고발해서 인권침해를 회복할 수 있는 길을 찾아야 한다.

—발상의 전환이 필요하다.

프로그램을 제작하는데 좀 더 파격적인 인식의 변화가 있어야 한다. 방송 소재를 확대해서 장애인을 장애라는 틀 속에 넣지 말고 장애인 주변으로 확대시키면 더 다양한 소재를 찾을 수 있다. 또한 영화도 라디오에서 방송하는 등 시각적 문화를 청각적 문화로 바꾸면 라디오 전성시대를 만들 수 있다.

—장애 예방 방송이 필요하다.

장애인복지의 목표는 장애 예방이다. 장애 발생을 미리 막는 것이야말로 가장 바람직한 복지이다. 방송을 통해 장애 예방의 필요성을 알리고 예방법까지 소개하면 전 국민이 애청하는 국민의 방송으로 경쟁력을 가질 수 있다.

이와 같은 장애인방송의 과제를 수행하기 위하여 KBS-3라디오의 분리 독립을 제안한다. KBS-3TV가 1990년 12월 교육방송으로 독립하였고, 특별법 한국교육방송공사법률 제정으로 2000년 독립법인 한국교육방송공사가 설립되면서 KBS, MBC, SBS와 함께 EBS가 4대 지상파가 되었다. 현재 교육방송은 TV채널 2개와 FM라디오를 운영하고 있는 교육전문 방송으로 급성장하였듯이 장애인방송도 KBS에서 분리 독립하여 보건복지부 산하 한국복지방송공사로 설립하여 복지전문 방송으로 개국 운영되면 한국의 장애인은 물론 노인복지 향상에 획기적인 변화가 일어날 것이다.

제9장

문학 다시 보기

로 하여금 정당한 삶의 번영을 이루게 하는 동시에, 일본으로 하여금 그릇된 길에서 벗어나 동양을 지지하는 자의 무거운 책임을 다하게 하는 것이며, 중국으로 하여금 꿈에도 면하지 못하는 불안과 공포로부터 벗어나게 하는 것이며, 또 동양 평화로 그 중요한 일부를 삼는 세계 평화와 인류 행복에 필요한 계단이 되게 하는 것이라. 이 어찌 구구한 감정상의 문제리요?

제9장 문학 다시 보기

1. 장애인문학의 원조 인어공주

동화 〈인어공주〉 이야기를 모르는 사람은 없다. 어린 시절 읽은 〈인어공주〉는 성장을 하도록 아름다운 사랑으로 기억되고 있다. 그리고 여자어린이들에게 들려주는 첫 번째 동화로 여전히 인기가 높다. 〈인어공주〉 이야기를 들은 여자어린이들은 자신도 공주가 되는 꿈을 꾼다.

그만큼 〈인어공주〉는 깊은 인상을 주는 감동적인 동화이다. 그런데 160여 년이 지난 오늘날 안데르센의 〈인어공주〉가 미국의 여성학자 바바라 G 워커로부터 맹공격을 받고 있다. 바바라는 안데르센의 〈인어공주〉는 사랑 때문에 자신을 희생해야 했던 페미니즘 작품으로 규정했다. 사람들은 동화 속의 공주에 대해 뿌리 깊은 편견을 가지고 있다고 하면서 그 편견을 없애기 위해 그녀는 「막내 인어공주」라는 새로운 동화를 발표했다.

1) 작가 비교

한스 크리스티안 안데르센은 1805년 덴마크의 오덴세에서 태어났다. 안데르센의 아버지는 가난한 신기료 장수였는데 책 읽기를 좋아해서 어린 안데르센에게 재미있는 이야기책을 많이 읽어 주었다. 아버지의 영향을 받아 안데르센은 일찍이 시를 쓰기 시작했고 그 시 때문에 학교에서 많은 칭찬을 받았다. 하지만 안데르센이 11세가 되던 해 아버지가 세상을 떠났고, 살림이 더욱 어려워져서 초등학교를 중퇴하고 만다. 어머니는 안데르센에게 재봉사가 되라고 하지만 안데르센은 배우가 되겠다고 혼자 코펜하겐으로 떠난다. 안데르센은 낯선 타향에서 온갖 고생을 하다가 극장 지배인인 콜린을 만나 그의 도움으로 코펜하겐대학에서 공부를 하게 된다.

졸업 후 그는 극작가가 되기 위해 희곡을 쓰지만 모두 실패한다. 그러나 서른 살이 되던 해에 「즉흥시인」이라는 장편소설을 발표하여 주목을 받고 같은 해인 1835년에 동화집을 발표하는데 그 작품들이 큰 인기를 얻어 안데르센은 유명한 동화작가로 세상에 알려지게 된다. 안데르센은 평생 130여 편의 동화를 썼는데 〈인어공주〉, 〈벌거벗은 임금님〉 등 모든 작품들이 세계 어린이들에게 사랑을 받아 근대동화의 아버지라는 평가를 받고 있다.

안데르센은 정신병으로 폐인이 된 누이를 돌보면서 평생 결혼을 하지 않고 독신으로 살다가 1875년 70세에 조용히 세상을 떠났다. 이 짧은 작가 소개에서도 짐작할 수 있듯이 안데르센은 가난 속에서 자신의 꿈을 키웠고 오랜 시간 무명의 시절을 보낸 아픔도 있다. 또한 가족 중에 정신장애인이 있어 장애의 고통을 누구보다도 잘 이해하고 있다. 어쩌면 그의 독신 생활은 누이 때문에 취해진 희생이었을지도 모른다. 이렇듯 안데르센의 모든 정황은 그를 순수한 작가로 보존시키는 방파제 역할을 했다고 판단된다. 실제로 안데르센은 작품 활동에 가장 많은 영감을 준 사람이 누이였다고 고백하였다.

하지만 「막내 인어공주」를 쓴 바바라는 안데르센과는 여러 가지 측면에서 차이가 있다. 우선 160년이란 세월이 흘렀고, 성(性)도 다르다. 그리고 바바라는 순수작가가 아닌 여성학자로 자신의 이론을 글로 펴내는 저술가이다. 바바라는 1993년 미국휴머니즘협회에서 올해의 여성 휴머니스트로 선정되기도 했고, 1995년 펜실베니아대학으로부터 '역사를 만든 여성상' 을 수상한 바 있다. 바바라는 국제적으로 인정받고 있는 권위 있는 여성학자로서 정치적으로나 철학적으로 여성들의 평등권 투쟁을 논할 수 있는 독특한 경력을 가지고 있다.

이런 작가의 배경을 이해하고 작품을 보면 작품 속에 담긴 작가의 의도를 발견할 수 있을 것이다.

2) 작품 비교

두 작품 모두 인어공주는 막내이고 엄마가 없다. 엄마가 없는 막내의 쓸쓸함이 바다 바깥세상을 동경하게 되는 계기를 만들어 주고 있다. 인어공주가 왕자를 만나는 것은 왕자가 탄 배가 폭풍우로 인해 침몰하고 물에 빠져 허우적거리는 왕자를 인어공주가 구해 주면서부터 사랑이 시작된다는 것 역시 동일하다. 하지만 왕자를 구한 후 인어공주가 취한 행동에는 차이가 있다. 바바라는 이렇게 서술했다.

그녀는 끔찍하게 무거운 그의 몸을 끌고 가까운 해안가를 향해 헤엄쳐 갔다. 그녀는 새벽녘이 되어서야 그를 해안에 올려놓을 수 있었다. 그리고는 너무 지쳐서 쓰러지듯 물속으로 빠져들어 갔다. 그녀는 천천히 집을 향해 헤엄쳐 갔다.

하지만 안데르센은 이 부분을 아주 감성적으로 서술했다.

인어공주는 왕자의 머리를 힘껏 들어올려 물 위로 나오게 하고 물결을 따라 밀려갔다. 이윽고 날이 밝아오고 바람이 잠잠해졌다. 왕자의 두 볼에 불그스레 혈색이 도는 것 같았다. 그러나 왕자는 여전히 눈을 꼭 감고 있었다. 인어공주는 왕자의 이마에 입을 맞추었다. 그렇게 하면 죽은 왕자가 다시 살아날 것이라고 생각되었기 때문이다.

인어공주는 왕자의 이마에 입을 맞추는 적극적인 자세로 사랑의 불씨를 지핀다. 그리고 왕자를 누군가가 구해 주는 것을 확인하고 나서야 집으로 돌아간다. 왕자를 사랑하게 되는 과정이 자연스럽다. 그런데 바바라는 인어공주가 왕자를 구해 주고 돌아가면서 어렴풋하게 자신이 그를 사랑하게 되리라고 짐작한다고 사랑을 암시하는데 이것은 대단히 부자연스러운 설정이다.

사랑에 빠진 인어공주가 왕자에게 가기 위해 물고기의 꼬리를 인간의 다리로 바꾸려고 바다 마녀를 찾아가는 것은 동일하다. 바다의 마녀는 꼬리 대신 다리를 만들어 주지만 발을 딛을 때마다 칼로 살을 베이는 듯한 통증을 남겨 준 것까지는 차이가 없는데 안데르센은 여기에 극적 장치를 한다. 왕자와 결혼을 해야지 왕자가 다른 여자와 결혼을 하게 되면 심장이 멎어 죽는다는 것이다.

게다가 바다 마녀는 인어공주에게 다리를 만들어 준 대가로 인어공주의 목소리를 빼앗아 간다. 인어공주는 말을 할 수 없는 언어장애를 갖게 된 것이다. 이것은 어쩌면 장애의 굴레는 벗어날 수 없음을 뜻하는 것인지도 모른다. 바바라가 바다 마녀를 의술을 펴는 사람 정도로 설정해 놓았다면 안데르센은 바다 마녀를 거역할 수 없는 운명으로 작용시켰다고 볼 수 있다.

바바라는 인어공주가 사람이 된 후 왕자를 만나러 가기 위해 얻어 탄 마차에서 사내에게 성폭행을 당할 뻔하지만 그녀는 오히려 사내를 마차 밖으로 밀어내고 채찍으로 말을 치면서 왕궁으로 향한다. 그리곤 왕궁 경비병에게 왕자님을 구해 준 사람이 찾아왔다고 자신을 밝힌 후 왕자를 만나 당신과 결혼하고 싶다고 말한다. 그 말에 왕자가 놀라 입으로 가져가던 새우를 떨어뜨린다고 하여 작가는 그 상황이 일방적인 청혼임을 말해 주고 있다. 여성의 당당한 모습을 보여 주긴 했어도 아름다운 사랑과는 거리가 있다.

이 부분에 대해 안데르센은 아주 드라마틱하게 엮어 갔다. 인어공주는 바다 마녀가 준 약을 먹고 정신을 잃고 마는데 눈을 떴을 때 왕자가 공주를 내려다보고 있다. 인어공주는 긴 머리로 몸을 가리고 있을 뿐 옷을 입지 않은 상태여서 왕자의 관심을 끌기에 충분하다. 왕자는 누구냐고 묻지만 인어공주는 말을 할 수 없어서 애처로운 눈빛으로 왕자를 쳐다볼 뿐이다.

왕자는 공주를 궁전으로 데리고 간다. 인어공주는 말은 할 수 없지만 아름다운 춤으로 사람들을 매료시키고 특히 왕자와 친해지지만 인어공주를 아내로 삼을 생각은 없다. 이웃나라 공주와 결혼을 하기로 되어 있기 때문이다. 바바라 역시 왕자가 이웃나라 공주와 결혼을 하도록 하여 인어공주와의 결합을 불가능하게 만든다. 둘 다 정치적 동맹의 필요성에 의한 정략결혼이다. 그런데 바바라의 인어공주는 만만치 않다.

> 내가 당신을 구했기 때문에 당신은 나와 결혼해야만 해요.

라며 물러서지 않는다. 이 역시 사랑보다는 보상의 느낌이 짙다. 왕자의 어머니는 이 문제를 해결하기 위해 인어공주와 거짓 결혼식을 올려 그녀를 속이기로 한다. 하지만 왕자는 결혼 후에야 비로소 자신도 그녀를 깊이 사랑하고 있다는 사실을 깨닫게 된다. 하지만 예정된 결혼식을 올리기 위해 인어공주에게는 여행을 떠난다고 하고 이웃나라에 가게 된다. 그런데 그곳에서 왕자는 오히려 결혼을 거절당하는 행운을 얻는다. 그곳 공주가 평범한 남자를 사랑하게 되어 그 남자와 도망을 갈 예정이라는 뜻밖의 고백을 듣게 되는 것이다.

하지만 안데르센의 인어공주는 불행으로 치닫는다. 왕자의 가슴 속에는 온통 자신의 목숨을 구해 준 아가씨가 들어가 있는데 그 아가씨가 인어공주라는 것을 모르고 있는데다 그 사실을 알려 줄 방법도 없다. 게다가 더욱 안타까운 것은 왕자와 결혼할 공주가 왕자가 그동안 그렇게 찾던 자신의 목숨을 구해 준 그 아가씨라고 믿게 된 것이다. 왕자는 자신이 원하는 사람을 얻어 인어공주는 거들떠보지도 않는다. 왕자의 결혼식이 끝나면 인어공주는 죽을 운명이다.

그때 인어공주 언니들이 그녀를 찾아와 단도를 건네주며 해가 뜨기 전에 왕자의 가슴을 찔러 왕자의 피가 인어공주의 다리에 묻으면 다시 인어가 된다고 살 수 있는 방법을 알려 준다. 하지만 인어공주는 왕자를 죽이지 못한다. 왕자의 이마에 작별 키스를 하고 바닷물 속으로 첨벙 뛰어든다. 인어공주는 물거품이 되어 공기 속으로 훨훨 날아간다. 하늘에서 내려다보니 왕자와 신부가 인어공주를 찾으며 슬픈 얼굴로 바닷속을 살펴보고 있었다. 바닷물에 빠져 죽은 것으로 생각하는 것이다. 인어공주는 왕자에게 방긋이 미소를 지어 보낸다. 안데르센의 사랑은 아름답다. 자신을 희생하면서 사랑하는 사람의 행복을 만들어 주기 때문이다.

그런데 그 희생을 당한 사람이 여성이어서 여성에 대한 차별을 조장하는 편견이 있다고 하는 것이다. 바바라는 인어공주를 완전한 해피엔딩으로 이끈다. 인어공주의 다리 통증을 정략결혼의 상대였던 이웃나라 공주가 택한 평범한 남자인 치료사의 도움으로 말끔히 고치는 것이다. 몇 년 후 인어공주는 딸을 낳았는데 그녀의 발가락사이에는 물갈퀴가 달려 있었다. 유전은 어쩔 수 없는 모양이다. 그러나 그것을 문제로 삼는 이는 없었다. 모든 예언자들이 앞을 다투어 이 전례 없는 탄생이 장래 바다의 지배자가 될 징조라고 말했다.

어린 공주는 강하고 지혜로웠으며 아름다웠다. 그리고 그녀는 예언자들의 말을 증명이라도 하듯 어려서부터 이 세상에서 가장 수영을 잘 한다는 소리를 들으며 자랐다. 바바라는 여성이 지배하는 세상을 강렬히 꿈꾸고 있다는 것을 확인할 수 있는 작품이다.

이들 두 인어공주 가운데 어떤 작품이 더 좋다고 말할 수는 없다. 작품은 그 시대적 상황을 가장 예민하게 반추해 내고 있다는 사실을 알 수 있을 뿐이다. 안데르센은 이룰 수 없는 사랑을 묘사하기 위해 인어공주라는 존재할 수 없는 가공인물을 만들어 냈다. 인어공주는 사람과 다른 모습을 하고 있다. 특히 그녀에게는 다리가 없고, 그녀는 다리를 얻기 위해 목소리를 빼앗겼다.

이런 극적 상황 설정을 통해 최고의 감동을 이끌어 냈고, 지금까지 사랑을 받고 있다. 바바라 역시 인어공주라는 인물을 그대로 받아들여 여성의 행복을 찾으려고 시도했다. 또 다른 사람이 역설적인 작품을 쓴다 해도 인어공주는 등장할 것이다. 인어공주는 어쩔 수 없이 인어공주로 계속 이어져 나갈 텐데 그렇다면 장애적 상황 설정을 근간으로 하는 장애인 소재 문학은 문학사에서 오래 전부터 존재해 왔고 또 앞으로도 계속될 것이라는 예측을 할 수 있다. 마치 장애인문학을 최근 『솟대문학』이 억지로 만들어 낸 것처럼 생각하는 것은 잘못이다. 이미 오래전부터 장애인문학은 문학 속에서 큰 비중을 차지하고 있었다.

장애인문학이 무엇이냐고 물을 때 가장 쉽게 이해시킬 수 있는 작품은 〈인어공주〉이고 앞으로 누구든지 새로운 시각으로 인어공주를 집필할 때는 장애인문제를 좀 더 적극적으로 다루기를 바란다.

2. 평등한 사랑을 보여 준 백설공주를 사랑한 난장이

1) 주인공 뒤집기

2001년 5월 4일, 연극 〈백설공주를 사랑한 난장이〉 첫 개막 소식을 알리는 기사가 신문에 실렸다. 그렇고 그런 뻔한 이야기라고 생각했다. 그저 난장이라는 표현이 버젓이 제목으로 올라 있는 것에 마음이 상했다. 〈노틀담의 곱추〉처럼 왜 하필 곱추니 난장이니 하는 것을 강조해야 하는지 그렇게 장애인을 싫어하면서 필요하다 싶으면 잘도 끌어다 쓴다고 상술을 비웃었다. 이 연극을 보러 갈 생각은 추호도 없었다.

그러던 어느 날 TV에서 가수 이기찬 뮤직비디오를 보았다. 〈또 한 번 사랑은 가고〉였는데 연극 〈백설공주를 사랑한 난장이〉를 등장시켰다. 그 노래는 인기가요 순위 1위를 차지하며 인기를 모았다. 그런데 얼마 후 반달이 역할을 맡은 연극배우 최인경이 스타로 부상했다. 키가 너무 작아서 설움을 받았던 그녀가 난장이 역할을 훌륭히 소화해 내서 눈길을 끈 것이다. 최인경은 무명배우 딱지를 떼고 대접받는 인기배우가 되었다. 그녀의 단점이었던 작은 키 덕을 본 것이다.

이렇게 스타를 배출시키면서 연극 〈백설공주를 사랑한 난장이〉는 연극계에서 드문 매진 사례가 벌어졌다. 연장공연이 이어졌다. 백사난(백설공주를 사랑하는 난장이를 줄여서 그렇게 부르기로 함)은 125회 공연 횟수와 관객 3만 명 동원, 객석 점유율 120%, 회원 수 3천 명이 넘는 펜클럽 등 예상치 못했던 결과를 얻어냈다. 한마디로 대박이었다. 뿐만 아니라 상복도 터졌다. 2001 서울국제아동청소년 연극제에서 최우수작품상, 연출상, 연기상을 받았다.

이제 그 성공 이유를 따져 보자. 백설공주 스토리를 모르는 사람은 없다. 이런 인기로 원작을 패러디한 작품들이 쏟아져 나왔다. 하지만 그 아류들은 관심을 끌지 못했다. 왜냐하면 패러디의 목적이 페미니즘에 맞선다는 투쟁의식이 강했기 때문이다. 백설공주는 수동적인 여성의 대명사이기 때문에 능동적인 여성으로 바꾸어 놓은 것인데 그것은 동화의 이미지에서 벗어난 인물이라 동심을 자극할 수 없었다.

그런데 백사난은 동심의 세계를 그대로 지켜 주면서 반달이를 통해 더 깊고 더 진한 동심을 이끌어 냈다. 원작 〈백설공주〉에 등장하는 일곱 난장이는 우화적인 배경에 불과했지만 백사난의 난장이들은 백설공주 인생에 없어서는 안 되는 주요 인물이다. 특히 막내 반달이는 왕자보다 더 비중 있는 인물로 공주의 생명을 구해 주는 용감한 사람으로 등장한다. 그리고 백설공주를 사랑하는 하나의 남성으로 설정되었다.

이 연극은 난장이 반달이가 주인공인 것이다. 난장이를 왕자와 동급으로 격상시켜 놓았다. 공주를 사랑할 수 있는 사람은 왕자뿐이 아니라는 신분 파괴가 어린이는 물론 어른들에게도 상상력을 발동시켰다. 하지만 동화이기 때문에 작가는 그 사랑을 이루어질 수 없는 짝사랑으로 만들었다. 그래서 작가는 반달이의 목소리를 빼앗아 버렸다. 인어공주가 사람이 되기 위해 말을 하지 못하는 언어장애를 갖게 되었듯이 백설공주와의 사랑을 위해 반달이는 왜소증장애에다 언어장애까지 덧붙인 중복장애인이 되어야 했다.

2) 성공 요인

작가에 대한 부분도 동화스럽다. 극단 YOU의 연출가인 박승걸이 1998년 PC통신에 떠돌아다니던 글 백사난을 읽게 되었다. 그는 그 글에 감동을 받아 눈물까지 흘렸다. 그는 그것을 연극으로 만들겠다고 결심하고 2년 동안 준비를 했다. 각색을 직접 한 것이다. 그가 백사난을 무대에 올리고 화제가 되자 작자 미상이던 그 글의 원작자가 나타났다. 서광현이라는 스토리작가로 부산에서 활동하고 있었다. 그래서 이 백사난은 원작 서광현, 각색 연출 박승걸이 되었다.

첫 번째 성공 요인은 작품에 있다. 그동안 주목받지 못했던 난장이에게 비중이 실리자 신선했고 말을 못하는 반달이의 슬프고도 아름다운 짝사랑에 사람들은 말 못하고 있는 자신의 짝사랑을 떠올리게 되었다.

두 번째, 극단 YOU의 투자가 백사난을 성공시켰다. 어린이 대상 연극은 적은 제작비로 만들어지고 있지만 백사난은 성인극의 제작비를 능가하는 투자로 연극의 완성도를 높였다. '어린이에겐 꿈을, 어른들에겐 잊혀진 동심을' 이란 공연 홍보 카피에서 잘 알 수 있듯이 백사난은 모든 연령층이 함께 즐기며 감동받을 수 있는 가족극으로 관객의 폭을 넓혔다.

그런데 우리가 말하는 정말 큰 성공은 장애인이 등장하는 적어도 장애의 아픔이 무엇인지를 보여 주는 연극이 사람들에게 주목을 받았다는 것이다. 장애인이 나오면 흥행에 실패한다는 징크스를 깬 것은 큰 수확이다. 백사난의 성공으로 연극뿐만 아니라 모든 문화예술 부문에서 장애인 소재와 주제의 작품들이 양적으로 늘어날 것이고 그러다 보면 질적으로 발전할 것이고 그것이 장애인 인식개선에 긍정적인 영향을 미칠 것이기에 반갑다.

연극이 성공한 다음 책으로 출간된 서광현, 박승걸의 「백설공주를 사랑한 난장이」로 장애인을 어떻게 묘사했고 그것이 어떤 영향을 끼쳤는지를 살펴본다.

> 반달이가 무언가 몸짓을 시작했습니다. 잔잔함을 팔과 부드러운 미소로 표현했습니다.
> "잔잔함?"
> 공주가 반달이의 몸짓을 알아들었습니다.

청각장애인의 수화가 어렵지 않다는 것, 예쁜 마음으로 열심히 보면 대화가 통할 수 있다는 것을 은연중에 알려주고 있다.

> 아무리 수영을 잘 하는 반달이라지만 그 작은 몸으로 공주를 물속에서 끌어올린다는 건 보통 어려운 일이 아니었습니다.

공주가 어려움을 당할 때마다 반달이가 구해 준 것은 장애인이 쓸모 없는 인간이 아니라 누군가에게 도움이 될 수 있는 능력이 있다는 것을 보여 주어 긍정적인 장애인 모습을 심어 주었다.

> "사람들 사는 곳에 가야 한다구? 그 무서운 곳을? 난 못 가!"
> "어떻게 거길 가? 우린 난장이들인데."

"아니, 난장이잖아! 옛날에 우리 사람들이 너무 괴롭혀서 사라진 줄 알았는데 아직 남아 있다니 정말 다행이군."

"그거 안됐네요. 제가 중매라도 설까 봐요. 근데 참한 여자 난장이를 어디서 구하죠?"

결혼식에 왕자와 공주는 일곱 난장이들 모두를 모두 초대했습니다. 그러나 안개숲 난장이들은 참석하지 않기로 했습니다. 아직 그들에게 사람들은 두려운 존재였기 때문이었습니다.

난장이는 우리나라 장애인을 뜻하고, 사람들은 비장애인을 뜻한다. 아직도 장애인과 비장애인 사이에 벽이 있다는 것을 나타내고 있다. 반달이의 공주를 향한 사랑에서도 장애가 큰 장벽이 된다.

'나, 공주님을 좋아하나 봐요.'란 말을 할 수 없는 자신의 서글픔이 좀 더 오래가고 있음을 알았답니다.

반달이는 왕자님의 입맞춤에 왠지 모를 질투심을 느꼈습니다. 이러면 안 되는데 하면서도 어쩔 수가 없었습니다. 왕자님이 너무 부러웠습니다. 만약 내가 왕자님이라면…… 부질없기만한 생각이었지만 머릿속엔 그 생각만이 돌고 있습니다.

못난 난장이인 자신과는 비교할 수 없이 멋진 왕자님이 나타난 겁니다.

"절 바보 난장이, 못난 난장이라고 비웃어도 좋아요. 그냥 절 꼭 공주님이 계시던 그 안개꽃 밭에 묻어 주세요."
"그럼 너, 너 그랬던 거야? 공주님을 사랑했던 거야?"
"……예."
너무도 힘든 대답이었습니다. 긴긴 쓰라림과 고통의 끝에 다다라 이제야 겨우 이뤄진 고백이었습니다.

반달이의 고백은 동료 난장이에게 남겨진 유언이었다. 하지만 백설공주도 반달이를 사랑했다는 암시가 곳곳에 숨어 있다.

"고마워요, 반달님."
장미요정의 눈물로 깨어난 백설공주의 세 번째 입맞춤이 그의 이마에 와 닿았습니다. 저번보다 훨씬 아름다운 미소와 목소리도 함께 말입니다.

반달이는 이게 꿈이 아닐까 생각했지만 공주님과 춤을 추고 있는 건 분명 자신이었습니다.

"고마워요 반달님, 난 반달님이랑 있을 때가 제일 좋아요."

얼마 뒤 백설공주가 안개숲에 찾아왔습니다. 공주는 누구보다 반달이를 보고 싶어 했습니다.

"하지만 백설공주님을 가장 사랑했던 분은 안개숲의 안개꽃밭 그곳에 잠들어 계신 반달님이십니다."
거울이 반달이의 춤을 노래합니다.
-바람의 언덕을 지나 별꽃의 호수를 건너 이곳 안개숲에 오신 백설공주님을 진실로 사랑합니다-
공주는 그제야 알았습니다. 반달이가 표현하던 그 작고 아름다운 몸짓들은 사랑이었다는 걸. 공주는 자신의 뺨에 조용히 흘러내리는 눈물을 느꼈습니다.

백설공주는 오랜 세월이 지난 후, 진실만을 말하는 거울을 통해 반달이의 사랑 고백을 알게 된다. 새엄마 왕비가 백설공주를 괴롭히는 원인을 제공했던 거울이 이토록 아름다운 일을 해내다니 정말 멋진 반전이다. 백설공주와 반달이의 사랑은 평등하다. 신분의 차이도 없고 장애와 비장애의 차별도 없다. 오직 사랑만 있을 뿐이다.

백설공주를 사랑한 난장이, 난장이를 사랑한 백설공주. 그들의 사랑은 짝사랑이 아니다. 그저 맺어지지 못했을 뿐이다. 사랑을 눈부시도록 아름답게 형상화시켰기에 사람들은「백설공주를 사랑한 난장이」에 빠져들어 갔다.

3. 장애문인 이솝, 그가 남긴 삶의 지혜

1) 이솝 작가론

이솝우화에는 유익한 교훈과 훈계가 담겨져 있다고 생각하지만 그보다는 지극히 현실적인 삶의 지혜를 가르쳐 주고 있다. 그리고 우화는 어린이들에게 필요한 것이 아니라 지식인층에서 우화를 인용하며 자신의 재치를 뽐내는데 사용하고 있다.

소크라테스나 아리스토텔레스 같은 철학자들이 이솝우화를 소중히 여겼다. 소크라테스는 감옥에 갇혀 사형집행을 기다리면서도 이솝우화를 운문으로 만들고 싶다는 소망을 강하게 갖고 있었다고 전해지고 있고, 아리스토텔레스는 이솝우화를 수집하여 제자들에게 체계화시키도록 하였다. 그런데 우리가 가장 모르고 있었던 것은 바로 이솝이란 인물 자체이다. 14세기 프라누데스의 「이솝전」에 의하면 그는 척추장애인이었고, 천부의 기지, 해학, 화술로써 노예에서 해방되어 우화작가로 이름을 떨쳤다고 한다. 이솝의 외모에 대해 이런 기술이 있다.

> 머리는 반짝반짝한 대머리이고, 눈은 단춧구멍만한 데다 툭 튀어 나왔다. 코는 납작할 대로 납작한 데다 콧구멍이 유난히 커서 벌름거렸다. 입은 앞으로 돌출된 데다 입술이 두꺼워 얼굴에 온통 입만 있는 것처럼 보였다. 얼굴이 가슴에 파묻힌 듯 목이 없어 답답하기 이를 데 없었고, 키가 유난히 작은 데다 배는 볼록 튀어나와 걷는 모습이 마치 뒤뚱거리는 원숭이 같았다.

어디 그뿐이랴, 그는 등이 마치 짐을 지고 있는 듯 튀어나와 있었다고 하는 것으로 미루어 보아 지독히 못 생긴 추남인 데다 척추장애인이라는 사실을 알 수 있다.

이솝(Aesop B.C 520~564) 은 기원전 6세기 초반 인물로 야도몬이라는 사모스 시민의 노예였으며 아폴로의 신탁으로 유명한 델포이 사람들의 손에 죽임을 당했다고 한다. 이솝은 그리스 고대의 도시국가들이 서로 전쟁을 치르던 도중에 포로로 잡혀 노예가 된 것이다. 이솝은 노예였음에도 불구하고 주인의 집사 노릇을 했는데 그것은 뛰어난 말솜씨 때문이었다. 그는 협상이나 논쟁에서 재치 있는 우화로 상대방을 꼼짝 못 하게 만드는 특별한 재주가 있었다. 그 능력을 인정받아 류디아왕 크로이소스의 총애를 받아 왕의 정치고문이 되기도 했다. 이솝은 각처로 다니면서 우화로 사람들을 일깨워 주어 존경받는 인물이 되었다. 급기야 기원전 5세기 후반 그리스에서는 이솝이라는 이름이 널리 알려졌고 마침내

전 세계로 퍼져나가 오늘날까지 이솝은 우화작가의 대명사가 되었다.

2) 이솝우화 속 지혜

문학은 만들어 낸 이야기이다. 그래서 문학의 출발은 우화에서 찾기도 한다. 그렇다면 문학의 창시자는 이솝이고, 문학의 원조는 장애인이었다는 추측이 가능해진다.

이솝우화는 짧은 이야기이지만 그 속에 담긴 의미는 무궁무진하다. 이솝우화 몇 편을 골라 해석을 달아 이솝의 지혜를 공유하려 한다.

정직이 최선

배부른 늑대가 누워 있는 양을 보았다. 양은 혼자 힘으로 일어서려고 애쓰고 있었다.

늑대는 배가 불러서인지 양에게 다가가 안심시키면서 만일 양이 세 가지 진실을 말한다면 잡아먹지 않고 놓아 주기로 약속했다.

그러자 양은 다시는 늑대를 만나고 싶지 않다고 첫 번째 진실을 말했다. 두 번째는 늑대가 눈이 멀어 버렸으면 좋겠다고 했으며 마지막 세 번째로 양이 말한 진실은 사악한 늑대가 비참하게 죽어서 더 이상 양들이 괴롭힘을 당하지 않았으면 좋겠다는 것이었다.

그러자 늑대는 양의 솔직한 마음을 알고서 놓아 주었다.

진실은 사람을 감동시킨다. 만약 양이 늑대를 찬양했더라면 양은 목숨을 부지하기 힘들었을 것이다. 그런데 요즘 사람들은 진실의 가치를 무시한다. 심지어 진실이 무엇인지조차 모르고 있다. 진실 상실의 시대에 살고 있는 우리는 그 누구도 감동시킬 수 없는 나약한 존재이다. 진실을 외면하고 있는 우리는 언제 늑대의 먹이가 될지 모르는 위험 속에 있다.

벽과 말뚝

무지막지하게 말뚝이 박힌 벽이 소리쳤다.

"내가 너를 괴롭힌 적도 없는데 너는 왜 나를 이렇게 아프게 하는 거야?"

말뚝이 말했다.

"너를 괴롭히는 것은 내가 아니라 내 뒤에서 나를 세게 치는 사람이야."

그렇다. 나를 괴롭히는 것은 내 앞에서 행동하는 네가 아니다. 제3자이다. 하지만 우리는 우리 눈앞에 당장 보이는 것만 원망한다. 원망하지 말자. 알고 보면 그도 피해자이다. 원망 대신 고통의 원인을 찾아서 함께 해결하자. 그래야 너와 나 우리 모두 고통에서 벗어날 수 있다.

말과 당나귀

어떤 사람이 말 한 마리와 당나귀 한 마리를 갖고 있었다. 어느 날 그들이 길을 가고 있을 때 당나귀가 말에게 말했다.

"내 목숨을 소중히 여긴다면 내 짐을 조금 덜어 주는 게 어때?"

말은 들은 체도 하지 않았고 급기야 당나귀는 지칠 대로 지쳐 쓰러져 죽고 말았다.

그러자 주인은 당나귀의 짐을 모두 말에게 옮겨 실었다. 그뿐만 아니라 당나귀에게서 벗겨 낸 가죽까지도 그 위에 얹었다.

말은 한숨을 지며 이렇게 중얼거렸다.

"아아, 기회를 놓치고 말았구나! 이제 된통 당하게 되었군! 당나귀의 그 가벼운 짐을 나누어 지고 가기를 거부하다가 이제 모든 짐을 나 혼자 떠맡게 생겼으니 말야, 게다가 그 녀석의 가죽까지!"

우리가 남의 고통을 덜어 주어야 하는 이유가 바로 여기에 있다. 내 고통을 줄이기 위해 남의 고통을 함께 나누어야 하는 것이다. 그런데 우리는 남의 고통을 쉽게 외면하고 즐기기까지 한다. 결국 그 고통이 자신의 몫이 된다는 것을 까맣게 모르고 당장 편한 것만 좋아한다. 남의 고통을 덜어 주는 것이 자기 행복에 대한 저축이라는 사실을 잊어서는 안 될 것이다.

어부와 크고 작은 물고기

한 어부가 바다에 던져 놓았던 그물을 끌어당겼다. 그물을 펼쳐보니 온통 큰 물고기들 뿐이었다. 조그만 물고기들은 모두 그물코 사이로 다 빠져나가 바다로 도망쳤기 때문이다.

위기를 만났을 때 거물들이 더 큰 피해를 본다는 것을 알 수 있게 하는 우화이다. 평범한 사람들은 위기 또한 평범하다. 그래서 삶이 평탄하다. 하지만 사회적 거물들은 한순간 추락한다. 자신의 권력으로 넓은 세상을 호령할 수도 있지만 언제라도 그물망에 걸릴 위험도 있다. 그물에 한번 걸리면 빠져나갈 수가 없다. 그것이 거물의 비애이다.

그러니까 권력을 잡으려고 정당하지 못한 방법까지 쓰면서 애쓰지 말고 평범한 행복을 가꾸는 것이 훨씬 현명한 인생살이라는 뜻이다.

꿀벌과 제우스 신

꿀벌은 인간이 자신의 꿀을 꺼내 가는 것이 배가 아파서 제우스 신에게 꿀을 훔치려고 벌집에 접근하는 사람을 죽일 수 있도록 힘을 달라고 부탁했다. 제우스 신은 꿀벌들의 이런 이기적인 요구에 화가 나서 벌이 누군가를 쏘고 난 뒤에는 죽어 버리게 만들었다.

욕심이 너무 지나치면 오히려 화가 된다는 교훈을 주고 있다. 다른 사람을 무너뜨리려다 자기가 무너지는 경우, 자기가 했던 일들이 남한테 해가 되는 것이면 그것은 더 큰 부메랑이 되어 자기가 더 큰 피해를 보게 된다는 사실을 일깨워 주고 있다.

드라마 속 장애인캐릭터

아아! 새 천지가 눈앞에 펼쳐지도다. 힘의 시대가 가고 도의의 시대가 오도다. 지난 온 세기에 갈고 닦아 키우고 기른 인도의 정신이 바야흐로 새 문명의 밝아오는 빛을 인류의 역사에 쏘아 비추기 시작하도다. 새 봄이 온누리에 찾아들어 만물의 소생을 재촉하는도다. 얼어붙은 얼음과 찬 눈에 숨도 제대로 쉬지 못하는 것이 저 한 때의 형세라 하면, 화창한 봄바람과 따뜻한 햇

제10장 드라마 속 장애인캐릭터

tvN 10주년 특별기획 금토드라마 〈디어 마이 프렌즈〉 2회 방송(2016년 5월 14일 방영)에서 결혼을 하지 않고 나이 들어가는 딸에게 엄마가 결혼 얘기를 하며 딸의 결혼 상대자로 '세상에 모든 남자는 되지만 유부남과 장애인은 안된다.' 고 통보하는 대사가 나오자 SNS를 통해 장애인 당사자들이 그것은 장애인에 대한 편견을 조장하는 장애인 비하라고 거세게 항의를 하였다. 그러자 제작진이 바로 사과와 해명의 글을 〈디.마.프〉 공식 홈페이지 5월 20일 시청자 게시판에 올렸다.

> 우선 해당 대사가 불편한 마음을 줄 수 있다는 점에 제작진도 깊이 공감하고 있습니다. 작품을 쓰신 노희경 작가님께서도 집필 과정에서 많은 고민을 하신 대사라고 말씀하신 바가 있습니다. 그럼에도 불구하고 저희가 고민 끝에 '장애인을 반대하는 엄마'라는 설정과 대사를 넣은 이유는 기존의 사회적인 편견을 가감없이 보여 줌으로써 오히려 장애인에 대한 사회적 편견에 맞서 그것을 깨는데 기여하고 싶었기 때문입니다.

이런 상황이 그동안도 수없이 벌어졌지만 제작진이 사과를 한 것은 처음이었다. 그리고 회를 거듭할수록 〈디.마.프〉는 우리 사회에 장애인에 대한 사회적 편견이 존재한다는 사실을 일깨워 주는 역할은 하였지만 〈디.마.프〉는 장애인 가정에 돌을 던진 결과가 되었다. 〈디.마.프〉 2회가 방영된 후 장애우권익문제연구소 장애인인권침해예방센터에 다음과 같은 사연이 접수된 것이다. 엄마가 장애인인 가정인데 초등학생 딸이 〈디.마.프〉의 바로 그 장면을 보고 난 후 '아빠는 왜 엄마랑 결혼했어? 장애인과 결혼하면 안 된다는데' 라고 질문하여 부부가 당황하였다는 내용이다.

사람들은 누구나 자기 문제가 아니면 관대하다. 그래서 시청자 게시판 댓글에는 장애인과의 결혼을 반대하는 것이 현실적이지 않느냐는 반응이 지배적이었다. 하지만 무심히 던진 돌에 개구리는 죽을 수도 있듯이 선의로 넣은 대사 한마디 때문에 장애인 가정은 큰 상처를 받게 되는 현실에서 드라마 속 장애인캐릭터에 대한 논의가 필요하다는 생각이 들었다.

드라마는 현실의 투영이자 미래에 대한 방향 제시이기도 하여 우리나라 드라마에서 장애인이 어떤 모습으로 그려지고 있는지 점검해 보고, 앞으로 어떤 장애인캐릭터가 필요한지 제시하는 노력이 필요하기에 우리나라 드라마 속에 나타난 장애인캐릭터를 2011년 이후부터 분석하여 장애인캐릭터에 나타난 한국인의 장애인 인식 양상을 살펴보고자 한다.

1. 장애인캐릭터 등장 드라마 실태

1) 분석 대상

우리나라 드라마의 역사는 방송의 역사와 함께하지만 장애인이 등장하는 드라마는 최근 몇 년 사이에 부쩍 많아졌다. 그래서 2011년 이후부터 2018년까지의 드라마에서 장애인이 주연이든 조연이든 등장하는 드라마 68편을 분석 대상으로 하여 아래 〈표15〉와 같은 특징의 분류표를 만들었다.

〈표15〉 드라마 속 장애인캐릭터 특징 분류표

순번	제목	방송사	방영연도	장애 유형	역할비중	성별	분석(직업)	평가(*점)
1	스카이 캐슬	jtbc	2018	자폐증	조연	여	천재였으나 교통사고로	화제가 되었던 코디의 딸로 악녀가 된 근원
2	알함브라 궁전의 추억	tvN	2018	지체장애	주연	남	추락사고로 지팡이 사용	주인공 현빈 ** 송재정 작가
3	신의 퀴즈 리부트	OCN	2018	뇌병변장애	조연	남	노동 현장에서 죽은 여공의 아버지	비참한 상황 설정
4	흉부외과 심장을 훔친 의사들	SBS	2018	청각장애	조연	여	심장이식 수술을 받은 아동의 어머니	청각장애 엄마를 위로하는 모습
5	나인룸	tvN	2018	지체장애	주연	여	질병	억울한 수형자의 한(恨)
6	제3의 매력	jtbc	2018	지체장애	조연 조연	남 남	추락사고로 휠체어 사용하는 작가. 전철을 타는 휠체어사용자	장애인이 된 후 옷도 안 사 입고. 휠체어 장애인이 전철에서 당한 차별

순번	제목	방송사	방영연도	장애 유형	역할 비중	성별	분석(직업)	평가(*점)
7	여우 각시별	SBS	2018	지체장애	주연	남	교통사고로 팔을 잃고 의수 사용	의수에서 괴력이 나옴
8	비밀과 거짓말(일일)	MBC	2018	자폐증	조연	남	재벌 사위가 되기 위해 버린 여인의 아들	클라리넷을 연주하는 서번트신드롬이지만 아이 취급
9	라이프	jtbc	2018	지체장애	조연	남	주인공 동생으로 교통사고로 하반신마비, 의대 졸업 후 심평원 근무	척수장애의 특징을 잘 표현 *** 이수연 작가
10	친애하는 판사님께	SBS	2018	시각장애	조연	여	판례로 시각장애 소녀가 놀이공원에서 당한 차별	위험 고지라는 특별한 배려가 차별 *** 천성일 작가
11	미스터 선샤인	tvN	2018	지체장애 언어장애	조연 조연	남 여	매국노로 총에 맞아 다리 불편. 언어장애 점술사로 신비함	
12	무법 변호사	tvN	2018	지체장애 시각장애 청각장애	조연	남 여 여	지체장애 형사 시각장애 안마사(위장) 범인 엄마 청각장애	다리가 불편해도 형사 할 수 있다. 청각장애 엄마에게 인사를 할 수 있도록 배려 ** 윤현호 작가
13	미스 함무라비	jtbc	2018	지적장애	조연	남	재판 사례	재벌 동생이 지체장애로 대학 시절 수화동아리 활동 (대사처리) ** 문유석 작가
14	나의 아저씨	tvN	2018	청각장애	조연	여	주인공 할머니로 마지막 유언을 수화로 나눔	매우 인상적 *** 박해영 작가
15	파도야 파도야(일일)	KBS	2018	지체장애	조연	남	주인공 동생으로 언덕에서 굴러 지체장애를 가진 후 엄마를 도와 김밥 장사	
16	슈츠	KBS	2018	시각장애 청각장애	조연	여 남	의뢰인 포장마차 주인	이혼을 하려는 재발가 여자, 로펌 앞 포장마차 운영
17	스위치	SBS	2018	지체장애 2	조연	남 2	주인공 아버지, 검사로 휠체어 사용(회복)	의수 착용 후 죽은 사람으로 위장
18	꽃피어라 달순아(일일)	KBS	2017	지체장애	조연	여	주인공과 경쟁자로 장애를 갖게 된 후 사랑 쟁취	도둑에게 맞아 휠체어 사용, 동정적 시각
19	이번 생은 처음이라	tvN	2017	지체장애	조연	여	커리어 우먼의 어머니가 다리를 젊	숨기는 존재
20	저글러스	KBS	2017	청각장애	조연	남	주인공 친구 아버지가 청각장애로 구두수선 딸에 대한 깊은 부성애	* 조용 작가
21	투깝스	MBC	2017	청각장애(가장)	조연	여	살인기계	비밀을 유지하려고

순번	제목	방송사	방영연도	장애 유형	역할 비중	성별	분석(직업)	평가(*점)
22	이판사판	SBS	2017	지적장애	조연	남	판례-엄마의 억울함을 알리기 위해 1인 시위	*서인 작가
23	도둑놈, 도둑님	MBC	2017	시각장애	조연	남	한쪽 눈 실명은 악행의 결과	
24	병원선	MBC	2017	청각장애	조연	남	환자-남자 주인공 의사가 수화를 배워 치료	수화를 배우는 장면, 치료 장면 *** 윤선주 작가
25	훈장 오순남	MBC	2017	시각장애	조연	여	주인공 엄마로 충격을 받아 실명 후 회사 운영	점자로 업무를 봄
26	언니는 살아 있다	SBS	2017	시각장애	주연	여	악역, 죄의 대가로 실명 후 고객센터에서 근무	
27	맨투맨	jtbc	2017	시각장애(위장)	조연	남	시각장애 신부로 위장	
28	당신은 너무합니다	MBC	2017	시각장애(일시적)	주연	남	교통사고로 장애를 갖게 되었는데 개안수술로 빛을 찾음	시각장애 흉내를 냄
29	백성을 훔친 도적, 역적	MBC	2017	지체장애	조연	남	주인공 아버지로 노비 신분, 고문으로 다리가 불편하여 지팡이 사용	조선 시대에도 장애인이 있었다는 것을 시사
30	김과장	KBS	2017	지체장애	조연	여	기업회장으로 질병 때문에 보행이 불편, 지팡이 사용	경영 능력이 없는 약자로 경영권 다툼의 원인
31	피고인	SBS	2017	지체장애(일시적)	조연	남	수사관인데 비리를 덮으려는 측에서 위장사고를 내어 의식이 깨어나지 못하다 점차 회복	휠체어를 타고 출근
32	아임쏘리 강남구	SBS	2017	지적장애	조연	여	주인공 누나로 놀림 대상	
33	푸른 바다의 전설	SBS	2016	시각장애	조연	남	주인공 아버지, 재산 상속 문제로 두 번째 부인이 약으로 시각장애를 만듦	음모의 도구
34	화랑	KBS	2016	지체장애	조연	남	주인공 아버지, 선천성 장애 때문에 숨어 지낸 왕족	완전하지 못한 몸
35	월계수 양복점 신사들	KBS	2016	시각장애	주연	남	주인공 아버지, 양복기술자인데 망막색소변성증으로 서서히 시각을 잃어 가면서 시각장애로 살아가는 방법을 준비하는 과정을 진솔하게 표현	**구현숙 작가
36	오 마이 금비	KBS	2016	중복장애(지체, 지적)	주연	여	끝부분에서 아동치매로 장애 발생	

순번	제목	방송사	방영연도	장애 유형	역할비중	성별	분석(직업)	평가(*점)
37	사랑이 오네요	SBS	2016	지체장애	조연	여	도망가다 교통사고로 장애	
38	당신은 선물	SBS	2016	지적장애	조연	여	범인을 알려 줘도 믿지 않음	무시
39	좋은 사람	MBC	2016	지체장애(일시적)	조연	여3 남1	복수를 펼치는 과정에서 4명이 휠체어를 타고 등장	복수, 죄의 댓가
40	구르미 그린 달빛	KBS	2016	언어장애(일시적)	조연	여	옹주인데 충격으로 인해 언어장애 발생하여 필담으로 의사소통을 하다가 주인공이 수화를 만들어 사용	조선 시대 궁궐 수화
41	뷰티풀 마인드	KBS	2016	청각장애	조연	남	청각장애를 숨기기 위해 이어폰을 꽂고 음악을 듣는 척함. 청각장애특수학교인 서울삼성학교 방대한 학생이 직접 출연	*김태희 작가
42	디어 마이 프렌즈	tvN	2016	지체장애 지체장애	주연 조연	남 남	조인성이 교통사고로 장애인이 된 후 장애 때문에 사랑하지만 이별. 여주인공 삼촌으로 산업재해	** 노희경 작가
43	동네변호사 조들호	KBS	2016	뇌병변장애	조연	남	악행을 저지른 기업 총수가 배신에 대한 충격으로 뇌졸중	권선징악으로
44	태양의 후예	KBS	2016	지체장애	조연	여	주인공의 절친. 병리과 전문의	동등한 존재지만 의사로서의 활약이 보이지 않음
45	몬스터	MBC	2016	자폐성장애 시각장애	조연 주연	남 남	포토그래픽 메모리로 한번 보면 그대로 그려 천재라고 칭찬. 충격으로 일시적 시각장애	극적 장치
46	굿바이 미스터 블랙	MBC	2016	시각장애	조연	여	고의적 사고로 시각장애	극적 장치
47	딴따라	SBS	2016	지체장애	조연	남	가수인데 절룩거리면서 무대에 어떻게 나갈 거냐고 묵살	차별적 존재, 자살
48	천상의 약속	KBS	2016	지체장애(가짜)	주연	여	상대방에게 죄책감을 주기 위해	부정적 이미지
49	마녀의 성	SBS	2016	지체장애(일시적)	주연	여	비극적 상황 설정으로 바닥에 음식을 쏟아부으며 핥아 먹으라고 바닥으로 쓰러뜨림	불쌍한 존재

순번	제목	방송사	방영연도	장애 유형	역할 비중	성별	분석(직업)	평가(*점)
50	내 딸 금사월	MBC	2015	지체장애(가짜)	주연	여	변장을 위해 장애 이용	비현실적
51	이브의 사랑	MBC	2015	중복장애(지체-가짜, 언어)	주연	여	위기를 모면하려고 지체장애, 결국 언어장애	부정적 이미지
52	여왕의 꽃	MBC	2015	지체장애(가짜)	조연	여	동정을 사서 접근하려고 장애 이용(꽃뱀)	부정적 이미지
53	여자를 울려	MBC	2015	지체장애 청각장애 지체장애	조연 조연 조연	여 여 남	역할은 크지 않았지만 사랑받는 여성으로(미용사, 풀빵장사 부인). 양심적 학생으로 등장	** 하정옥 작가
54	오 나의 귀신님	tvN	2015	지체장애	조연	여	교통사고로 휠체어 사용, 결혼하여 레스토랑 캐셔로 일하며 남편이 된 범인을 용서하며 재활	* 양희승, 양서윤 작가
55	사랑하는 은동아	jtbc	2015	지체장애	주연	남	여주인공의 남편으로 야구선수였는데 사고로 장애를 갖게 됨, 부인의 사랑을 얻지 못하고 헤어짐.	마비가 조금씩 회복되어 가지만 부인을 붙잡기 위해 숨김
56	빛나는 로맨스	MBC	2014	시각장애(가짜)	주연	여	사랑을 빼앗기지 않으려 장애를 이용	부정적 이미지
57	갑동이	tvN	2014	뇌병변 장애	조연	남	주인공 아버지로 악인에 의해 살해당함	뇌성마비 연기자 길별은 출연으로 강한 인상
58	엔젤 아이즈	SBS	2014	시각장애	주연	여	수술로 회복되었다가 다시 실명	극적 장치로 활용
59	앙큼한 돌싱녀	MBC	2014	지체장애	주연	여	반대하는 결혼에 대한 보복으로 교통사고를 당해 다리 절단	큰 의미 없음
60	순금의 땅	KBS	2014	지체장애	조연	남	불행의 연속적 상황	큰 의미 없음
61	힘내요 미스터김	KBS	2013	지체장애	조연	남	부잣집의 걱정거리로	편의시설이 전혀 없는 집
62	그 겨울 바람이 분다	SBS	2013	시각장애	주연	여	송혜교가 시각장애의 디테일을 연기하여 파급효과가 컸음	**** 노희경 작가
63	굿닥터	KBS	2013	자폐성 장애	주연	남	주원이 서번트 신드롬 외과 의사로 등장하여 자폐증을 이해하는데 이바지	***** 박재범 작가
64	더 킹 투하츠	MBC	2012	지체장애	주연	여	공주가 정치적 보복으로 장애를 갖게 된 후 여왕으로 등극하는 당당한 모습	*** 홍진아 작가

순번	제목	방송사	방영연도	장애 유형	역할 비중	성별	분석(직업)	평가(*점)
65	다섯 손가락	SBS	2012	시각장애	주연	여	버린 아들을 구하려다 후반에 장애	악행에 대한 대가
66	복희 누나	KBS	2012	지적장애	조연	남	대를 잇기 위해 가난한 집 딸과 결혼	의존적 모습
67	내 마음이 들리니	MBC	2011	청각장애 지적장애	주연 조연	남 남	김재원이 소리만 듣지 못하는 장애를 연기 지적장애로 정직한 아버지	비현실적
68	주홍글씨	MBC	2011	지체장애 시각장애	조연 조연	남 여	복수로 지체장애 충격으로 시각장애를 갖게 됨	부정적 이미지

2) 분석 방법

어떤 주제를 갖고 드라마를 분석한다는 것은 너무나 방대한 작업이어서 연구 환경이 마련되지 않은 상태에서 면밀히 조사하기는 어렵지만 큰 틀에서의 실태나 맥락은 찾아볼 수 있다. 분석 방법은 장애인 인터넷 신문 에이블뉴스에 드라마 속 장애인 모습에 대한 글을 올린 이복남 객원기자의 기사 내용과 장애인 당사자로 방송작가 경력이 31년인 필자가 그동안 장애인이 등장하는 드라마를 시청하며 모니터한 내용을 토대로 탐색하는 방법밖에 사용할 수 없었다는 부끄러운 고백을 하지 않을 수 없다.

3) 분석 결과

분석 대상으로 선정한 드라마 68편을 방송사와 방영 연도 그리고 장애인캐릭터의 장애 유형과 성별, 역할 비중에 따라 분석한 결과는 아래 〈표16〉~〈표20〉과 같다.

〈표16〉 방송사 분포

MBC	KBS	SBS	tvN	jtbc	OCN
19	17	16	9	6	1

장애인캐릭터가 등장하는 드라마를 가장 많이 방영한 방송사는 MBC이며, 종합편성과 케이블 TV인 jtbc와 tvN에서 장애인캐릭터 드라마 15편을 방영한 것은 비공중파 방송이 지향하는 드라마가 다양성에 가치를 두고 있다는 의미로 해석된다.

〈표17〉 방영 연도 분포

2011	2012	2013	2014	2015	2016	2017	2018
2	3	3	5	6	17	15	17

장애인캐릭터가 등장하는 드라마는 2015년까지 완만히 증가하는 추세를 보이다가 2016년에는 2배 이상 치솟아 장애인캐릭터 드라마 전성시대라고 해도 과언이 아닐 정도로 양적으로 풍부해졌다.

〈표18〉 장애 유형 분포

지체장애	뇌병변장애	언어.청각장애	시각장애	자폐성장애	지적장애	중복장애
39	3	12	17	4	6	2

드라마에 가장 많이 등장하는 장애인캐릭터의 장애 유형은 지체장애가 48%로 압도적으로 많았으며 시각과 청각장애가 그 뒤를 이었다. 가짜 장애인 캐릭터는 7명(지체장애 3명, 시각장애 2명, 청각장애 1명, 중복장애 1명)이었으며, 일시적 장애인캐릭터는 8명(지체장애 6명, 시각장애 1명, 언어장애 1명)이었다. 장애인캐릭터가 2명 등장하는 드라마는 8편, 3명이 2편, 4명이 등장하는 드라마는 1편이었다.

가짜 장애인으로 지체장애가 많은 것은 휠체어나 목발을 사용하면 바로 장애를 가진 것으로 보이기 때문이고, 일시적인 장애에서도 지체장애가 압도적으로 많은 것은 실생활에서도 다른 장애 유형에 비해 지체장애는 단기적으로 경험하게 되는 경우가 있는 현실을 반영한 것으로 보인다.

〈표19〉 성별 분포

남자	여자
43	40

장애인캐릭터의 남녀 비율은 남자가 52%로 약간 많았는데 실제 장애인실태조사에서도 남성의 비율이 항상 높게 나타난다.

〈표20〉 역할 비중 분포

주연	조연
22	61

조연이 73%로 우리나라 드라마에서 장애인캐릭터는 아직 주연 위치가 아닌 조연, 그것도 사례로 잠시 사용되고 있다는 것을 알 수 있다.

이를 바탕으로 종합 분석을 하면 장애인캐릭터가 등장하는 드라마는 증가하는 추세를 보이고 있으며, 특히 2016년 한해 17편이 방영되어 전체 드라마의 25%를 차지할 정도로 유난히 많은 장애인캐릭터를 등장시켰다. 장애 유형으로 보면 지체장애가 48%로 가장 많았고, 다음이 시각장애로 드라마에서는 휠체어나 흰지팡이로 장애인을 묘사하는 것이 일반적이다.

남녀 비율은 비슷하였지만 여성은 남성에 비해 비극적인 약한 존재로 그려졌고, 장애인캐릭터는 조연 비중이 73%로 매우 높았으며 주연이라 하더라도 장애인이 극을 이끌어 간 드라마는 〈그 겨울 바람이 분다〉와 〈굿닥터〉 2편에 불과하다.

〈라이프〉에서는 장애인캐릭터가 주인공은 아니지만 주인공 동생으로 등장하는 선우가 장애 포용적 캐릭터로 그려졌다. 선우는 교통사고로 하반신마비 장애를 갖게 된 캐릭터로 정형외과 전문의로서 병원이 아닌 건강보험심사평가원 심사위원으로 근무하며 자신의 직분에 충실한 모습을 보여 주었다. 그 과정에서 여러 유형의 휠체어를 보여 주고 집안에서는 어떻게 생활하는지, 집밖에서 장애인 콜택시 이용 장면, 마트와 음식점에서의 모습 그리고 여행을 하며 부딪히는 일 등을 자세하게 보여 주어 휠체어 이용자의 현실을 잘 묘사하였다.

장애인 관점에서 68편의 드라마 평점을 매겨 보면 5점 만점을 받은 드라마는 1편이고 4점이 1편, 3점이 5편, 2점이 6편, 1점이 4편으로 좋은 드라마라고 평가할 수 있는 드라마는 25%로 나타났는데 좋은 드라마 17편 가운데 2017년 이후 드라마가 절반 이상을 차지하여 장애인에 대한 인식이 긍정적으로 개선되고 있다는 것을 알 수 있다.

〈갑동이〉에서 뇌성마비 연기자 길별은이 메소드 연기로 강한 인상을 남겼지만 살해당하는 장면 밖에 없어서 평점을 줄 수 없고, 화제작 〈태양의 후예〉에서 주인공 친구로 등장하는 임상병리과 전문의는 성격이 적극적이고 거침이 없는 강한 캐릭터이지만 의사로서의 역할을 보여 주지 않아 단순한 장식에 불과하였다는 장애인 시청자들의 평을 감안하여 평점을 매기지 않았다.

평점을 받은 17개 작품 가운데 노희경 작품이 2편으로 노 작가는 장애인문제에 깊은 관심을 갖고 있는 것으로 보인다. 평점은 1점이고 시청률도 매우 저조했지만 장애인 연기자를 직접 캐스팅하여 화제가 된 드라마가 있다. 〈뷰티풀 마인드〉인데 청각장애 특수학교에 재학 중인 방대한 군이 억울하게 죽은 아버지의 유일한 혈육인 아들로 등장하여 극의 흐름에 긴장감을 더해 주는 역할을 하였다.

시청자들은 방대한 군이 청각장애인이라는 사실을 모르고 드라마를 보다가 종영 즈음 방대한 군이 실제 청각장애인으로 연기자를 꿈꾸고 있다는 사실을 알고 무척 놀라워하며 찬사를 보냈다.

2. 장애인 관점에서 드라마 보기

1) 장애인캐릭터 유형

드라마 속 장애인캐릭터는 크게 긍정형과 부정형으로 나눌 수 있다. 그리고 다시 본인 수용태도와 타인 수용태도로 분류하여 〈그림4〉와 같은 드라마 속 장애인캐릭터 유형을 도출하였다.

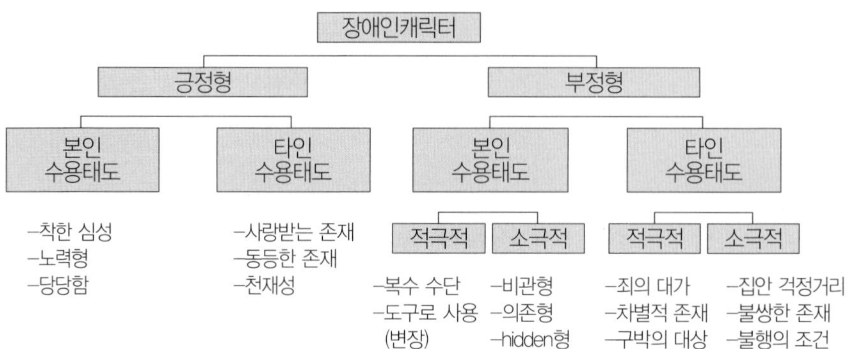

그림4 드라마 속 장애인캐릭터 유형 분류

드라마 속 장애인캐릭터 긍정형은 본인의 장애 수용 태도에 따라 착한 심성으로 다른 사람들에게 피해를 주지 않는 모습, 장애를 이겨 내려고 열심히 노력하는 모습, 장애로 위축되지 않고 당당하게 자기 역할을 다 하는 유형으로 나타났으며, 타인이 장애를 수용하는 태도에 따라서는 동등한 존재, 사랑받는 존재 그리고 천재성을 가진 존재로서 그려졌다.

드라마 속 장애인캐릭터 부정형은 긍정형과 마찬가지로 본인 수용태도와 타인 수용태도로 나누어서 설명할 수 있는데 본인 수용태도에서 복수를 위해, 변장을 위해 장애를 이용하는 적극적인 경우와 장애 때문에 비관하거나 의존적인 삶의 방식으로 살아가거나 또는 장애를 숨기는 소극적인 모습을 나타내고 있다. 타인의 수용태도 역시 죄의 대가로 장애를 갖게 되었다고 생각하거나 차별적 존재나 구박의 대상으로 보는 적극적인 태도가 있는 반면 장애인을 집안의 걱정거리로 받아들이고 불쌍한 존재나 불행의 조건으로 생각하는 소극적인 모습을 보이고 있다.

결론적으로 드라마 속 장애인 캐릭터는 17개 유형으로 긍정형 6개, 부정형 11개로 나타나 부정형 캐릭터가 65%로 훨씬 더 많다는 것을 알 수 있다.

이렇듯 장애 원인이 죄의 대가나 복수나 음모 등으로 발생하여 장애인캐릭터가 호감을 주지 못하고 있고, 장애 특성이 고려되지 않은 채 장애인의 생활이 비현실적으로 그려져서 장애인캐릭터가 장애인을 이해시키는 역할을 하지 못하고 있으며 장애인에 대한 직설적이고 과장된 표현으로 장애인 비하를 조장하고 있다.

2) 장애인캐릭터의 변화

드라마 속 장애인캐릭터의 변화를 살펴보면 2017년도 이후 드라마에는 마냥 나약한 것이 아니라 정의 편에서 불의를 물리치는 강한 모습을 보이고 있다. 그리고 장애인의 사회적 위치가 대기업 회장 등으로 높은 지위에 있기도 하고 휠체어나 목발이 장애인의 보조기구라기보다 질병이나 사고로 이동이 불편하면 언제든지 사용할 수 있는 의료기구로 인식하고 있다.〈tip9〉

하지만 여전히 지적장애는 놀림의 대상이거나 정확한 정보를 갖고 있지 않는 부족한 사람으로 그려져 아직도 지적장애인에 대한 인식 수준에는 아쉬움이 있다.

3) 이론적 함의

장애인캐릭터에 대한 논의를 하기 위해서는 아래 〈표21〉과 같은 Prestley(1998)의 장애 개념 다중 패러다임을 이해해야 한다.

〈표21〉 장애 개념 다중 패러다임

개별적 유물론	사회적 유물론
개별적 관념론	사회적 관념론

개별적 유물론은 장애를 신체적·정신적 손상에 따른 정상성의 결여로 보고 있으며, 개별적 관념론은 장애를 손상에 따라 정체성이 훼손된 상태로 인식하고 있다. 이에 반해 사회적 유물론은 장애인의 문제는 자본주의 모순에 의한 구조적, 경제적 문제에서 비롯되었다고 보고, 사회적 관념론은 문화적 가치관과 표상을 중심으로 장애인의 정체성을 있는 그대로 인정하고자 하는 시각을 갖고 있다.

조원일(2015)은 드라마 〈그 겨울, 바람이 분다〉의 장애인캐릭터를 개별모델적 장애관과 사회모델적 장애관으로 연구하였다. 개별모델적 장애관은 '시각장애

2018년 드라마 장애인 포용 캐릭터

2018년 드라마에서 장애인 포용 모습이 잘 드러났다. 주연이든 조연이든 단역이든 장애인캐릭터가 등장한 드라마는 2018년 총17편이었다. 그 가운데 장애인 포용을 이끌어 낸 캐릭터 유형을 소개하면 다음과 같다.

지팡이를 짚고 업무 복귀

tvN 〈알함브라궁전의 추억〉에 추락사고로 지팡이를 짚게 된 유진우(현빈 분)는 게임이라는 가상세계이지만 장애 때문에 칼의 대결보다 권총 사용이 더 유용하다며 장애 때문에 불리한 것을 보완할 수 있는 방법을 찾는다. 현빈이라는 최고의 배우가 지팡이를 짚고 걷는 모습을 본 시청자들은 장애라는 생각을 크게 갖지 않는 듯하다.

장애는 제3의 매력

jtbc 〈제3의 매력〉에는 추락사고로 휠체어를 타게 된 이수재(양동근 분)가 등장하는데 웹소설 작가라는 새로운 직업을 갖고, 새로운 사랑을 만난다. 중도장애인이 된 후 모든 것을 잃고 좌절하며 분노하기보다 제3의 능력을 만든 것이다.

의수로 안전 서비스

SBS 〈여우각시별〉에는 교통사고로 한쪽 팔을 잃고 의수를 사용하는 이수연(이제훈 분)이 괴력을 발휘하는 의수로 공항에서 발생하는 안전사고를 막아 낸다. 의수는 힘의 상실이 아니라 더 유용한 힘의 원천이 된다는 환타지이지만 현실이 될 수도 있다.

심평원 의사로 정의 실현

jtbc 〈라이프〉에는 교통사고로 휠체어를 사용하는 예선우(이규형 분)가 등장하는데 그는 외과의사이지만 병원이 아닌 건강심사평가원에 근무하며 병원의 비리를 심의하는 일을 한다. 외과의사에게 수술 외에 평가라는 영역이 있기에 장애 때문에 외과 의사가 될 수 없다는 사회적 판단이 잘못되었다는 것을 일깨워 주고 있다.

이들 드라마에서 장애 원인은 모두 후천적 장애로 그 누구도 장애로부터 자유로울 수 없는 현실을 직시하게 한다. 그런데 드라마에서 장애인은 모두 직업을 갖고 있었지만 현실에서 장애인은 직업이 없는 경우가 더 많다. 2017장애인실태조사에 의하면 장애인 실업율은 36.9%이며 특히나 장애인은 자영업 종사율이 매우 높기 때문에(30.2%) 장애인의 경제문제는 매우 심각한 상태이고 보면 취업도 자영업도 아닌 장애예술인의 경제적 어려움은 더 말할 나위도 없다.

2018년 드라마에서는 장애인캐릭터가 멋진 모습을 보이며 포용사회를 보여 주고 있는데, 현실 사회에서는 장애인에 대한 포용은 커녕 배제가 노골화되고 있다. 과연 장애인 포용사회는 가능할까?

인의 정체성에 대한 낙인감', '장애인으로서의 저하된 자존감' 의 2개 범주로, 사회모델적 장애관은 '시각장애인의 신체 능력에 대한 자부심', '상호의존적 자립관', '시각장애인에 대한 동정의 배척', '시각장애인과의 적극적 의사소통을 통한 벽 허물기', '정상화 시각의 견지' 의 5개 범주로 탐색하여 드러난 장애관 15개 씬(장면) 가운데 개별모델이 8개 씬, 사회모델이 7개 씬으로 개별모델과 사회모델은 거의 같은 비율로 드러났는데, 여자 주인공의 경우에는 개별모델과 사회모델이 혼재하고 있는 반면, 남자 주인공의 경우 사회모델적 시각을 일관되게 견지하고 있다가 여자 주인공의 상태가 장애에서 질환으로 치환될 때, 장애인으로서의 정체성 존중이 아닌, 환자로서의 치유가 목적으로 전화(轉化)되었다. 또한 개별모델과 사회모델로 대별되는 장애관과는 유사하면서도 상이한 질환관이 존재하였는데 이로써 장애인이나 환자 같은 비정상적 몸에 대한 통제가 사회관습적으로 이루어지고 있음을 확인할 수 있었다고 하였듯이 드라마 속 장애인캐릭터는 혼재되어 있는 양상을 보이고 있어서 현대사회가 추구해야 할 장애인캐릭터를 어떻게 만들어 갈 것이냐에 대한 논의가 필요하다.

3. 장애인캐릭터 드라마 발전 방향

장애인캐릭터가 보여 준 부정적인 측면에도 불구하고 장애인캐릭터가 등장하는 드라마는 반드시 필요하다. 조원일(2016)은 '드라마의 결과와는 역설적으로 장애인이 문화적으로 기여할 수 있는 지식과 관점 또한 분명히 존재한다는 사실을 확인하였다.' 고 하였듯이 드라마 속 장애인캐릭터는 장애인에게 관심을 갖도록 촉구한다.

장애를 사회적 책임과 사회적 문제로 바라보는 사람들이 많아지도록 하기 위해서는 장애에 대한 공포를 낳는 낙인과 편견, 무지 등을 포함하는 장애의 문화적 구성을 최소한 부분적으로라도 해체해야 하는데(강진영 외, 2013: 조원일, 2016), 그 강력한 도구가 바로 넓은 대중성과 강한 흡인력을 가진 TV 드라마이다. 따라서 드라마 제작진에게 사회적 사명이 부여되어야 한다.

시청자들이 믿고 보는 작가 노희경은 이상적인 사윗감이 휠체어를 타게 된 후 결혼을 반대하는 어머니를 통해 그리고 산업재해로 장애인이 된 남동생의 다문화(결혼 이주 여성) 결혼을 말리는 누나의 모습을 통해 우리 사회가 안고 있는 장애인문제를 잘 드러내고 있다.

〈디.마.프〉의 배종병 CP는 '우리는 우리가 장애를 가진 사람들과 다르다고 생각하는 편견에 사로잡혀 있는데 노 작가님은 그런 생각을 바꿔 보고 싶은 마음이 크다.' 고 전하며 '불편하다고 피하지 말고 아픔을 공유하고 정면 승부하면서 우리가 다 같이 어울려 사는 방법을 알아보자고 하는 것이 드라마 취지' (연합뉴스, 2016. 6. 19)라고 하였듯이 〈디.마.프〉는 딸을 사랑하는 남자가 있는 곳으로 보내 장애인 사위를 인정하는 내용으로 종영되었다. 〈디.마.프〉에서 노희경 작가는 장애인문제를 본격적으로 다루지 않아서 장애에 대한 부분의 디테일이 부족하여 시청자들을 충분히 이해시키지 못한 아쉬움이 남는다.

장애인계에서 좋은 드라마로 평가되고 있는 〈굿닥터〉[6]는 가슴을 따스하게 만들어 주었지만 〈굿닥터〉를 보는 사람들의 반응은 자폐증 의사는 존재할 수 없다는 것이었다. 그럼에도 불구하고 〈굿닥터〉에서는 작게는 의사라는 전문가 집단에서, 크게는 환자를 포함한 병원 사회에서 자폐증 인턴을 믿고 지지해 주어 결국 좋은 의사로 만들어 낸다.

1988년 개봉되어 전 세계인의 눈을 사로잡았던 영화 〈레인맨〉도 주인공이 자폐증으로 뛰어난 암기 능력을 갖고 있어서 카지노에서 동생을 도와주는 모습을 보여 주지만 결국 자폐증 형은 시설로 돌아가는 결말에 비하면 2013년 〈굿닥터〉에서는 장애인의 사회적 역할이 크게 향상되었다. 장애인을 대하는 사회의 인식이 이렇게 긍정적이라면 굿닥터뿐만이 아니라 굿과학자, 굿판사, 굿정치인, 굿교수 등 수많은 인재가 탄생할 수 있다는 믿음을 갖도록 하는데 드라마가 일정 부분 역할을 할 수 있다.

6) 〈굿닥터〉 제작팀이 (사)장애인먼저실천운동본부에서 제정한 2013년 장애인먼저실천 대상을 수상하였다.

2017년 〈굿닥터〉를 리메이크한 미국 ABC 방송의 드라마 〈더 굿 닥터(The Good Doctor)〉가 18부작으로 방영되어 21년 만에 최고 시청률을 기록하였다. 〈굿 닥터〉의 미국 리메이크 성공은 장애인 소재 드라마의 가능성을 증명한 것이다. 장애인이 등장하면 칙칙하다, 우울하다는 편견을 말끔히 해소시켜 준 쾌거이다.

2002년도 작품이라서 본 연구에는 포함되지 않았지만 KBS-2TV에서 방영되어 한류의 열풍을 만든 〈겨울연가〉 역시 준상(배용준 분)이 교통사고 후유증으로 기억을 잃어 첫사랑 유진(최지우 분)을 알아보지 못해 안타까움을 더해 주다가 준상이 시력을 잃고 난 후 첫사랑 유진을 다시 만나는 엔딩 장면은 시각장애 때문에 유진을 알아보지 못하는 것이 아니라 오히려 목소리를 통해 더 확연히 알아내어 첫사랑이 이루어지는 아름다운 해피엔딩을 만들었다.

당시 시청자들은 준상이 시각장애를 갖게 된 것이 불행의 조건이라고 생각하지 않았다. 주인공 준상의 시각장애는 마지막회에 짧은 분량으로 나왔지만 시각장애 때문에 위치를 찾아갈 때 발걸음을 센다든지 소리나 냄새로 상황을 판단한다든지 하는 모습이 표현되어서 시각장애를 하나의 극적 장치로 이용하지는 않았다는 것이 큰 수확이었다.

이미 TV 드라마에서 장애인문제를 사회적 시각으로 해결하고 문화적 가치관과 표상을 중심으로 장애인의 정체성을 있는 그대로 인정하고자 하는 사회적 관념론 나아가 문화적 모델(Devlieger, 2005: 방귀희, 2013)로 인식하고 있다. 문화적 모델은 장애인에게 잠재하는 창조적 능력에 가치를 두어 장애인을 하나의 존재 양상으로 보는 것이다(김도현, 2012: 방귀희, 2013).

이런 변화를 확장시키기 위해서는 드라마 속에서 더 다양한 장애인캐릭터가 등장할 수 있도록 장애인캐릭터에 대한 활발한 담론과 창의적인 개발이 이루어져야 한다. 장애인캐릭터 담론의 방향은 장애인복지계에서 금기처럼 되어 있는 단어부터 풀어 주어야 한다. 장애인들이 드라마 제작진을 향해 가이드 라인을 제시하면 드라마의 창의성이 제약을 받기 때문에 제작 단계에서 장애인캐릭터를 위험 요인으로 분류해서 등장시키지 않을 수 있기 때문이다. 드라마를 교양프로그램 제작하듯이 하라고 하면 안 된다. 드라마는 흥미와 감동을 위해 존재하는 허구이다.

앞으로 드라마에서 어떤 장애인캐릭터가 등장하느냐에 따라 장애인에 대한 인식개선에 획기적인 기여를 할 것이다. 따라서 비판보다는 장애인캐릭터가 대중적인 사랑을 받을 수 있는 사회적 환경을 형성해 나가는 것이 시급하다.

드라마 작가들이 부담 없이 장애인캐릭터를 만들어 낼 수 있도록 자유를 주고 그 장애인캐릭터가 장애인의 현실을 투영하면서도 한발 앞서나갈 수 있도록 작가의 창의성을 지지해 주기를 제안한다.

제11장

초등학생 장애인 인식 변화

별에 원기와 혈맥을 떨쳐 펴는 것은 이 한때의 형세이니, 하늘과 땅에 새 기운이 되돌아오는 때를 맞고, 세계 변화의 물결을 탄 우리는 아무 머뭇거릴 것 없으며, 아무 거리낄 것 없도다. 우리의 본디부터 지녀온 자유권을 지켜 풍성한 삶의 즐거움을 실컷 누릴 것이며, 우리의 풍부한 독창력을 발휘하여 봄기운 가득한 온누리에 민족의 정화를 맺게할 것이로다.

제11장 초등학생 장애인 인식 변화

그동안 초중고 학교에서 특별활동 시간을 통해 장애인 인식개선교육이 실시되고 있었는데 직장 내 장애인 인식개선교육 의무화로 사기업, 공기업, 공공기관, 정부 등 모든 집단에 장애인 인식개선교육이 확산될 것으로 예상된다.

2018년 5월 29일 개정된 「장애인 고용촉진 및 직업재활법」 제5조 2(직장내 장애인 인식개선교육)에 사업주의 장애인 인식개선교육을 의무화하였다. 연 1회 1시간의 장애인 인식개선교육을 실시하여야 한다. 이를 위반하였을 때는 300만원 이하의 과태료가 부과된다. 교육을 위해 동조 3(장애인 인식개선교육의 위탁 등)에 장애인 인식개선기관에 위탁할 수 있도록 하였다.

장애인식교육을 누가 어떤 내용 더 나아가 어떤 방식으로 실시할 것인가에 대한 논의가 요구되는 가운데 무엇보다 우리 사회에 장애인 인식변화가 어떻게 일어나고 있는지에 대한 연구가 우선되어야 한다.

(사)장애인먼저실천운동본부에서 펼치고 있는 다양한 장애인 인식개선 사업 가운데 전국초중고학생백일장이 2018년에 20회를 맞이하였다. 백일장 1회부터 20회까지 단 한 회도 빠지지 않고 시 부문 심사에 참여하여 초등학생들의 시 작품을 보면서 장애인 인식의 변화를 느낄 수 있었다. 그래서 20년 동안 선정된 백일장 시 대상 작품에 나타난 초등학생의 장애인 인식변화를 탐색하여 장애인 인식개선의 모형을 제시하고자 한다.

1. 연구 방법

장애인먼저실천운동본부는 장애인에 대한 인식개선을 위하여 1996년에 창립되어 장애인먼저운동을 펼치고 있다. 장애인계에서 유일하게 장애인 인식개선 사업을 목적사업으로 하고 있는 보건복지부 산하 사단법인으로 다양한 장애인 인식 개선 사업을 펼치고 있는데 1999년부터 실시하고 있는 전국초중고학생백일장은 2018년 20회를 기록하였다.

백일장은 시, 산문, 방송소감문, 독후감, 드라마 소재, 웹툰 부문으로 공모하여 각부문 대상, 최우수상, 우수상, 가작으로 시상하고 있다. 2018년 응모작품 수는 총 27,351편으로 매년 3만여 명의 학생들이 장애인을 생각하며 글을 쓰고 있다는 것은 장애인 인식개선 효과가 얼마나 클지 짐작할 수 있다.

백일장 가운데 시는 유일하게 초등학생을 대상으로 하고 있어서 우리 사회를 이끌어 갈 어린이들의 장애인에 대한 생각을 엿볼 수 있다. 그래서 1회부터 20회까지 대상을 차지한 시를 분석하여 20년 동안 초등학생들의 장애인 인식은 어떻게 변화되어 왔는지 살펴보고자 한다.

1999~2018년 전국초중고학생백일장 시 대상 수상작의 특징은 〈표22〉와 같다.

〈표22〉 백일장 시 대상 수상작의 일반 특징

번호	연도	이름	학년	제목	문제	노력	변화	비고
1	1999	김세연	5	시계	협동 숙제	느리지만 기다려 줌	똑같은 친구	초침과 분침이 함께 시간을 만듬
2	2000	백승무	6	거울	차가운 마음	함께 아파함	아름다운 버팀목	똑같이 표정 짓는 마음의 거울
3	2001	홍낙원	5	동그라미	네모 마음	동그라미 마음	울타리	장애인친구가 모나지 않아서
4	2002	황정윤	4	스펀지	모든 장애 유형	스펀지가 됨	받아들임	처음부터 장애 포용
5	2003	김대욱	5	내친구	전학 가서 만난 짝꿍의 장애	있는 그대로 받아들임	낯설지 않음	장애인친구의 친절
6	2004	이혜진	5	우리는 하나	지체장애	착한 마음	우리는 하나	현상 설명
7	2005	석민규	4	휠체어 친구	친구가 장애를 갖게 된 후 낯설음	먼저 다가감	단짝 친구	꿈 속에서 손잡고 달리자
8	2006	조민영	6	마음으로 보는 세상	시각장애	관찰	보는 눈이 조금 다를 뿐	같은 곳을 본다

번호	연도	이름	학년	제목	문제	노력	변화	비고
9	2007	강수현	4	눈으로 말해요	청각장애	눈 사인 언어	소통	눈이 바쁘다
10	2008	김시현	4	망설이다	망설임	친구하자	친구가 되다	심리 묘사
11	2009	육보미	6	자동문	도움반	관찰	마음에도 자동문이	스스럼 없이 열리길
12	2010	정명주	6	노란 블록	시각장애	관찰	노란 블록이 되자	제안(노란 블록이 장애아동을 상징할 수도 있음)
13	2011	최다니엘	4	휠체어에도 봄 햇살을	사회적 편견	예비 장애인	장애인도 마음껏 달리는 날이 왔으면	사회문제
14	2012	김시원	6	햇살과 먹구름	지적장애	관찰	점점 친구가 되어 감	총소리를 내며 인사하면서 접근
15	2013	임세혁	3	마음의 눈	닫힌 마음	마음을 열고	모두 같은 모습	자기 점검
16	2014	김상윤	5	마음의 38선	장벽	장벽은 허물어야	장애인과 비장애인의 통일	사회문제
17	2015	진민영	4	우정의 비	모든 장애 유형	마음에 우정이	행복한 마음	현상
18	2016	김희진	2	오빠는 3살	오빠의 장애	오빠와 등교하며	오빠 사랑	장애인 가족
19	2017	임희진	5	우산 줄다리기	특수반	약간의 이기심	우정	장애인친구의 배려
20	2018	장수연	6	수연이와 6학년 3반 친구들	제일 느림	반친구들의 도움	제일 행복	장애인 당사자

20편 가운데 장애 가족 이야기 1편, 장애인 당사자 이야기 1편이고 나머지는 직간접으로 경험한 장애인친구에 대한 내용이다. 수상자 가운데 저학년은 2명에 불과하여 저학년 학생들은 상징과 은유로 장애인에 대한 마음을 표현하는데 조금은 미숙하다는 것을 알 수 있다. 소재로 사용한 장애 유형은 지적장애가 9명으로 가장 많았고 다음이 휠체어 5명, 장애 유형 복합 3명, 시각장애 2명 청각장애 1명으로 나타났다.

제목에 나타난 단어는 친구와 마음이 각 3개로 가장 많았고, 휠체어가 2개로 초등학교 학생들은 장애인을 휠체어로 상징하고 있고, 장애인에게 가장 필요한 것이 친구이며 장애인과 친구가 되기 위해서는 착한 마음을 가져야 한다고 인식하고 있다는 것을 알 수 있다.

2. 백일장 대상 대표 시

20년 동안 초등학생이 장애인을 어떻게 인식하고 있는지 그 변화의 특징을 잘 나타내는 대표시 5편을 소개하면 다음과 같다.

• **제1회/시계/제천 용두초등학교 5학년 김세연**

오늘 내 준 사회 숙제는
기철이도 함께해야 될
협동 숙제

하지만 기철인……
허우적 허우적 손이 먼저 말을 하는 아이
"이…경 어…뗑켕 하는 거…야."
힘겨운 입술이 애처로운 친구

"우리가 꼴찌일 거야."
한숨짓는 나에게
세연아!
낮은 소리로 시계가 속삭인다.

짹깍째깍 짹깍짹깍 초침도 있지만
째액-깍 분침도 함께 간단다.
둥근 하루 둥근 세상 만들며
함께 간다고……

아! 이제야 알겠어
초침과 분침이 서로 도와
고장없는 시계가 되듯
나와 기철이도 함께 가야 할 친구라는 걸
숙제하고, 뛰놀고
나보다는 느리지만
마음은 똑같은 친구라는 걸.

기철이는 허우적 허우적 손이 먼저 말을 한다는 것으로 뇌성마비 장애를 갖고 있는 것 같다. 기철이를 바라보는 세연이 마음은 애처로움인데 이것은 동정과는 다르다. 애정이 있는 안타까움이다.

협동 숙제라는 현실에서 매사에 느린 기철이 때문에 경쟁에서 뒤떨어질 것이 뻔하기에 한숨이 나오는 것은 당연하다. 그 순간 시계를 보고 깨닫는다. 분침은 초침에 비해 느리지만 초침이 부지런히 움직여야 분침이 이동을 하듯이 서로의 역할이 다르며 서로 다른 것이 함께 가야 시간이라는 결과를 만들어 내듯이 장애인친구와 자기는 함께 가야 할 친구라는 사실을 깨닫고 나자 마음이 똑같다는 것도 알게 된다. 세연이는 장애인친구를 위해 기다려 주는 넉넉한 마음을 보여 주었다.

• 9회/눈으로 말해요/여수 양지초등학교 4학년 4반 강수현

내 친구 귓속은
항상 조용하데요

그래서
친구와 난 눈으로 말해요

화장실 급해서
한 번 찡긋
밖에 나가 놀자고
두 번 찡긋 찡긋
선생님 화나셨다고
세 번 찡긋 찡긋 찡긋
신나는 점심시간이다
두 눈이 동글동글

하루 종일
바쁜 친구 눈
내 눈.

청각장애 친구를 직접 가져 본 경험이 있는지는 확실치 않으나 청각장애 친구와 소통하는 방법을 잘 설명하였다. 눈을 찡긋하는 것으로 친구와 의사소통이 가능하다. 점심시간에는 두 눈이 동글동글하다고 하여 자유와 즐거움을 잘 표현하였다.

청각장애라는 단어는 없지만 청각장애인친구와 사귀는 것이 어렵지 않고 말이 아니더라도 눈으로 얼마든지 소통할 수 있다는 것을 재미있게 소개하여 청각장애인과의 거리를 좁혀 주었다.

• 12회/노란 블록/부산 석포초등학교 6학년 정명주

길을 걷다가 본
울퉁불퉁 노란 블록

우리의 작은 친구들을 도와주지
'앞으로 가세요.'
'멈추세요.'

우리도 작은 친구들의
노란 블록이 되어 주자.

거리에서, 건물에서 흔히 볼 수 있는 노란색 점자 블록을 매개로 시각장애인을 생각하게 만든다. 점자블록이 하는 역할은 방향, 시작과 끝 지점을 알려 준다. 우리의 작은 친구라는 것으로 노란 블록은 시각장애인뿐만 아니라 자기 또래의 장애인친구들을 상징하는 것으로 보인다.

명주는 노란 블록이 되어 주자는 제안으로 보다 적극적으로 장애인과 함께하기를 권하고 있다.

• 16회/마음의 38선/창원 풍호초등학교 5학년 김상윤

철컹철컹
들리나요
보이지는 않지만
모두 느낄 수 있어요

북한과 남한이 통일을 해야 하듯
장애인과 비장애인
모두 통일해야 해요

철컹철컹
들리나요
마음의 쇠창살 소리가

베를린 장벽이 무너지고 통일했듯이
장애인과 비장애인
모두 통일해야 해요

마음의 38선
통일해야 해요.

앞으로 우리 사회는 통일을 목표로 통일 준비에 바빠질 텐데 통일의 필수 조건은 서로 다른 점을 받아들여 포용하는 것이다. 우리 사회에서 차이로 인한 차별이 무엇인지 살펴보고 그 차별을 먼저 해소하는 것이 우선되어야 하는데 '마음의 38선' 은 우리의 그런 과제를 잘 드러냈다.

장애인과 비장애인 사이의 마음의 벽, 사람의 마음을 꽁꽁 묶고 있는 쇠창살이 존재하니 그 쇠창살을 풀고 벽을 허물어 통일을 하자며 장애인 인식을 사회문제화시켰다.

• 20회/수연이와 6학년 3반 친구들/김포 신풍초등학교 6학년 장수연

나는 6학년
나는 걷지 못한다 앉지도 못한다
세상에 일찍 나왔더니 몸은 느리게 커 간다
다른 친구들보다 뭐든 느리다
그래도 친구가 있어 행복하다

내 말을 잘 알아들어 주고 챙겨 주는 서연이
노트 쓰기를 도와주는 한별이
말동무해 주는 나현이
6학년 3반 친구들아 모두 모두 고마워

나는 세상에서 제일 느리지만
제일 행복하다.

시상식장에서 수연 학생을 만났다. 아빠와 엄마 온 가족이 총출동하여 딸의 수상을 축하해 주는 것을 보고 수연이는 가정에서도 사랑을 듬뿍 받고 있다는 것을 알 수 있었다.

수연이는 정말 장애가 심했다. 휠체어에 앉아서도 몸을 가누기 힘들 정도이지만 학교에서 친구들과 티없는 우정을 나누고 있다는 것이 잘 표현된 시를 통해 요즘 초등학생들이 장애인친구를 대하는 태도가 어떠한지 알 수 있다.

수연이가 속해 있는 6학년 3반처럼 교육이 이루어진다면 우리나라 통합교육은 큰 성과를 거둘 수 있을 것이다.

3. 백일장 시 대상 수상작 내용 분석

백일장 시 속에는 자신이 경험한 사례가 소개되어 있는데 사례 간 그리고 사례 내 유사점과 차이점에 대해 알 수 있는 방법인 비교분석방법(comparative analysis)을 사용하여 코딩(coding)을 하였다. 자료 분석은 대상 수상자가 경험한 사례들을 상황으로 의미화하였고, 그 상황들을 공통의 내용으로 묶어서 분류한 후 주요 상황을 다시 범주화시키는 과정을 통해 도출된 의미단위들을 17개로 요약했고, 이 도출된 의미단위 요약들을 포함하는 보다 상위의 개념인 8개의 하위 구성요소들로 묶었고, 하위 구성요소들 간의 상관관계를 나타내는 경험의 일반적 구조를 찾기 위해 동질적인 하위구성요소들을 묶어서 다시 4개 구성요소로 구성된 메트릭스를 다음 〈표23〉과 같이 완성하였다.

〈표23〉 백일장 시 대상 수상작의 장애인 인식 메트릭스

구성요소	하위요소	의미단위
거부감	낯설음	기다려 주기 망설이지 말고 먼저
	차가운 마음	함께 아파함 동그란 마음
관찰	받아들임	장애인친구의 친절 받아 줌 있는 그대로 받아들임
	방법 찾기	마음으로 보기 눈으로 소통
환경	부정적 요인	사회문제 사회적 벽
	긍정적 요인	열린 마음 행복한 마음
포용	이입	스펀지 자동문 노란 블록
	다가가기	친구가 되어 감 진정한 우정

상위 범주인 구성요소로 빈도를 분석해 보면 거부감 4개, 관찰 4개, 환경 4개, 포용이 8개로 초등학생들은 장애인친구에 대한 거부감을 갖고 있으면서도 장애인친구에게 관심을 갖고 관찰하면서 함께할 수 있는 방법을 찾으며 장애인친구가 처해 있는 환경을 생각하면서 장애인친구를 포용하고 있는 것으로 나타났다. 장애인문제를 사회적인 시각으로 바라보는 학생은 10%에 불과해서 초등학생에게 아직 사회적 인식은 낮다는 것을 알 수 있다.

더 의미 있는 변화를 탐색하고자 백일장 대상 시를 5년의 분기별로 키워드를 분류하면 〈표24〉와 같다.

〈표24〉 백일장 시 대상 수상작 분기별 키워드

구간	연도	키워드	대표 의미	비고
1	1999~2003	시계, 거울, 동그라미, 스펀지	차이	반성
2	2004~2008	우리는 하나, 마음으로 보기, 눈으로 말하기	그들이 사는 법	관심
3	2009~2013	자동문, 노란 블록, 봄 햇살, 마음의 문	대안찾기	개방
4	2014~2018	마음의 38선, 우정의 비, 우산 줄다리기	함께하기	우정

이를 바탕으로 백일장 시 대상 수상작의 분기별 내용 특징을 분석하면 아래 〈표25〉와 같다.

〈표25〉 백일장 시 대상 수상작의 분기별 특징

구간	연도	중심키워드	도전	결과
1	1999~2003	시계	기다려 줌	협동
2	2004~2008	눈말	살펴보기	다르지 않다
3	2009~2013	자동문	방법찾기	다가감
4	2014~2018	줄다리기	배려하기	포용

• 1기—기다려 줌

시계, 거울, 동그라미, 스펀지라는 키워드가 등장하는데 장애인친구가 낯설고 거부감이 있지만 자기와 장애인친구의 차이를 인정하고 친구의 느림을 기다려 주면서 협동해 가는 시기이다. 중심 키워드 시계는 많은 교훈을 준다. 요즘은 전자시계가 많아서 초침, 분침, 시침이 있는 시계는 매우 고전적으로 느껴지지만, 시계의 원리는 초침이 60번을 째깍거리며 한 눈금씩 움직여서 분침이 한 눈금 이동을 하고 분침이 60번 움직여서 시침이 한 칸 이동하여 1시간을 만든다.

이렇게 서로 다른 길이를 가진 바늘이 서로 다른 속도로 쉬지 않고 움직여 동그라미를 그리면서 시간을 운영하여 삶을 영위하게 한다. 시계는 다르다는 것이 나쁜 것이 아니고 세상은 서로 달라야 원만하게 운영될 수 있다는 철학을 보여준다. 초침, 분침, 시침이 서로를 향해 네가 틀렸다고 비난하면 시간이라는 질서가 무너진다.

장애인, 비장애인은 서로의 차이를 인정하고 느림을 기다려 주는 여유가 필요하다는 것을 시계의 원리로 일깨워 주었다.

• 2기-살펴보기

이 시기 키워드는 마음으로 보기, 눈으로 말하기 등 관심을 갖고 살펴보니까 장애인들이 사는 방식을 발견하게 되고 그것이 자신과 크게 다르지 않다는 것을 깨닫게 된다. 사람들은 장애인과 함께하려면 많은 준비를 해야 한다고 생각한다. 거리에서 시각장애인이 길을 물어보려고 '잠시만요' 라고 말을 걸면 마치 그 자리에 없는 것처럼 못들은 척하다가 슬쩍 피해 버리고, 청각장애인이 손짓으로 도움을 요청하면 힐끗 쳐다보고 바쁜 듯이 발걸음을 옮긴다.

이렇듯 장애인을 피하는 것은 마음이 나빠서가 아니라 장애인과 함께하려면 특별한 방법이 필요하다고 생각하기 때문이다. 하지만 눈을 찡긋하는 것으로도 의사소통이 얼마든지 가능하다는 것을 '눈으로 말해요' 에서 잘 말해 주고 있다. 말은 입으로만 하는 것이 아니라 눈으로 하는 눈말도 있으니 부담 갖지 말라고 당부하는 듯하다.

• 3기-방법찾기

이 시기의 키워드는 자동문, 노란 블록, 마음의 문으로 자신을 개방하고 함께할 수 있는 방법을 찾다 보니 대안이 나오고 그리하여 가까이 다가가게 된다. 요즘은 문을 열고 닫는다는 개념이 많이 흐려졌다. 곳곳에 자동문이 설치되었기 때문이다. 자동문은 사람들에게 열고 닫는 수고를 덜어 주며 편의를 제공하고 있는데 우리 마음의 문은 자동으로 열리지 않는다. 특히 장애인에게는 마음의 문을 열어 주지 않는다. 그래서 우리 마음에도 자동문을 달아 주자는 것으로 우리의 닫힌 마음을 꼬집으면서 장애인에게 스스럼 없이 마음을 열자고 호소하고 있다.

장애인을 비롯한 어려움이 있는 사람을 대하는 우리 마음의 문을 자동문으로 바뀌야 한다는 필요성에 크게 공감이 된다. 그래서 중심 키워드를 자동문으로 하였다.

• 4기—배려

이때는 마음의 38선, 우정의 비, 줄다리기라는 키워드가 등장하는데 함께하면서 배려를 하다 보니 우정이 생기고 그 우정이 완전한 친구가 되는 포용 현상으로 나타난다. 중심 키워드 줄다리기는 비가 오는 날 장애인친구와 우산 하나를 같이 쓰고 가면서 줄다리기가 시작된다. 비를 맞지 않으려고 슬쩍 자기 쪽으로 우산을 당겼는데 장애인친구는 자기 친구를 위해 우산을 밀어준다. 이기적인 마음을 가졌던 것이 미안해서 다시 장애인친구 쪽으로 밀어주며 우산 줄다리기를 통해 우정의 줄다리기를 하고 있는 모습이 한없이 귀엽다.

사람의 마음에서 우러나오는 배려는 이렇듯 훈훈한 아름다움을 준다. 장애인과 비장애인 사이에 배려의 줄다리기가 이어진다면 장애인 인식개선은 완성될 것이다.

4. 초등학생 장애인 인식의 변화 특징

• 거부감

"우리가 꼴찌일 거야."/한숨짓는 나에게

장애인에 대한 거부감은 낯섦에서 생긴다. 장애인친구 때문에 꼴찌를 하게 될 것이 걱정스러워서 생긴 것이다.

네가 착한 눈으로 날 볼 때/눈이 부신 난/애써 고개를 돌렸지

장애인친구에게서 고개를 돌린 것은 그가 싫어서가 아니라 선한 눈빛으로 쳐다보기 때문에 눈이 부셔서라고 한 것은 장애인친구가 자기에게 주는 피해가 고의적으로 해코지를 하려는 것이 아니기 때문이다.

내가 너라면/네모가 되어/여기저기/부딪쳤을 텐데

장애인친구를 보면서 만약 내가 너라면 너처럼 동그란 마음을 갖지 못했을 것이라는 자기 반성을 하기에 이른다.

같이 학교 갈까?/같이 밥 먹을까?
망설이다 망설이다/짧은 손을 잡는다

장애인친구에게 선뜻 다가가지 못하고 망설이는 것은 아직 장애인친구와 함께 경험이 없기 때문이다. 하지만 망설임 끝에 결국 손을 잡는다. 친구는 함께 어울리면서 자연스럽게 형성되는 관계이기 때문에 1기에서 보인 장애인친구에 대한 거부감은 초기 단계에서 발생한 현상이다.

• 관찰

전학 온 첫날/떠나온 친구들이/그립지도 않을 만큼
내 친구가 내 마음에 가득찼다

통합교육이 확대되면서 초등학교에 장애학생들이 많아졌다. 전학을 가서 만난 짝꿍이 첫 번째 친구일 텐데 그 친구가 휠체어를 타고 있었지만 자기에게 먼저 친절을 보이자 옛 학교 친구들이 그립지 않다고 하였다.

내가 다리 하나 감추면/난 너와 하나
우리는/보는 눈이/아주 조금 다른/이웃이다

장애 때문에 장애인친구가 자기와 다른 것은 아니라는 것을 말해 준다. 초등학생들은 장애인친구를 어른들처럼 유불리를 계산하지 않고 관찰을 통해 현상 자체로 받아들이기 때문에 편견이 들어설 틈이 없다. 이렇게 수용하는 단계를 지나면 장애인과 소통하는 방법을 적극적으로 찾아내어 함께한다.

내 친구 귓속은/항상 조용하데요
그래서/친구와 난 눈으로 말해요

• 환경

겉모습 조금 다르다고/차별하는 우리는/마음 다친 또 다른 장애인 아닐까?

마음의 38선/통일해야 해요

초등학생들이 드디어 장애인문제를 사회적인 시각으로 바라보기 시작한다. 사회적 환경이 장애인을 차별하고 있다고 지적하였다.

닫힌 문이 열리듯이/닫힌 마음도 열려라
마음을 열고 바라보면/우리 모두 같은 모습

그리고 우정의 비가/마음으로 떨어지면
친구랑 있으면/행복한 마음이 생긴다

한편 개인적인 환경 변화도 필요하다며 닫힌 마음을 열고, 장애인친구와 함께 있으면 행복해진다고 자신의 경험을 전하였다.

• 포용

초등학생의 장애인 인식에서 우리가 주목해야 할 것은 포용이다. 포용의 초기 단계에서는 자신은 스펀지로 모든 것을 다 수용할 수 있으니 자기한테 기대라고 장애인친구를 자신의 도움이 필요한 의존적인 존재로 그리고 있다.

친구야/나 스펀지야
다리 아파 가는 길/울퉁불퉁 힘들어서 넘어질 때/나에게 넘어지렴
널 상처 나지 않게/푹신푹신 받아 줄 수 있으니까

또한 자동문처럼 자연스럽게 마음의 문을 열어 주자고 한다거나 방향을 알려 주는 등의 도움을 주는 노란 점자블록이 되어 주자고 하며 개인을 떠나 우리라는 공동의 의무를 말하면서 장애인친구 곁으로 옮겨 가려는 심정적 이입을 하려고 노력한다.

> 우리들 마음에도/자동문을 달아서/마음을 열어 주자
>
> 우리도 작은 친구들의/노란 블록이 되어 주자

포용의 중간 단계에서는 장애인친구의 마음을 이해하고 진심으로 다가간다. 마음만은 늘 함께 걷는다든지 점점 친구가 되어 간다거나 친구와 함께 있을 때 더욱 따뜻하게 느껴진다는 것은 동등한 우정의 발로로 진정한 친구가 되었다는 것을 알 수 있다.

> 늘 나보다 뒤에 처져 허둥지둥/무엇을 할 때마다 느릿느릿
> 하지만/마음만은 늘 함께 걸어요
>
> 우리도 그 햇살에 녹아/점점 친구가 되어 가네
>
> 젖지 않은 나와 친구의 한쪽 팔이/더욱 따뜻하게 느껴진다

진정한 포용이 되었다는 것은 장애인 당사자의 작품에서 더 확실히 증명이 된다. 자기는 장애 때문에 세상에서 가장 느리지만 6학년 3반 친구들의 우정 때문에 제일 행복하다고 하였다.

> 6학년 3반 친구들아 모두 모두 고마워
> 나는 세상에서 제일 느리지만/제일 행복하다

포용에서 우리가 놓쳐서는 안 되는 또 한 가지는 가정에서의 포용이다. 장애를 가진 오빠 때문에 많이 힘들지만 오빠를 많이 사랑한다고 고백한 것은 가정에서의 포용이 일어나고 있다는 것을 뜻한다.

> 오빠가 미울 때도 있지만/저는 오빠를 많이 사랑해요

초등학생 장애인 인식의 변화 특징을 분석한 결과 거부감이 4개, 관찰이 4개, 환경이 4개 그리고 포용이 8개로 40%를 차지한 것은 장애인 인식개선의 긍정적인 변화이다.

5. 장애인 인식 유형

시라는 것은 생각과 언어를 갈고 다듬어서 정제시킨 가장 반듯한 보석 형태이고, 게다가 심사위원들이 가장 신중하게 낙점을 찍는 대상 작품이기 때문에 최고의 시 속에서 편견과 차별을 찾아낸다는 것 자체가 넌센스이다. 하지만 아무리 아름답게 다듬어도 본질은 남는다. 그래서 본질 접근 방식으로 초등학교 학생들이 갖고 있는 장애인에 대한 인식의 유형을 탐색할 수는 있었다. 그 유형은 크게 세 가지로 분류할 수 있다.

첫째, 망설임형

장애인친구를 만났을 때 선뜻 다가가지 못하고 망설이는 것은 본능이다. 사람은 낯선 상황에서는 친밀함을 표현하지 못한다. 특히 장애인은 우리 주변에서 흔히 볼 수 있는 사람이 아니기 때문에 그 낯섦이 더 크다. 그래서 대부분의 사람들은 장애인을 처음 대했을 때 어떻게 해야 할지 몰라서 망설이게 되는데 아직 자아 형성이 미숙한 초등학생들이 망설이는 반응을 보이는 것은 당연하다.

둘째, 모범답안형

20편의 시를 읽으며 조금 아쉬웠던 것은 우리 학생들이 무엇이 올바른 장애인 인식인 줄 이미 알고 있다는 것이다. 인간 사회에서 선과 악이 뚜렷이 구분되어 있듯이 우리 학생들은 장애인친구를 친구로 받아들여야 한다는 것은 알고 있는데 그것이 경험을 통해 습득한 것이 아니라 교육의 효과로 머릿속에 숙지된 것이다.

그래서 거부감을 가졌다가도 모두 다가가려고 시도하는 모범 답안형이 많다. 알면서도 막상 부딪혔을 때 실천하지 않는다면 장애인 인식개선은 어려워지기에 가정에서나 학교에서 실천을 지도해야 한다.

셋째, 스스로 실천형

경험에서 장애인친구와 함께하는 방법을 터득한 작품은 제1회 시계, 제5회 내 친구, 제7회 휠체어 친구, 제10회 망설이다, 제17회 우산 줄다리의 다섯 개 작품으로 여겨진다. 이들 작품의 특징은 아름다운 미사여구는 없지만 어떤 상황인지 장면이 그려진다. 실제로 있었던 일이기 때문이다.

이 스스로 실천형은 누가 시켜서 하는 것이 아니라 자발적 발로에 의한 것이다. 우리 사회의 장애인 인식이 개선되기 위해서는 스스로 실천하는 유형이 많아져야 한다.

6. 장애인 인식개선을 위한 제언

장애인먼저실천운동본부에서 장애인을 주제로 전국초중고학생백일장을 20년 동안 실시해 오고 있는 것은 두말할 나위 없이 자라나는 학령기 어린이와 청소년들이 올바른 장애인 인식을 갖도록 하기 위해서이다. 그래서 누가 시다운 시를 지었느냐보다는 어느 학생이 장애인에 대한 올바른 인식을 갖고 그것을 제대로 잘 표현했는가를 기준으로 선정하고 있기에 백일장 대상 시 20편은 초등학생의 장애인 인식변화를 아는데 결정적인 자료가 된다. 이 분석을 통해 아직도 우리 사회에 도사리고 있는 장애인에 대한 편견을 없애고 장애인 포용 사회를 목표로 장애인 인식개선을 위해 무엇이 필요한지 제안하고자 한다.

첫째, 장애인 인식개선교육이 확대되어야 한다.
둘째, 장애인 인식개선 프로그램 개발이 필요하다.
셋째, 장애인 인식개선 범국민운동이 실시되어야 한다.

최근 장애인계의 키워드로 등장한 것은 포용(inclusive)이다. 한때는 통합(integration)을 주장하였으나 통합은 위치 변화만 시켜서 억제로 포함시킨 것이기에 함께 사는 사회를 구현하지 못하였다. 그래서 화학적 결합으로 하나 더하기 하나가 또 다른 하나가 되는 포용이란 단어가 나타난 것이다.

그런데 어떻게 포용시킬 것인지 방법을 제시하지 못하고 있다. 예들 들어 통합교육을 위해 일반학교에 장애학생들이 공부하는 특수학급을 설치하였지만 포용교육을 위하여 무엇을 할 것인지 구체적인 방안에 대한 연구가 필요하다.

포용은 하루아침에 이루어지는 것이 아니다. 사회 전반에 거쳐 국민 전체가 꾸준히 노력해야 한다. 요즘처럼 바쁜 사회에 장애인을 위해 누가 그런 노력을 하겠는가? 그래서 장애인을 포용하지 않았을 때 개인적, 사회적으로 어떤 문제가 발생하는지를 찾아서 국민에게 알려주면 장애인 포용에 동참하는 사람들이 많아질 것이다.

7. 초등학생백일장 대상 시(1999~2018)

제1회/시계

제천 용두초등학교 5학년 김세연

오늘 내 준 사회 숙제는
기철이도 함께해야 될
협동 숙제

하지만 기철인……
허우적 허우적 손이 먼저 말을 하는 아이
"이…겅 어…떵켕 하는 거…야."
힘겨운 입술이 애처로운 친구

"우리가 꼴찌일 거야."
한숨짓는 나에게
세연아!
낮은 소리로 시계가 속삭인다

짹깍째깍 짹깍짹깍 초침도 있지만
째액-깍 분침도 함께 간단다
둥근 하루 둥근 세상 만들며
함께 간다고……

아! 이제야 알겠어
초침과 분침이 서로 도와
고장없는 시계가 되듯
나와 기철이도 함께 가야 할 친구라는 걸
숙제하고, 뛰놀고
나보다는 느리지만
마음은 똑같은 친구라는 걸.

제2회/거울

충주 탄금초등학교 6학년 백승무

네가 울 때 나도 울었나?
내가 웃을 때
넌 정다운 맘으로 웃었는데

나는 마음이 차가운
작은 달
너는 따뜻한 마음 지닌
큰 태양
네가 착한 눈으로 날 볼 때
눈이 부신 난
애써 고개를 돌렸지

친구야! 이제는
네가 마음 아파하면
함께 아파하는
참다운 거울이 되어 주마

진정한 사랑 담을 수 있는
겉모습보다
아름다운 버팀목이 되는
마음의 거울이 되어 주마.

제3회/동그라미

천안 부영초등학교 5학년 홍낙원

내 친구 민호는
동그란 동그라미
자신의 불편함도
친구들의 놀림도
아랑곳하지 않고
원하는 곳으로
동글동글 굴러가는
동그란 동그라미

내가 너라면
네모가 되어
여기저기
부딪쳤을 텐데

내 친구 민호는
예쁜 동그라미
나의 잘못과 실수도
언제나 덮어 주는
예쁜 동그라미

민호의 동그란 마음엔
희망과 사랑만이
가득 담을 수 있을 거야

동그란 마음이
울타리 되어
지켜 줄 테니까…….

제4회/스펀지

시흥 포리초등학교 4학년 황정윤

친구야
나 스펀지야
다리 아파 가는 길
울퉁불퉁 힘들어서 넘어질 때
나에게 넘어지렴
널 상처 나지 않게
푹신푹신 받아 줄 수 있으니까

친구야
나 스펀지야
앞 안 보여 가는 길
어두컴컴 무서워서 눈물 날 때
나에게 엎드려서 울렴
네 눈의 눈물 없도록
쭈욱 쭉 다 빨아들일 수 있으니까

친구야
나 스펀지야
귀 안 들려 가는 길
조용조용 외로워서 서러울 때
나에게 안기렴
너의 마음까지 포근하게
꼬옥 꼭 감싸 줄 수 있으니까.

5회/내 친구

경주초등학교 5학년 김대욱

전학 온 첫날
새 친구 새 선생님
마음은 내 키만큼
높이 떠 있고

짝이 된 내 친구
의자 대신 휠체어로
내 자리까지 차지하고
앉아 있었다

삐죽 나온 입을 보았나?
준비물도 지우개도
같이 쓰자며
웃어 주네 방긋

전학 온 첫날
떠나온 친구들이
그립지도 않을 만큼
내 친구가 내 마음에 가득 찼다.

6회/우리는 하나

전주 지곡초등학교 5학년 이혜진

내가 팔 하나 감추면
난 너와 하나

내가 다리 하나 감추면
난 너와 하나

나쁜 마음만 버리고
착한 마음으로 뭉친
우리 모두 하나.

7회/휠체어 친구

대구 신흥초등학교 4학년 석민규

어느 날
무서운 차가 친구의 다리를
휠체어 바퀴로 바꾸었어요

처음엔
친구의 둥근 다리가
왠지 낯설고 멀게만 느껴졌어요

하지만
내가 먼저 손을 내미니
우린 예전의 개구쟁이들로 돌아갔어요

늘 나보다 뒤에 처져 허둥지둥
무엇을 할 때마다 느릿느릿
하지만
마음만은 늘 함께 걸어요

오늘처럼
힘든 비탈길을 밀어 주는 날엔
꿈속 내내 내 팔은 몸살을 하지만
그런 날엔 '킥킥' 웃음이 나요

예전처럼
소리지르며 운동장을 뛸 순 없어도
잔디 위를 데굴데굴 구를 순 없어도
우린 매일매일 만나요

장애를 가졌지만
장애 친구가 아닌
내 단짝 친구로
나보다 더 밝은 웃음을
지닌 자랑스런 내 친구로

오늘 밤엔
휠체어를 밀어내고
꿈속에서라도 친구의 손을 잡고
운동장을 한 바퀴 돌아 볼까!

제8회/마음으로 보는 세상

인천 인주초등학교 6학년 조민영

탁탁탁
지팡이를 의지해 길을 간다.

탁탁탁
지팡이를 의지해 세상을 본다

스무 걸음쯤 걸어 시장 가려나

지팡이를 다시금 탁탁탁

스으륵 스으륵
스치고 지나가는 수많은 사람들

지팡이를 든 사람의 어깨에도
지팡이를 안 든 사람의 어깨에도

활짝 핀 벚꽃나무에서
꽃비가 내린다

지팡이를 안 든 사람은
꽃비를 눈으로 보고

지팡이를 든 사람은
꽃비를 마음으로 본다

눈으로
마음으로
꽃비를 보며
어느새 시장에 도착했다

탁탁탁
행여, 진열된 과일더미 쏟을까
조심스런 발걸음
향기로운 딸기향
구수한 부침 냄새

지팡이 든 사람도
지팡이 안 든 사람도
같은 곳을 본다

같은 향기
같은 냄새를 마신다

탁탁탁
지팡이 든 사람도

지팡이 안 든 사람도
봄나물을 산다
봄 과일을 산다

봄 냄새 물씬 맡으며
탁탁탁

길가에 핀 개나리를
마음으로 본다
실제보다 더 예쁜 개나리를

낮보다 밝은 마음의 눈으로 본다

탁탁탁
지팡이 든 사람도
지팡이 안 든 사람도
모두 다 이웃이다
눈으로 세상을 보며
사는 이웃

마음으로 세상을 보며
사는 이웃

우리는
보는 눈이
아주 조금 다른
이웃이다.

9회/눈으로 말해요

여수 양지초등학교 4학년 강수현

내 친구 귓속은
항상 조용하데요

그래서
친구와 난 눈으로 말해요

화장실 급해서
한 번 찡긋
밖에 나가 놀자고
두 번 찡긋 찡긋
선생님 화나셨다고
세 번 찡긋 찡긋 찡긋
신나는 점심시간이다
두 눈이 동글동글

하루 종일
바쁜 친구 눈
내 눈.

10회/망설이다

수원 천일초등학교 4학년 김시현

같이 학교 갈까?
같이 밥 먹을까?
망설이다 망설이다
짧은 손을 잡는다

같이 축구 할까?
같이 농구 할까?
걱정하다 걱정하다
휠체어를 꺼낸다

같이 집에 갈까?
같이 숙제 할까?
기다리다 기다리다
책가방을 들어준다

오늘도 쭈뼛쭈뼛
다가갈까 말까
가슴은 두근두근
땀은 송글송글

용기내어 다가가
"우리 친구하자."
이 한마디에
우린 친구가 되었다.

11회/자동문

당진 삼봉초등학교 6학년 육보미

학습도움반에
달린
자동문

가까이 가면
스스럼없이
문을 연다

우리들 마음에도
자동문을 달아서
마음을 열어 주자.

12회/노란 블록

부산 석포초등학교 6학년 정명주

길을 걷다가 본
울퉁불퉁 노란 블록

우리의 작은 친구들을 도와주지
'앞으로 가세요.'
'멈추세요.'

우리도 작은 친구들의
노란 블록이 되어 주자.

13회/휠체어에도 봄 햇살을

울산 격동초등학교 4학년 최다니엘

겨울내내 죽은 듯한 나무에도
초록 손이 쫑긋

진달래 개나리 벚꽃들
눈웃음 씽긋

잔디도 토끼풀도
봄 인사 하는데

마트에 갈 때마다 텅 비어 있는
장애인 주차자리
간혹 차대는 사람도 장애인은 아니네

오늘 아침 신문에
20만 원 월급도 감사한다는 장애인
일할 자리 준 것만도 감사하다 하네

겉모습 조금 다르다고
차별하는 우리는
마음 다친 또 다른 장애인 아닐까?

우리도 미래엔 다칠 수 있는
예비장애인
그런 마음 모두 가져 보아요

봄이 오면
새옷 단장하는 나무와 꽃들처럼
장애인도 마음껏 다니는 그런 날
어서 왔으면
서로 돕고 사랑하는 푸른 날
어서 왔으면.

14회/햇살과 먹구름

구미 옥계동부초등학교 6학년 김시원

빵빵빵
우리 학교 옆반 친구는
매일 총 모양 손을 하고
전쟁놀이를 한다

빵빵
총소리를 내며
얼굴 내미는 친구
일곱 살에 마음이 멈춰 버린
해맑은 얼굴이 햇살 같은 친구

빵빵빵
햇살 같은 친구가
먹구름 같은 우리에게
친구하자는 인사

빵빵빵
그 친구가 우리 가슴속에
들어오고 싶어 하는 마음의 신호

그 순수한 햇살이
잔인한 먹구름을
부드럽게 감싸 주네
우리도 그 햇살에 녹아
점점 친구가 되어 가네.

15회/마음의 문

오산 대호초등학교 3학년 임세혁

닫힌 문을 두드린다
똑똑
내 마음을 두드린다

똑똑
들리나요 이 소리가
똑똑
열리나요 닫힌 마음이

닫힌 문이 열리듯이
닫힌 마음도 열려라
마음을 열고 바라보면
우리 모두 같은 모습.

16회/마음의 38선

창원 풍호초등학교 5학년 김상윤

철컹철컹
들리나요
보이지는 않지만
모두 느낄 수 있어요

북한과 남한이 통일을 해야 하듯
장애인과 비장애인
모두 통일해야 해요

철컹철컹
들리나요
마음의 쇠창살 소리가

베를린 장벽이 무너지고 통일했듯이
장애인과 비장애인
모두 통일해야 해요

마음의 38선
통일해야 해요.

17회/우정의 비

안성 공도초등학교 4학년 진민영

우정의 비가 눈으로 떨어지면
친구가 행복한 모습을 볼 수 있고

우정의 비가 입으로 떨어지면
친구와 아름다운 말을 할 수 있고

우정의 비가 발로 떨어지면
친구에게 다가와 함께 놀 수 있다

그리고 우정의 비가
마음으로 떨어지면
친구랑 있으면
행복한 마음이 생긴다.

18회/오빠는 3살

부안 장신초등학교 2학년 김희진

저는 9살이에요
엄마는 오빠가 3살이래요

저는 밥을 흘리지 않아요
그런데 오빠는 맨날 흘려요

저는 가끔씩 투정을 부려요
그런데 오빠는 맨날 웃어요

저는 책가방이 두 개예요
하나는 내 거 하나는 오빠 거

오빠가 미울 때도 있지만
저는 오빠를 많이 사랑해요.

19회/우산 줄다리기

충주 용산초등학교 5학년 임희진

특수반 친구랑 비 오는 날
우산 하나에
꼭 붙어 길을 걷는데
내 어깨가 빗물에 닿아
난 모른 척 내 쪽으로
우산을 당겨 딴 곳을 본다

순간 친구는 내가 비에 젖지 않게
슬쩍 우산을 내 쪽으로 기울여 준다

나도 미안함에
친구 쪽으로 우산을 밀어준다

나도 슬쩍, 친구도 슬쩍
밀어주기 우산 줄다리기를 한다

젖지 않은 나와 친구의 한쪽 팔이
더욱 따뜻하게 느껴진다.

20회/수연이와 6학년 3반 친구들

김포 신풍초등학교 6학년 장수연

나는 6학년
나는 걷지 못한다 앉지도 못한다
세상에 일찍 나왔더니 몸은 느리게 커 간다
다른 친구들보다 뭐든 느리다
그래도 친구가 있어 행복하다
내 말을 잘 알아들어 주고 챙겨 주는 서연이
노트 쓰기를 도와주는 한별이
말동무해 주는 나현이
6학년 3반 친구들아 모두 모두 고마워
나는 세상에서 제일 느리지만
제일 행복하다.

장애인 포용사회로 가는 길

장애인문학론 (석창우 體)

Introduction to literature of the Disabled

제12장

삶이 있는 이야기

우리가 이에 떨쳐 일어나도다. 양심이 우리와 함께 있으며, 진리가 우리와 더불어 나아가는도다. 남녀노소 없이 음침한 옛집에서 힘차게 뛰쳐나와 삼라만상과 더불어 즐거운 부활을 이루어내게 되도다. 천만세 조상들의 넋이 은밀히 우리를 지키며, 전세계의 움직임이 우리를 밖에서 보호하나니, 시작이 곧 성공이라, 다만 저 앞의 빛으로 힘차게 나아갈 따름이로다.

제12장 삶이 있는 이야기

지난 2018년 12월 (재)한국장애인문화예술원 초청으로 한국에서 포용적 예술(inclusive art)를 주제로 강연을 한 영국 브라이튼대학교 예술대학 앨리스 폭스 교수는 '누가 장애인의 포용을 결정할 것인가?' 라는 질문을 던지면서 사회가 장애인을 포용하지 않아서 놓치는 것은 무엇인지 생각해 봐야 한다고 하였다. 그동안 우리는 장애인과 함께해서 생기는 피해만 생각했다. 그래서 장애인 특수학교가 자기 동네에 건립되는 것을 목숨 걸고 반대하였으며, 대기업은 장애인을 고용하는 대신 어마어마한 액수의 고용부담금이란 벌금을 내고 있다.

이것이 과연 현명한 선택일까?

장애인을 포용하는 것이 그렇게 힘든 것일까?

지역사회와 단절된 폐쇄적인 집단생활로 장애인의 포용과 거리가 먼 것처럼 보이는 장애인 거주시설 이용자들은 어떻게 살고 있는지 궁금해졌다. 그래서 장애인 거주시설을 대상으로 공모하는 한국장애인복지시설협회의 '삶이 있는 이야기' 수상작을 통해 거주시설 이용자들의 삶을 탐색하여 거주시설에 어떤 변화가 일어나고 있는지 살펴보고자 한다.

1. 장애인 거주시설

거주시설이 인권침해의 온상이 된 것은 집단 수용에서 빚어진 획일적인 생활 패턴 때문이다. 이런 획일적인 삶이 비정상적이어서 정상화를 주장하게 되었는데 정상화 개념을 처음 공표한 사람은 덴마크 지적장애인 서비스 권위자인 뱅크 미켈센(Bank Mikkelsen)으로 지적장애인의 생활이 일반적인 방식과 가장 가깝도록 만드는 것이 정상화라고 설명하였다(Nirje, 1980).

그 후 장애인복지의 패러다임이 자립 생활로 바뀌면서 장애인 당사자 스스로의 선택과 결정을 가장 중요한 것으로 생각하는 자기결정권 주장이 주목을 받게 되었다.

우리나라에서는 자립생활운동이 시설에서 퇴소하는 탈시설화로 이어져서 거주시설이 많은 비난 속에서 새로운 변화를 모색하고 있다.

1) 주거공간과 삶의 질

주거는 물리적 거처로서의 주택과 사회적 의미로서의 주거를 포괄한다. 주택은 최소한의 인간다운 생활이 가능한 시설과 서비스 확보가 된 공간으로 인간에게는 적절한 사회적, 문화적, 경제적 환경을 향유할 수 있는 주거의 권리가 있다.

주거 유형에 따른 생활 만족도 및 적응 정도의 차이를 규명한 양정옥(1966)은 장애인들이 입소하여 사는 수용시설 형태의 특수주거시설에 거주하는 사람보다 일반 주거시설에 거주하는 사람의 생활 만족도가 높은 것으로 나타났으며, 특수 주거시설 가운데서도 대단위 시설에 거주하는 사람보다는 소규모 시설에 거주하는 사람의 생활만족도가 더 높다고 하였다.

유동철(2017)은 거주시설의 인권침해는 집단성에 기인하기 때문에 개인의 자기결정권과 다양성이 침해될 수밖에 없다고 하여 거주시설 장애인의 삶의 질이 낮을 수밖에 없음을 시사하였다.

2) 거주시설의 유형과 현황

거주시설은 특수한 욕구 또는 가정 상의 이유로 보호가 필요한 사람들에게 가정을 대신하여 생활의 장을 제공해 주며 거주자의 사회복귀를 최대한 돕는 것을 목적으로 한다(변용찬, 2005).

장애인복지법 58조에는 거주공간을 활용하여 일반 가정에서 생활하기 어려운 장애인에게 일정기간 동안 거주·요양·지원 등의 서비스를 제공하는 동시에 지역

사회생활을 지원하는 시설이라고 규정되어 있다.

동법 시행규칙 41조에는 거주시설의 종류 및 기능을 장애 유형별, 중증장애인, 장애영유아, 장애인 단기 거주시설과 장애인 공동생활가정으로 분류하고 있다.

시설은 국민기초생활보장 수급자를 우선 입소 대상으로 하고, 수급자가 아닌 경우 30% 범위 내에서 실비 입소가 가능하다. 실비 입소의 경우 1인당 비용부담에 제한이 있으며 지적장애인이나 중증장애인에 대해서는 추가 비용을 수납받을 수 있도록 되어 있다.

보건복지부 자료(2018)에 의하면 거주시설은 2017년 12월말 현재 1,517개소로 2016년도 1,505개소에 비해 증가하여 거주시설이 점차 축소될 것이라는 추측이 맞지 않음을 알 수 있다. 이용자 30,693명, 종사자 17,926명으로 종사자 1명이 이용자 1.7명을 돌보고 있으며 여성 이용자가 38.9%로 여성의 비율이 낮았고 장애 유형별로 살펴보면 지적장애 거주시설이 50.6%로 절반 이상이었다.

이용자 정원 규모로 살펴보면 20인 이하의 소규모 시설이 63.7%로 대다수를 차지하고 있고, 100인 이상의 대규모시설은 2.4%에 불과하여 장애인 거주시설이 소규모화되고 있는 것으로 나타났다.

2. 거주시설에서 살기

1) 연구 방법

한국장애인복지시설협회에서 매년 여름 장애인 거주시설 직원과 이용자를 대상으로 우수 사례 공모전인 '삶이 있는 이야기'를 실시하여 최우수상 1명, 우수상 2명, 장려상 3명을 선정하여 시상하고 있는데 최우수상 상금은 2015년 50만 원으로 시작하여 2018년 100만 원으로 상향 조정되었다.

'삶이 있는 이야기'에는 장애인 거주시설에서 생활하고 있는 이용자의 다양한 생활이 이용자 자신이나 직원들에 의해 소개되고 있는데 거주시설 장애인의 삶의 모습을 엿볼 수 있어서 본 연구에서는 2016년부터 2018년까지 최근 3년 동안 최우수상과 우수상 수상작을 대상으로 거주시설 장애인의 삶의 변화를 현상학적으로 탐색하고자 한다. 수상작에 등장하는 이용자 9명의 인구사회학적 특징은 〈표26〉과 같다.

〈표26〉 수상작 이용자의 인구사회학적 특징

번호	이름	성별	장애	나이	문제 및 목표	솔루션	변화
1	J	남	지적	20대 후반	남의 커피를 먹음	스스로 커피 타기	커피 대접
2	웅	남	지적	34살	여직원을 좋아함	여친 만들어 주기	진행 중
3	김용남(이용인)	남	척수	50대	폭언, 폭력	더 불행한 이유 찾기	타인 돕기로 삶의 의욕
4	두한	남	지적	30대	내집 갖기	셀프 인테리어	초대
5	재기	남	근육병	23살	자립하기	대학 입학 등 꾸준한 도전	전혀 다른 삶
6	정정자(이용인)	여	뇌성마비	55살	인정받기	시집 발간	문단 데뷔 도전
7	준호	남	지적	20대 후반	동생과 가족 되기	초대와 가족 여행	형제가 함께 살기로
8	혜주	여	지적	24살	사회 속으로	요리 프로그램 참여	조원이 되어 함께 요리
9	진한	남	뇌성마비	40대	자유로운 삶	임대아파트 이사	자기 결정으로 행복

수상작 가운데 이용자가 직접 쓴 경우는 2명으로 장애인 당사자의 수상이 22% 밖에 되지 않았는데 이는 거주시설에 지적장애인 이용자가 많아 본인이 글을 써서 응모할 수 없기 때문인 것으로 분석된다.

이야기 주인공에 남성이 78%로 압도적으로 많았으며 장애 유형별로 살펴보면 지적장애가 56%이며 뇌성마비 2명, 근육병과 척수장애가 각 1명으로 대다수가 중증장애인이고, 연령은 20대가 가장 많지만 자신의 목표를 이룬 시기는 50대로 작은 성과를 이루기까지 오랜 시간이 필요하다는 것을 알 수 있다.

2) '삶이 있는 이야기' 수상작 요약

2016년부터 2018년까지 '삶이 있는 이야기' 공모에서 최우수상과 우수상을 수상한 작품 9편을 요약 정리하면 다음과 같다.

2016 최우수상/커피 한잔/사랑마을(경북 문경)/김태헌(직원)

J씨는 2014년 3월에 입소한 24살의 자폐성발달장애 청년이다. 커피에 대한 애정이 각별하여 입주인들이 타 놓은 커피를 J씨가 마셔 버린다고 볼멘소리를 한다. 그래서 그에게 스스로 커피를 타서 마시는 훈련을 시켰다. 인스턴트 커피 봉지를 뜯고, 그것을 컵에 붓고, 정수기에서 뜨거운 물을 받아 젓는 단계까지 반복 훈련이 필요하였지만 불가능하지는 않았다.

좋아하는 것을 스스로 하는 작은 실천이 가져온 긍정적인 결과는 생각했던 것 이상이었다. 우선 입주인들이 J씨를 경계하지 않았다. 그뿐만이 아니었다. 영양팀 선생님이 J씨에게 "저도 한잔 타 주실 수 있어요?"라고 하자 정성껏 커피를 타서 건네주었다. 그 모습에 가슴이 뭉클하여 눈시울이 붉어졌다.

J씨가 자신이 탄 커피를 나눠 준다는 것은 상상도 할 수 없었다. 그 모습이 너무 좋아 보여서 사람들에게 커피를 대접하라고 권했다. J씨 어머니가 왔을 때 그는 커피를 대접하였다. 그는 받기만 하는 것이 아니라 주는 역할도 할 수 있게 되었다. 삶의 변화는 아주 큰 문제를 해결하는 것보다 주변의 작은 일들을 변화시키는 것으로 시작할지도 모른다.

2016 우수상/웅씨 연애조작단/부천 혜림원/김은옥(직원)

웅씨는 올해 34세로 학교 행정사무실에 온 여직원에게 일편단심 해바라기이다. 식당에서 그녀를 보면 그렇게 좋아하는 밥은 뒷전이고, 산책을 나가면 그녀가 있는 행정실 문앞에서 망부석이 되어 3~4시간 서있는다.

웅씨를 위해 개별지원 활동으로 이름하여 '웅씨 연애조작단'(영화 〈시라노 연애조작단〉 패러디)을 실시하기로 하였다.

소개팅녀로 두 살 연상인 약간 글래머스형으로 말이 없는 웅씨와 성격이 다른 말을 잘하는 상대를 골랐다. 첫 미팅은 음식점에서 식사를 하였고, 두 번째 미팅은 이성 친구끼리 가까워질 수 있는 무서운 영화보기… 이렇게 한 달에 한 번씩 만남이 이어졌지만 먹는 일에 열중할 뿐 별 진전이 없었다. 그래서 다섯 번째 미팅에는 질투 작전으로 엄청 여성스러운 소개팅녀 2를 투입시켰지만 웅씨는 본인보다 키가 커서 그런지 어깨를 잔뜩 웅크리고 있었다. 웅씨의 연애는 참 어렵다. 하지만 아직도 진행 중이다.

2016 우수상/무제-이제는 비극 속에 나를 밀어 넣고 싶지 않다/청목아카데미/김용남(이용인)

여느 때와 다름없이 출근을 하고 직장동료 3명과 승용차로 집에 가고 있었다. 1997년 5월 12일 오후 6시 30분 비명 한번 지르지 못하고 깊은 잠에 빠졌다가 한 달 보름 만에 눈을 떴다. 조수석에 탔던 그는 안전벨트를 하지 않아서 하반신마비 장애를 갖게 되었다. 아내와 남매를 둔 자애로운 가장이었지만 욕과 폭력을 일삼는 이상행동을 보였다. 2년 정도 지났을 때 장모님이 가족들을 위해 장애인 시설로 들어가라고 하며 그날 이후로 부인과 아이들이 집에 들어오지 않았다.

며칠을 견디지 못하고 시설에 가겠다고 백기를 들고 1999년 3월 1일 쫓겨나듯 청목아카데미로 왔다. 시설에 입소한 후에도 그의 이상행동은 계속되었다. 그러자 직원과 이용인들이 그를 피하기 시작하였다.

원장님이 그에게 말했다. "김용남 님이 어떠한 이유로 저분들보다 더 불행해야 하는지 이야기하실 수 있겠습니까?"그는 대답을 하지 못하였다. 이용인의 대부분이 인지 능력이 떨어지거나 중증장애로 스스로 할 수 있는 일이 거의 없었기 때문이다. 그런데 가만히 살펴보니 서로 도우며 살고 있었다. 그 모습이 행복해 보였고 거룩하게까지 느껴졌다.

생각해 보니 자신은 마음만 먹으면 많은 도움을 줄 수 있었다. 그래서 퉁명스럽게나마 타인 돕기를 시작하자 삶의 의욕이 생기고 시설 분위기가 달라졌다. 그러자 담당교사가 프로그램 참여를 권하여 노래 부르기, 민화 그리기, 난타, 생활체육 등에 참여하였다. 체육 강사가 장애인체육 선수의 꿈을 심어 주었다.

그동안 이혼도 하고 아이들과 완전히 연락이 끊기는 아픔이 있었지만 이제는 그 비극 속에 자신을 다시 밀어넣지 않을 것이다.

2017 최우수상/내 집은 내가!—셀프 인테리어 대작전/군산 나눔의집/서화평(직원)

나눔의 집 302호에 살고 있는 두한 씨는 오전에는 직장에 가고 오후에는 수영하고 사진 강의를 들으며, 사진 찍고 도서관에서 책 읽는 것을 좋아하는데 302호에 대한 집착을 보인다. 고등학생과 초등학생이 함께 살고 있지만 자기 집이니까 꾸미고 싶다고 하여 셀프 인테리어를 하기로 하고 계획을 세우면서 그에 따른 공부도 하였다.

먼저 벽을 치장하기 위하여 페인트 가게에 가서 페인트를 고르고 직접 페인트 칠도 하였다. 그리고 가구를 마련하기 위하여 인테리어 구상을 하고 이케아에 회원 가입을 한 후 쇼파와 TV장식장, 선반 등을 구입하여 조립을 하였다.

그다음 가전제품으로 TV와 냉장고를 사기 위해 매장마다 돌아다니며 302호에 맞는 사이즈로 두한 씨가 직접 선택하였다. 그는 인테리어를 마친 후'도어락을 해야 할 것 같아요.'라고 제안하였다. 집을 지키고 싶은 것이었다.

도어락을 설치하고 현관문에 302호 가구원들이 함께 사진을 찍어 문패처럼 걸어 놓는 것으로 셀프 인테리어 대작전은 성공적으로 마쳤다. 두한 씨는'엄마를 초대해서 보여 줘야겠다.'며 어머니에게 전화를 하였다. 두한 씨는 우리 집에 놀러오라고 말하며 자신의 삶을 자랑스럽게 보여주고 있다.

2017 우수상/나에게는 희망이 없습니다/SRC보듬터/최병배(직원)

3년 전 폐렴으로 죽을 고비를 넘긴 23세의 재기 씨를 사례관리계획회의에서 만났을 때 앞으로의 목표를 묻는 질문에 '자립'이라고 간단히 대답하였다. 자립을 위해 어떤 일을 하고 싶으냐는 질문에는 컴퓨터 관련 일이라고 망설임 없이 대답하였다.

그 후 재기 씨는 사이버대학교 그래픽 관련 학과에 합격하였고, 포토샵 자격증에 도전하였으며 자립생활훈련에 참여하였다. 초록우산 여행공모에도 선정되는 등 지칠 줄 모르고 도전하였다. 서울복지재단의 자립주택사업에 신청하여 단기체험까지 무사히 마치고 시설을 떠나 그의 목표인 자립을 이루었다.

3개월 후 시설에 잠시 들른 재기 씨는 아주 건강해 보였다.'다시 오고 싶지 않냐.'는 질문에 쓴웃음을 지을 정도로 그는 전혀 다른 삶을 살고 있었다.

건강이 안 좋은 재기 씨에게 시설이 더 안전할 것이라고 생각한 자신(직원)이 잘못되었다는 사실을 깨달았다. 희망은 재기 씨 안에만 있고, 그것도 상상할 수 없을 정도로 커다랗게 있고, 자신에게는 희망이 없다는 것이 부끄러웠다.

2017 우수상/나는 꿈꾸며 산다/남해 소망의 집/정정자(이용인)

뇌병변장애 1급으로 성인이 되도록 네모난 작은 방에 갇혀 라디오를 벗삼아 시간을 보내던 어느 날 동네 교회 집사의 권유로 교회에 가게 되었다. 휠체어가 없어서 리어카에 누워서 세상 밖으로 나갔는데 푸른 하늘과 푸르른 들판… 온 세상이 너무나 아름다워서 눈물이 났다. 교회를 다니면서 성숙해졌다. 넓은 세상에 자신을 맞추려고 노력하였다.

26세, 집을 떠나 장애인 시설에 입소하려고 했지만 나이가 많아서 받아 주지 않아 10년 동안 이곳저곳을 떠돌다가 남해 소망의 집에 왔다. 그곳에서 10년 정도 보낸 47세에 순회특수교육으로 초등학생이 되었다. 첫 선생님은 30대의 총각 선생님이었다. 그녀는 휠체어 앉는 것조차 힘들어서 엎드려서 수업을 받아야 했는데 눈높이를 맞추려고 선생님도 엎드려서 수업을 진행하였다. 그녀는 47세에 소녀처럼 선생님을 짝사랑하였다.

문장을 익혀 글을 쓰기 시작하자 시설 국장님이 시를 써 보라며 퇴근 후 지도를 해 주었다. 그런데 시를 짓는 것보다 쓰는 일이 더 힘들었다. 지휘봉 끝에 연필지우개를 달아 휠체어에 앉아서 자판을 누르는 방식으로 해결을 했지만 한 편을 완성하는데 2~3개월이 걸렸다. 국장님은 시 100편을 쓰면 시집을 내주겠다고 약속하였는데 당시는 이루어질 수 없는 꿈이었다. 하지만 4년이 지나자 102편의 시가 모여졌고 드디어 출간 준비에 들어갔다.

「나 다시 산다면」이란 제목으로 시집을 발간하고 2017년 9월 12일 남해평생학습관에서 출판기념회를 열게 되었다. 그날 입을 옷을 사고 평생 처음 신발도 사서 신어 보며 행복했다.

출판기념회 날 할머니가 된 어머니와 중년이 된 첫사랑 선생님, 그리고 남해군수와 교육청장도 참석하는 등 정말 많은 손님들이 함께해 주었다.

며칠 후 KBS진주방송국에서 나와 인터뷰를 하였다. 55세가 되어서야 한 사람으로, 한 시인으로 인정받는 것 같아서 뿌듯했다. 앞으로 매주 시를 전공한 선생님과 시공부를 하여 정식으로 등단하는 꿈을 다시 꾼다.

2018 최우수상/내 동생/예림원 체험홈/이명옥(직원)

이야기가 전개되던 시기의 형은 22세, 동생은 20세로 예측된다. 무슨 사연인지는 몰라도 준호 씨가 4세 때 형제가 보육원으로 왔고 2년 후 준호 씨가 지적장애라는 장애진단을 받아 장애인 거주시설로 보내지면서 형제가 헤어지게 되었다. 준호 씨가 예림원으로 온 것은 14세였고 18세 때 보육원에 있는 동생과 연락이 되어 동생이 명절 때마다 준호 씨를 찾아와 만났다.

준호 씨가 동생을 찾아간 것은 2012년 동생의 고등학교 졸업식이 처음이었다. 졸업선물과 꽃다발을 사들고 참석했다. 동생은 4년제 대학에 가는 것을 포기하고 전문대학에 입학하였다. 준호 씨는 공부하는 동생을 위하여 돈을 아껴서 동생에게 용돈을 주겠다고 마음먹는다.

하지만 동생은 형에 대한 애정이 없고 부담스러워하였다. 다시 연락이 끊겼다가 1년 만에 연락이 왔다. 준호 씨 생일날 동생과 재회를 했는데 동생이 형 생일 선물을 사주었지만 만나면 빨리 헤어지고 싶어 했다.

그래서 준호 씨 담당 사회복지사는 추석날 이용자들 모두의 뜻으로 동생을 초대하기로 하였다. 이른 저녁을 먹고 볼링장으로 가서 음료수 내기 경기를 하면서 형제가 많이 가까워진 모습을 보였지만 동생은 졸업 후 군대에 갈 것이라고 하여 준호 씨를 서운하게 하였다.

그해 송년회에 이용자 가족들을 초대하였다. 그 전에는 이용자끼리 했었는데 준호 씨 동생을 초대하면서 가족과 함께하는 것이 얼마나 소중한지 알았기 때문이다. 가족 여행에 대한 얘기가 나와서 함께 가족 여행을 가게 되었다.

출발 전날 준호 씨 동생은 예림원에 와서 자고 함께 출발할 정도로 많은 변화가 일어났다. 번지점프를 할 때는 동생이 준호 씨에게 '괜찮아 형!'하며 안심시켜 주었다. 형제가 스스럼없이 대화를 나누고 셀카를 찍으며 한가족이 되어 가고 있었다.

준호 씨는 최저임금을 받으며 일을 해서 모은 돈으로 매월 5만 원씩 동생에게 보냈다. 동생은 아르바이트를 하며 학비와 생활비를 마련하고 있었기 때문이다.

동생은 2015년 새해, 취업이 되었다는 소식을 형에게 가장 먼저 전해 주었다. 첫월급으로 커플지갑을 사서 갖고 다니고 동생은 형의 의견을 존중하는 등 우애 좋은 형제 관계로 발전하였다.

어느 날 동생이 사회복지사와 의논하기를 1년 동안 외국에 나가 있을 텐데 형이 자기가 살고 있는 임대주택에 와서 살았으면 좋겠다는 것이었다. 그래서 떠나기 전 3개월 동안 형과 함께 살면서 생활을 익히도록 하고 싶다며 돌아오면 형과 함께 살겠다는 뜻을 전했다.

이렇게 헤어져 살던 형제의 서먹함이 형제애로 바뀌는데 7년이 걸렸다. 바깥세상에서 함께할 형제를 응원하며 지켜보겠다는 것으로 사회복지사의 역할이 끝나지 않았음을 알 수 있다.

2018 우수상/행복한 밥상의 일등 요리사, 월요일의 행복 레시피/함양 연꽃의 집/서동우(직원)

혜주(24세, 지적장애) 씨는 울산에서 고등학교를 졸업하고 4년 전 함양 연꽃의 집에 입소하였다. 혜주 씨는 어릴 적부터 수영, 스케이트를 배웠고, 학습 능력도 있으며 사교적이었다. 그런데 연꽃의 집은 외부 활동이 적어서 혜주 씨의 많은 능력이 줄어들 것 같아서 생활지도원인 혜주 씨 사례담당 교사가 함양군 종합사회복지관에서 진행하는 '행복한 밥상'이라는 요리 프로그램에 참가하기로 하였다.

참가 신청 때 장애를 밝히면 낙인이 찍혀 차별을 당할까 봐 정면 돌파하기로 하였다. 다행히 수강 기회를 얻어 요리 강좌를 듣게 되었는데 조별로 실습을 하였다. 혜주 씨가 이빨로 손가락을 물어뜯고 머리를 긁는 습관에 불만스러운 모습을 보이던 수강생들이 2주 만에 수업을 그만두었다.

혜주 씨와 같은 조가 되어 줄 수강생은 없었다. 그래서 조리보다 재료를 다듬어서 씻고, 설거지하고 음식물 쓰레기 버리기 등 허드렛일을 하였다. 그렇게 2주가 지나자 어떤 한 분이 혜주 씨 같은 아이를 가르쳐 본 적이 있다며 같이하자고 하였다. 다른 조원들도 혜주 씨에게 손짓하였다. 드디어 수강생으로 인정을 받은 것이다. 혜주 씨는 2학기에도 신청하여 행복한 밥상의 귀염둥이가 되었고, 3학기에는 조교가 되어 중요한 역할을 하게 되었지만 4학기에 새로운 강사로 바뀌는 바람에 모든 것이 처음으로 돌아갔다.

하지만 수강생의 수준은 달라져 있었다. 혜주 씨 담당교사에게 '선생님이 계시면 혜주 씨가 의지하니까 선생님은 따로 계시고 우리가 혜주 씨와 요리를 해 볼게요.'라고 제안하였다. 혜주 씨한테는 모두들 익숙해져 갈 수 있는 시간이 필요하다는 사실을 깨달았다.

2018 우수상/진한 씨가 이사했어요/밀알한마음쉼터/이정윤(직원)

진한 씨는 뇌병변장애 1급으로 어머니는 요양원에 형은 충주에 있는 시설로 가고 혼자서 살았는데 이웃들의 민원으로 그는 2013년 밀알한마음쉼터로 왔다. 시설로 처음 왔을 때 그는 식사를 거부하며 퇴소를 주장하였다. 이유를 묻자 담배를 피우고 싶어서라고 하였다. 진한 씨는 자유로운 삶을 원했던 것이다. 하지만 가족이 함께 살았던 집은 산사태 위험으로 철거지역이 되어 돌아갈 집이 없었다.

진한 씨는 2017년 임대아파트 신청을 했는데 결정이 나기까지 1년이 걸렸다. 진한 씨가 임대아파트로 이사하여 자립하기까지 많은 준비가 필요하였다. 활동보조서비스, 반찬서비스, 그리고 믿고 의지할 수 있는 후견인이 필요하였다.

진한 씨 이사를 위하여 입주 청소부터 가전제품과 생활용품 구입 등 할 일이 끝도 없이 많았다. 옷장은 직원들이 이사 축하 선물로 사 주기로 하였다. 어렵게 입주 준비를 마치고 진한 씨가 5년 동안 살았던 밀알에서 박스 4개를 들고 자기 집으로 이사를 갔다.

인터넷 연결 외부작업을 하는데 2~3일이 걸린다고 하였다. '진한 씨, TV를 2~3일 볼 수 없다는데 참을 수 있겠어?'라는 사회복지사의 말을 들은 kt 직원이 잠시 다녀오겠다고 하더니 TV 한

대를 들고 왔다.'TV가 나오지 않으면 답답하실 것 같아서… 제 TV를 임시로 사용하세요.'라며 공중파 방송을 볼 수 있도록 안테나 잭을 연결해 주었다. 장애인 고객의 삶에 세심한 배려를 하는 kt 직원이 고마웠다.

이사한 다음 날 시설 원장님과 진한 씨 집에 갔을 때 싱크대에 그릇이 담겨 있고, 건조대에 빨래가 걸려 있는 것을 보니 진한 씨가 더욱 행복해 보였다.

3) '삶이 있는 이야기' 수상작 내용 분석

사례 간 그리고 사례 내 유사점과 차이점에 대해 알 수 있는 방법인 비교분석 방법(comparative analysis)을 사용하여 코딩(coding)을 하였다. 자료분석은 거주시설 이용자의 삶의 경험 사례들을 상황으로 의미화하였고, 그 상황들을 공통의 내용으로 묶어서 분류한 후 주요 상황을 다시 범주화시키는 과정을 통해 도출된 의미단위들을 17개로 요약했고, 이 도출된 의미단위 요약들을 포함하는 보다 상위의 개념인 8개의 하위 구성요소들로 묶었고, 하위 구성요소들 간의 상관관계를 나타내는 경험의 일반적 구조를 찾기 위해 동질적인 하위 구성요소들을 묶어서 다시 4개 구성요소로 구성된 메트릭스를 다음 〈표27〉과 같이 완성하였다.

〈표27〉 수상작 거주시설 장애인의 생활 경험 메트릭스

구성요소	하위요소	의미단위
위기	남에게 피해	커피 빼앗아 먹기 직원 짝사랑
	거부	시설에서 나가고 싶다 낯선 가족
목표	자립	자립 생활 선언 자립 생활 준비
	직접 해보기	학습하기 타인돕기
솔루션	대안 마련	커피타기 소개팅 마련
	도전	셀프 인테리어 프로그램 참여
영향	소통	대접 말걸기
	자기 결정	초대 용돈주기 자격증 획득

이 메트릭스를 바탕으로 '삶이 있는 이야기' 연도별 내용 특징을 분석하면 아래 <표28>과 같다.

<표28> 수상작 연도별 내용 특징

연도	키워드	도전 수단	외부 조력자	결과
2016	커피, 이성 만나기, 비극 거부	커피 타기, 소개팅, 타인 돕기	체육강사	타인과 소통하기
2017	내 집, 자립, 공부	셀프인테리어, 응모하기, 시쓰기	초록우산, 서울복지재단, 순회특수교사	자기결정권
2018	가족, 조원, 세대주	여행, 요리, 이사	강사&조원, 이웃지인, kt 직원	역할하기

이용자와 직원의 내용 차이

이용자는 장애를 스스로 이겨 내고 꿈을 이루어 낸 과정을 소개하였고, 직원이 쓴 이야기는 이용자의 문제를 해결하거나 목표를 달성하는 솔루션을 서술하였다. 이용자는 자신의 꿈을 분명히 밝혔지만 직원은 전문가로서의 목표를 제시하였으며, 이용자는 거주시설에서 자신의 삶이 성장하였음을 밝힌 반면 직원은 거주시설의 장점을 노골적으로 표현하지는 못하였지만 내용 중에서 전문가의 역할이 얼마나 중요하고 시설의 기능이 무엇인지를 짐작하게 한다.

키워드 찾기

'삶이 있는 이야기'에서 탐색된 키워드가 사람인 경우는 이성과 가족이 등장하고 사물인 경우는 커피와 집이 나오며, 현상은 자립과 공부로 드러나 거주시설 장애인이 가장 그리워하는 것은 가족과 이성친구이며 자기 공간인 집을 갖고 싶어 하고 커피 한잔의 여유를 즐기고 있었다. 또한 공부를 하여 세상과 소통하고 자립 생활을 통해 독립적인 존재가 되고 싶어 한다는 것을 알 수 있었다.

도전과 조력자

장애인이 거주시설에서 혼자서 할 수 있는 도전은 커피타기, 타인돕기, 응모하기, 글쓰기이며 내부 조력자인 직원과 팀을 이루어야 할 수 있는 도전은 이성친구 사귀기, 내 집 꾸미기, 여행하기, 요리하기, 이사하기였다. 도전에 외부 조력자로 체육강사, 순회특수교사, 강사&조원, 이웃지인, kt 직원 같은 개인과 초록우산, 서울복지재단 등의 단체 사업이 큰 역할을 하였다.

이런 조력으로 얻는 결과는 타인과 소통, 자기결정권 행사, 형으로, 조원으로, 세대주로의 역할을 해낸 것으로 큰 성취감을 갖게 하였다.

연도별로 분석해 보면 2016년도에는 커피타기 등의 아주 소소한 변화가 일어났고, 2017년도에는 자기 인생의 터닝 포인트를 마련하게 되었으며, 2018년도에는 사회 속으로 적극적으로 들어가서 자기 역할을 좀 더 확대시키는 모습을 볼 수 있었다.

4) 거주시설 이용자 삶의 변화 특징

2016년 수상작이 거주시설 내에서 어떤 어려움이 있던 장애인이 그 문제를 풀고 시설 안에 포용되어 시설 분위기를 바꾸는 내용이었다면, 2017년도 수상작은 자신의 목표를 이루기 위해 사회에 끊임없이 도전하여 넓은 사회 속으로 나갈 준비를 하는 도전기였다. 이에 반해 2018년도 수상작에는 장애인 포용 현상이 아주 뚜렷이 나타났다. 2018년도를 중심으로 변화 양태를 살펴보면 다음과 같다.

형과 같이 살까 해요

준호 씨가 동생을 찾고 싶다고 하였을 때 사회복지사가 개입하지 않다면 준호 씨는 스스로 동생을 찾지 못했을 것이며 동생을 찾은 후 지속적으로 형제가 함께할 수 있는 여건을 마련해 주었다. 그런 과정에서 형은 형으로서의 역할을 찾아가며 형 역할을 했기에 동생은 형과 함께 살고 싶다는 생각을 하게 되었다.

장애형제 이야기를 다룬 1988년의 영화 〈레인맨〉은 자폐성장애를 갖고 있는 형과 여행을 하며 형제애를 갖게 되지만 형을 다시 시설로 보내면서 끝이 난다. 30년 전이지만 미국은 그 당시 장애인복지가 발전해 있었다. 그런데도 형제가 함께 살지 못하는 것은 솔루션에 문제가 있다. 게다가 형은 어마어마한 재산을 상속받은 부자였다. 준호 씨가 동생에게 준 용돈은 겨우 5만 원이다. 동생은 5만 원이란 돈보다는 형이 어렵게 번 돈을 자기를 위해 아껴서 용돈으로 준 형의 역할이 더 고마웠을 것이다. 이렇듯 장애인 포용은 가족부터 이루어져야 한다.

우리가 혜주 씨와 요리를 해 볼게요

요리 강좌에서 혜주 씨와 같은 조가 된 것이 싫어서 수강을 포기한 수강생도 있었지만 허드렛일을 하며 진심을 보이자 혜주 씨와 조원이 되겠다고 나서는 수강생이 생겼고, 포기하지 않고 꾸준히 노력하는 모습을 보이자 사례담당 교사에게 선생님은 따로 계시라고 하면서 혜주 씨와 함께 수강생끼리 요리를 해 보겠다며 혜주 씨를 완전한 조원으로 포함시켜 주었다. 장애인 포용이 지역 사회에서 이루어진 것이다.

제 TV를 임시로 사용하세요

진한 씨가 임대아파트로 이사 가는 날 인터넷 연결 외부작업을 하는데 2~3일이 소요되기 때문에 TV 시청이 어렵다고 하자 '진한 씨 텔레비전 2~3일 볼 수 없다는데 참을 수 있겠어?' 라는 사회복지사 말을 듣고 kt 직원이 잠시 다녀오겠다고 하더니 TV 한 대를 들고 와서 'TV가 나오지 않으면 답답하실 것 같아서… 제가 쓰던 TV를 임시로 사용하세요.' 라며 공중파 방송을 시청할 수 있는 안테나 잭을 연결시켜 주었다. 어찌 생각하면 작은 일이지만 kt 직원의 마음에 배려와 나눔이 없었다면 결코 할 수 없는 일이었다. 이렇게 장애인과 함께할 준비가 되어 있는 사람들이 많아져야 포용사회가 이루어진다.

'삶이 있는 이야기' 최우수작을 통해 나타난 거주시설 장애인의 삶을 키워드로 분석한다면 2016년은 커피로 대변하는 소소한 일상의 기쁨이고, 2017년은 셀프 인테리어로 작은 소유의 기쁨이며, 2018년은 비장애 동생에게 용돈 주기로 포용되기라고 할 수 있다.

아마도 2019년도에는 장애인을 포용한 사회에 어떤 변화가 일어났는지를 재미있는 일화로 소개하는 삶이 있는 이야기가 나타나지 않을까 예상해 본다.

3. 장애인 거주시설의 과제

1) 연구 결과

본 연구를 통해 거주시설 이용자의 삶은 커피, 미팅, 내 집, 가족, 조원의 5개의 키워드로 대표된다. 커피와 미팅은 생활의 여유를 즐기려는 것으로 매슬로우의 욕구 5단계설[7)]의 1단계인 생리적 욕구에 해당하며, 내 집은 2단계 안정의 욕구에 해당하고 가족과 조원은 3단계 사회적 욕구로 볼 수 있다.

앞으로 거주시설은 4단계 존경의 욕구와 5단계 자기실현의 욕구를 채우는 방향으로 나갈 것으로 예측된다.

거주시설 이용자 삶의 변화를 포용사회 측면에서 연도별로 분석하면 2016년도는 포용사회를 위한 준비기였고, 2017년은 도전기였으며 2018년은 포용사회 진입기였다. 앞으로 본격적인 포용사회로 확장되어 나갈 것으로 기대된다.

언론에서 소개되는 장애인 거주시설은 인권침해가 심각한 참혹한 모습이어서 거주시설에 대한 부정적인 이미지가 생긴 것이 사실이다. 하지만 더 많은 장애인 거주시설에서 가족보다 더 가족 같은 삶의 이야기가 자연스럽게 피어나고 있다는 사실을 간과해서는 안 된다.

장애인복지의 패러다임이 자립 생활이라고 시설이 다 사라지는 것은 아니다. 탈 시설로 이룬 자립 생활은 거주시설과 완전히 멀어지는 것이 아니라 지속적인

7) 임상심리학자 매슬로우(A. H. Maslow)가 자신의 임상 경험을 바탕으로 1943년에 발표한 이론으로 인간의 내부에 잠재하고 있는 욕구는 상대적 중요성에 따라 가장 기본적인 차원인 생리적 욕구에서부터 최고차원인 자기실현의 욕구까지 5단계의 계층을 이루고 있다고 주장하였다. 그 단계는 1단계 생리적 욕구, 2단계 안전·안정의 욕구, 3단계 사회적 욕구, 4단계 존경의 욕구, 5단계 자기실현의 욕구로 구분한다.

사후관리로 시설의 지원을 받는 또 다른 생활 형태로 발전해야 한다.

2) 제언

김용득(2008)은 거주시설의 개편 방향으로 시설 기능을 재점검하여 거주와 함께 지역사회 생활을 동시에 지원할 수 있어야 하며, 시설 소규모화, 시설 운영이 통합화되어 입소할 것이냐 지역사회에 남을 것이냐를 결정하는 것이 아니라 거주배치 서비스가 지역사회 서비스의 연속성 차원에서 이루어져야 한다고 하였다.

그리고 시설을 다양화하여 이용자의 선택권을 주어야 하고, 저렴한 가격으로 주거 지원서비스를 해 주는 지원주택이 도입되어야 한다고 제안하였다.

또한 거주시설의 서비스 개선도 필요하다. 유동철(2017)은 자기결정권의 인정과 시설 운영에 이용자의 참여를 확대시켜야 하고, 거주시설의 환경을 가급적 일반 가정과 유사한 형태로 재구조화해야 하며 인권침해에 대한 권리구제 절차와 조직이 필요하고 전문가의 역할 변화가 요구된다고 하였다.

그런데 전문가는 이용자의 개인 중심 계획을 지원해 주는 조력자 역할을 해야 한다. 인권을 기반으로 한 장애인복지는 개인별 지원을 위한 서비스 실천으로 사례관리를 하는데 이때 조직중심이 아닌 개인중심으로 계획을 세워야 한다. 개인중심계획은 'Personal Futures Planning' (Mount& O' Brier, 1984)을 사용하는데, 개인중심은 사람을 먼저 생각하고, 능력과 재능을 찾으며 이용자를 알아가는데 시간을 많이 투자하고 사람을 지역사회 일원이 되도록 하며 다른 사람들과의 차이점을 강조하기보다는 공통점을 찾는 방향으로 계획하는 것으로 개인중심계획은 탐색, 기회 찾아내기, 새로운 방향찾기, 사후조치의 4단계를 거친다.

'삶이 있는 이야기' 를 통해 거주시설에서 바로 이 개인중심계획으로 이용자들을 지원하고 있다는 것을 알 수 있었다. 물론 모든 거주시설에 이런 아름다운 삶의 이야기만 있는 것은 아니다. 인권침해가 발생하고 있는 것 또한 사실이다.

거주시설의 인권침해 실태를 파헤치며 문제를 지적하며 개선 방안을 찾는 기존의 연구도 중요하지만 거주시설의 성공 사례를 통해 거주시설 이용자들의 삶에 어떤 변화가 일어나고 있는지 탐색하여 개인중심계획 모형으로 제시하고자 한다.

앞으로의 과제는 포용사회이다. 장애인 분리를 상징하는 거주시설에서 포용을 향한 도전을 하며 포용적 주거시설로 거듭나기를 기대한다.

장애인 포용사회로 가는 길

장애인문학론 (석창우 體)

Introduction to literature of the Disabled

제13장

한국 장애인 의회정치 문화

공약 3장

하나. 오늘 우리들의 이 거사는 정의 인도 생존 번영을 위하는 겨레의 요구이니, 오직 자유의 정신을 발휘할 것이요, 결코 배타적 감정으로 치닫지 말라.

제13장 한국 장애인 의회정치 문화

19대 국회로 우리나라 장애인 정치할당제도가 20년의 역사를 기록하게 되었다. 한국 장애인 정치할당제 20년에 대한 평가가 필요하다. 20년 동안 장애인이 의회정치에 참여하여 국회에서 입법 활동을 한 국회의원은 9명에 불과하다.

이 기간 동안 배출된 비례대표 국회의원이 250명으로 장애인 비례대표 비율은 4%에 지나지 않는다. 장애인 인구 비율을 WHO에서 인구의 10%로 보고 있는 것에 비하면 4%는 장애인을 대표하는 비율의 절반도 안되고, 등록장애인 수로 알아보는 장애인출연율 5%에도 못 미친다.

장애인 비례대표는 수에서만 문제가 되는 것일까?

장애인 비례대표가 진정 장애인을 대표하는 인물이었는지, 장애인 비례대표가 장애인을 대표해서 정말 필요한 입법 활동을 하였는지, 장애인 비례대표가 장애인 인권과 복지를 위해 어떤 영향을 미쳤는지에 대한 세밀한 분석을 바탕으로 장애인 비례대표의 발전적인 방향을 전망해 보고자 한다.

1. 장애인 비례대표 인물 분석

1) 장애인 비례대표 의원 현황

국회의원에 장애인 비례대표를 처음 시도한 것은 15대 국회로 목발을 사용하는 이성재 의원이 최초의 장애인 비례대표 국회의원이다. 16대에는 장애인국회의원이 배출되지 않았고, 17대부터 19대까지 이어져 내려오다가 20대에 또다시 장애인 비례대표를 선출하지 않았다.

장애인국회의원의 주가가 가장 높았던 시기는 17대이고, 수가 가장 많았던 시기는 18대 국회로 각 당에서 장애인 비례대표를 내세워 4명이나 국회에 들어갈 수 있었다.

〈표29〉 장애인 비례대표 의원 현황

대 수	이 름
15대	이성재
16대	
17대	장향숙/ 정화원
18대	이정선/ 박은수/ 정하균/ 故 곽정숙
19대	김정록/ 최동익

2) 인물의 특성 분류

국회의원 9명의 개인적 특징과 국회 정당 등의 특징을 정리하면 다음과 같다.

〈표30〉 인물의 인구사회학적 특징

특징 이름	대수	시기	정당	성별	출생 년도	장애 유형	장애원인	학력 (국회입성당시)	주요경력 (국회입성당시)
이성재	15	1996~2000	새정치 국민회의	남	1957	지체	소아마비	법학과	장애우권익문제 연구소 소장
장향숙	17	2004~2008	열린 우리당	여	1961	지체 (휠체어)	소아마비	무학	부산여성장애인 연대 회장
정화원	17	2004~2008	한나라당	남	1948	시각	폭격후유증으로 눈병	교육학과	부산장애인총 연합회 회장
이정선	18	2008~2012	한나라당	여	1960	지체	소아마비	동양화과 사회복지학 석사	제6대 서울특별 시의회 시의원
박은수	18	2008~2012	민주당	남	1956	지체	소아마비	법학과	한국장애인고용 촉진공단 이사장
정하균	18	2008~2012	친박연대	남	1958	지체 (휠체어)	교통사고로 경추마비	법학과	한국척수장애인 협회 회장
故 곽정숙	18	2008~2012	민주 노동당	여	1960	지체	결핵성 척수염으로 척추장애	사회복지 전문대학원 수료	한국여성장애인 연합 상임대표
김정록	19	2012~2016	새누리당	남	1951	지체	열차사고로 오른쪽 발 절단장애	경영정보과	한국장애인단체 총연합회 상임 대표
최동익	19	2012~2016	새정치 민주연합	남	1962	시각 지체	선천적으로 점차 시력이약해짐, 소아마비	미시간대학교 사회복지 정책 석사	한국장애인단체 총연맹 공동대표

장애인 비례대표 9명 가운데 여당 3명, 야당 5명 그리고 국회 입성은 야당으로 하였으나 임기 절반은 여당으로 활동한 국회의원이 1명이 있다. 야당이 많은 것은 다당제에서 집권당은 1개 당이기 때문이다.

성비율은 여성이 3명으로 3분의 1에 불과하였고 장애 유형별로 보면 시각장애가 2명이고 나머지 7명이 지체장애여서 장애 유형에서 지체장애가 차지하는 비율이 78%나 된다. 장애 정도별로 살펴보면 휠체어사용자가 3명으로 경증장애인 위주로 장애인 비례대표가 선정되었다.

국회 입성 나이는 30대에서 60대로 분포되어 있고 학력은 장향숙 의원을 제외하고는 대학 졸업 이상이며 전공은 법학 전공이 3명(사법고시 합격 2명)이고 장애인복지계에 종사하면서 사회복지를 공부한 사람이 5명으로 사회복지 전공이 압도적으로 많다.

성인이 된 후에 장애를 갖게 된 경우는 정하균과 김정록 의원이고 나머지는 유년 시절부터 장애를 경험하며 생활하였다. 장애 때문에 어려움은 있었지만 엘리트 장애인 그룹에 속한 사람은 이성재, 이정선, 박은수, 최동익 의원이며 나머지는 그 반대 그룹에 속해 있다고 볼 수 있다.

이성재, 장향숙, 정화원, 정하균, 곽정숙 의원은 장애인복지에 뜻을 두고 현장에서 리더로서 무에서 유를 창출해 낸 개척자 그룹에 속하고 나머지는 장애인복지 단체장을 지내다가 승계된 안착형 그룹에 속한다.

이 분석을 바탕으로 장애인 비례대표 9명 인물의 생애사 타입(type)을 분류하면 다음과 같다.

〈표31〉 인물의 생애사 타입(type)

시기	type1	type2
유년기	중산층	서민층
	이정선, 박은수	이성재, 정화원, 장향숙, 정하균, 故 곽정숙, 김정록, 최동익
학창기	엘리트교육	일반교육
	이성재, 이정선, 박은수, 최동익	장향숙, 정화원, 정하균, 故 곽정숙, 김정록
직업	전문직	생활형
	이성재, 이정선, 박은수	장향숙, 정화원, 정하균, 故 곽정숙, 김정록, 최동익
장애인 복지	안착형	개척형
	이정선, 박은수, 김정록, 최동익	이성재, 장향숙, 정화원, 정하균, 故 곽정숙
정치 입문	인맥	선택
	이성재, 장향숙, 정화원, 이정선, 박은수, 정하균, 김정록, 최동익	故 곽정숙
의정 활동	수동형	주도형
	정화원, 이정선, 박은수, 정하균, 김정록	이성재, 장향숙, 최동익

3) 장애인계에 미친 영향

9명의 장애인 비례대표가 장애인계에 미친 영향은 자칫 개인에 대한 평가로 비쳐질 수 있다. 장애인 비례대표에 대한 평가를 한 연구도 없고 장애인 언론에서도 정책평가 기사를 싣지 않았다. 그저 장애인계 몇몇 사람들이 모여서 개인적으로 말하는 주관적인 평가가 대부분이다. 객관적인 평가가 이루어지지 않은 상황에서 장애인 비례대표 개개인의 의정 활동에 대한 장애인복지 발전 기여도를 평가할 수는 없기에 본 연구에서는 장애인 의회정치 문화가 장애인계에 미친 영향에 대하여 살펴보고자 한다.

만약 장애인 비례대표가 없었다면 장애를 갖고 국회에 입성한 지역구 국회의원밖에 장애인이 없었을 텐데 그렇다면 장애인국회의원은 13대 평민당으로 금배지를 단 이철용 의원, 16대부터 20대까지 국회를 지킨 자유한국당 심재철 의원, 17대에서 20대에 이른 더불어민주당 이상민 의원, 18대 새누리당 윤석용 의원 이들 4명이 전부이다. 20대 국회까지 32년 동안 4명의 국회의원이 장애인인 것은 그만큼 장애인이 선거를 통해 국회의원이 된다는 것이 어렵다는 뜻이다.

이들 4명의 국회의원이 발의한 장애인 관련 법률은 50여 개이다. 장애인 비례대표들이 발의한 법률 230여 개에 비하면 22%에 지나지 않는다. 더욱더 놀라운 사실은 이들 50여 개 법안 모두 폐기되어 가결된 법안이 없었고, 장애인 비례대표를 배출하지 못했던 20대 국회에서는 장애인 관련 법률 제정이 전무하다는 것이다.

장애인 비례대표가 장애인 관련 입법 활동을 하는 것은 당연하고 장애인 비례대표가 반드시 해야 하는 일은 장애인에 대한 대중적 관심을 불러일으키는 것이다. 따라서 장애인 비례대표는 장애인에 대한 정체성이 분명하여야 한다. 그래서 18대 국회는 양적으로 확대되었지만 17대 2명의 장애인 비례대표의 존재감에 못 미친다는 평가를 받았다.

18대는 4명의 장애인 비례대표들이 서로 반목하여 장애인계가 분열되는 결과가 되었다. 이런 분위기에서 19대는 장애인 비례대표가 수적으로 축소되었고 의정 활동 초반부터 여야 모두 선거법 위반, 공천청탁 등으로 도덕성에 흠집이 생겨 19대 장애인 비례대표는 장애인계에서조차도 외면당하면서 정체성도 없고 존재감도 없고 이슈거리도 만들어 내지 못했다.

장애인 의회정치가 성공하기 위해서는 장애인 비례대표는 여, 야를 떠나야 하고 전국구, 지역구를 불문하여 힘을 모아야 한다는 것이 20년 장애인 의회정치의 큰 교훈이다.

2. 장애인 의회정치 트렌드

1) 장애인 비례대표 국회 수용인식

"장애인의 의회정치참여 경험에 관한 사례연구" (한국장애인재활협회·한국장애인개발원, 2013)에 의하면 의원 활동에서 장애 때문에 장벽을 느낀다고 하였다. 표면상으로는 장애인국회의원에게 호의적이지만 배려하는 것이 부족하다고 하였고 혼자서 왕따를 당하기 일쑤이고 비장애인 의원들과 일할 수 있는 기회가 점점 적어진다고 하였다. 모임 장소나 외국 출장에서 차별을 받았다는 고백을 통해 장애인 비례대표가 국회 내에서 소외를 당했다는 것을 알 수 있는데 이것은 장애인 비례대표들만의 생각은 아니다.

장애인식바로잡기연구소에서 2005년 17대 국회의원을 대상으로 국내 최초로 실시한 "국회의원 장애인인식조사" 에서 국회의원 집단에서 장애인 비례대표를 어떻게 받아들이고 있는지 극명하게 나타난다.

국회에 장애인국회의원이 영입된 것에 대해 47.8%가 당연한 일이다, 28.6%가 장애인복지를 맡아줄 국회의원이 생겼구나, 22.2%가 우리나라도 많이 발전했구나, 1.5%가 어떻게 대해야 할지 다소 염려가 됐다로 응답하였다. 당연하다는 것은 일상적인 답변이어서 별 의미는 없다고 보지만 문제는 장애인국회의원 탄생을 장애인복지를 맡아줄 국회의원으로 받아들이고 있다는 데 있다. 장애인국회의원을 폭넓은 의정 활동을 하는 정치인으로 보지 않고 국회의원 신분의 장애인으로 인식하고 있다는 해석이 가능하기 때문이다.

장애인 비례대표가 반쪽짜리 국회의원이 아닌 온전한 국회의원이 되기 위해서는 국회 내에서 장애인 비례대표들이 국회의원 집단의 주류계에 편입되어야 한다.

2) 장애인 비례대표 추이

한국 장애인 의회정치 20년을 정리하여 분석한 결과 앞으로 펼쳐질 장애인 의회정치의 방향을 제시하면 다음과 같다.

복지에서 문화로

한국 장애인 의회정치는 20년 동안 장애인복지 분야에서 주도해 왔다. 하지만 이제는 장애인문화 분야에서 장애인 비례대표를 배출할 시기이다. 장애인복지는 시스템을 구축하는 것이고 장애인문화는 그 시스템을 이용해서 장애인들에게 만족감을 높여 주는 기능을 하기 때문이다. 장애인문화는 장애인복지 발전 과정에서 나타난 하나의 현상이니만큼 복지 따로 문화 따로가 아닌 포괄적인 복지 개념의 문화가 장애인 정치에 새로운 변화를 이끌어 낼 수 있을 것이다.

남성 중심에서 여성으로

OECD 국가에서 한국은 여성의 지위가 낮은 국가에 속해 있다. 그래서 정부는 장관 등 임명직에 여성 30% 할당을 천명하여 실시하고 있으며 국회의원 비례대표 공천 순위도 여성이 짝수로 먼저이다.

그러나 20년의 한국 장애인 의회정치는 남성 중심이었다. 19대 국회는 여성장애인이 국회에 입성하지 못하여 여성장애인이 의회정치에서 배제를 당하였다. 이런 여성장애인의 차별 상황을 해결하기 위하여서는 장애인 비례대표에서 여성의 몫을 반드시 할당하여야 한다.

단체장에서 전문가로

장애인계에서는 정치에 입문하기 위하여 단체장이 되는 경로를 밟는다. 장애 유형별로 한국지체장애인협회, 한국시각장애인연합회, 한국농아인협회가 많은 회원을 앞세워 정치력을 발휘하였다. 그런데 개별 단체로는 장애인계를 대표하기 어렵다는 판단으로 한국장애인단체총연맹과 한국장애인단체총연합회가 각각 여당과 야당의 대표 주자를 내세워 경쟁을 하는 구도를 만들었다. 그리고 한국여성장애인연합 대표가 여성장애인 비례대표를 챙기는 역할을 하였다.

그래서 2012장애인총선연대에서 오픈 프라이머리(open primary) 즉 개방형 경선제로 장애인 비례대표 후보를 투표로 선정하여 각 정당에 추천을 하였지만 수용되지 않았다. 19대는 대통령선거를 앞두고 있었던 때라서 전략적으로 장총과 장총연 대표가 여당과 야당의 장애인 비례대표로 낙점되었다.

하지만 단체장들이 선거에 그다지 큰 영향력을 발휘하지 못하였기 때문에 20대 국회는 표를 모아 줄 단체장보다는 전문가 영입으로 새로운 공천 이미지를 보여 줄 것으로 예상하였지만 20대 국회에는 장애인 비례대표가 없었다. 여당이든 야당이든 장애인국회의원을 배출하지 않은 것인데 이는 장애인 의회정치의 심각한 위기이다.

21대 국회야말로 장애인복지 전문가를 장애인 비례대표로 발탁하여 장애인의 현실적인 문제점을 해결할 수 있는 입법 활동을 하도록 해야 제 역할을 할 수 있을 것이다.

경증장애에서 중증장애로

17대부터 20대까지 4선을 자랑하는 더불어민주당 이상민 의원은 휠체어를 타고, 심재철, 윤석용 의원은 지팡이를 사용한다. 장애인 비례대표가 아닌 이들도 장애가 금방 눈에 들어올 정도인데 19대에는 장애가 드러나지 않아서 장애인의 정체성을 살리지 못했다. 장애인 비례대표는 장애인을 대표하는 만큼 중증장애로 본인도 장애를 온몸으로 체험하며 생활해야 하고 다른 사람들이 보기에도 장애가 무엇인지를 확실하게 보여 줄 수 있어야 장애인복지의 필요성을 설득시킬 수 있을 것이다.

장애인계 위치에서 대중적 인지도로

비례대표 추천은 대중적인 인지도가 중요하다. 그래서 이름을 들으면 누구인지 금방 알 수 있는 사회 저명인사를 영입하기 위해 총력을 기울인다. 비례대표 명단이 나왔을 때 어느 당이 더 명성 높은 후보를 선정하였느냐를 놓고 평가를 한다. 그런데 장애인 비례대표는 그저 장애인단체의 대표성만으로 선정을 하기 때문에 장애인 비례대표는 대중적인 관심과 이슈를 끌어 모으는 역할을 하지 못하였다. 장애인 비례대표도 대중적인 인지도로 선정을 해야 대중 속에서 지지를 호소할 수 있다.

3. 장애인 의회정치 전망

결론적으로 지난 20년의 한국 장애인 의회정치에 변화가 필요하다. 그동안은 장애인의 정치참여 개척기여서 문제점을 제기하여 개선하기보다는 축하와 기대를 하는 것으로 조용한 지지를 보냈다. 그런데 그 조용한 지지가 장애인 의회정치를 무력화시켰다.

한국 장애인 의회정치 문화가 이대로 멈추지 않고 발전기를 맞이하기 위해서는 비례대표 트렌드 분석을 통해 그에 적합한 인물을 발굴해서 정치적 경쟁력을 갖추도록 하는 준비를 해야 한다.

장애인 비례대표가 단순한 구색 맞추기가 아니라 장애인을 위한 비전과 함께 장애인의 삶의 질을 향상시킬 수 있는 구체적인 실행 방안을 제시하고 장애인이 우리 사회에서 완전히 포용되는 능동적인 장애인 문화를 형성할 수 있는 역량을 인정받아 그 필요성에 의하여 영입되어야 한다.

"장애인의 의회정치참여 경험에 관한 사례연구" (한국장애인재활협회·한국장애인개발원, 2013)에서도 장애인 비례대표들은 전문성을 강조하였다. 전문성이 없는 비례대표는 헛소리만 한다고 하였고, 장애인 비례대표가 제시한 이상적인 장애인 비례대표는 장애인 분야는 기본이고 다른 분야에서도 역할을 할 수 있는 전문성을 갖고 있어야 한다고 하였듯이 앞으로의 장애인 비례대표는 장애인과 비장애인계에서 모두 인정해 주는 객관적인 역량을 갖추어야 한다는 것을 알 수 있다.

이를 바탕으로 장애인 비례대표의 방향을 전망해 보면 다음과 같다.

인물론에서

–장애인과 비장애인계를 포괄할 수 있는 전문성이 있어야 한다.

–사회적인 공감대를 이끌어 낼 수 있는 대중적인 인지도가 있어야 한다.

역할론에서

–장애인복지계를 재편할 수 있는 리더십과 새로운 장애인복지 아이콘이 될 수 있는 매력이 있어야 한다.

–장애인의 사회 포용을 넘어 주류사회의 편입을 이루어 내는 정치력이 있어야 한다.

장애 유형별 안배나 장애인단체의 대표성을 장애인 비례대표 공천의 잣대로 삼는다면 장애인 의회정치는 퇴보한다. 역할론과 인물론에 입각하여 장애인 비례대표를 공천해야 장애인복지의 창의적인 발전을 기대할 수 있을 것이다.

제14장

장애인문학 해설

하나. 마지막 한 사람에 이르기까지, 마지막 한 순간에 다다를 때까지, 민족의 정당한 의사를 시원스럽게 발표하라.

제14장 장애인문학 해설

『솟대문학』의 가장 큰 딜레마는 글의 소재를 장애로 하는 것이 문학적 성장에 도움이 되느냐 되지 않느냐 하는 것이었다. 장애인작가는 장애를 직접 경험하고 있어서 장애를 문학적 소재로 하는 것이 가장 쉽기도 하지만 가장 정확하다는 장점이 있다. 하지만 그 장점이 장애인작가의 한계라는 비판에서 자유롭지 못하였다.

그래서 어떤 장애인작가는 일부러 장애를 소재로 작품을 쓰지 않고 장애인문학 활동을 하지 않으려고 한다. 하지만 장애를 소재로 글을 써서 더 성공한 장애인작가도 있다. 비장애인작가들이 미처 발견하지 못한 부분을 장애인작가들은 찾아내기 때문에 훨씬 다양한 작품을 구상할 수 있어서 장애인 소재 작품에 있어서는 장애인작가들이 훨씬 유리하다.

여성문학이 여성작가들에 의해 발전하였다는 것을 생각해 보면 장애인문학이 장애인작가에 의해 자리매김할 수 있다는 것은 분명한 사실이다. 여성문학이 여성 인권 운동에 큰 역할을 하였듯이 장애인문학이 장애인 인권운동의 도구가 될 것이고 보면 장애인을 소재로 글을 쓰는 작업은 계속되어야 한다.

똥이 무섭소

이대우[8)]

나는 똥이 무섭소
단순한 똥이 아니라
설사가 무섭소

8) 이대우: 남, 1957년생, 뇌성마비, 『솟대문학』 추천완료(1994), 수레바퀴문학상 수기 대상(2006), 『한울문학』 신인문학상(2010), 시집 「나의 웃음 이야기」, 「영혼의 큰 그릇」, 「낙타의 도시락」, 「오늘보다 내일이 아름답습니다」

설사 그놈이
천하의 못된 놈이
나를 많이 울렸어

그놈 때문에
인생 절반을
도둑맞은 느낌이라오

누운 사람 치고 설사 앞에
누가 당당할 수 있을까

해가 나고 멀쩡한 날에도
그놈이 엿볼까 무섭소

중증장애인들의
무거운 사슬이 되는
그놈이 호랑이라면 때려잡겠소

호랑이보다 더 무섭소.

중증장애인의 똥

이 시를 본 순간, 가슴에서 징소리가 났다. 만약 장애인에 대해 잘 모르는 사람들은 이 제목을 보고 '왜 똥이 무서워?' 하며 의아해했을 것이고, 장애인계에 있는 사람들은 피식 웃을 것이고, 혼자서 이동이 가능한 장애인들은 얼굴이 화끈한 느낌이 들었을 것이다. 뭐 이런 얘기까지 하나 싶어서 말이다.

똥 하나를 놓고 이렇게 다양한 반응을 보이는 것은 똥을 처리하는 방법이 서로 다르기 때문이다. 비장애인들은 똥을 처리하는 것이 손을 씻는 정도로 가볍다. 이동에 불편이 없는 장애인들은 조금 귀찮은 일이다. 하지만 혼자서 똥을 처리할 수 없는 중증장애인들은 똥이 무서운 일이고 설사는 폭탄 테러 수준의 사건이다.

이대우 시인은 중증뇌성마비 장애로 혼자서 신변 처리를 하지 못한다. 시인이 똥을 소재로 시를 쓴 것은 중증장애인의 고통을 세상에 알리고 싶어서이다. 중증장애인을 위해 활동보조서비스가 얼마나 절실히 필요하고 장애인용 화장실을 왜 마련해야 하는지를 설득시키는데 그 어떤 외침보다 울림이 크다.

시인이 인생의 절반을 똥과의 전쟁으로 보냈다고 한 것은 시인이 60대 초반인데 우리나라 장애인복지가 시작된 것이 30년 정도 된다는 것을 간접적으로 시사하고 있다. 시는 이렇게 한 사람의 정서 표출에 끝나지 않고 시대의 역사를 대변해 주기도 한다.

똥은 세상에 드러내서는 안되는 더러운 배설물이라서 우리는 똥에 대해 입을 다문다. 하지만 시인은 용감하게 '똥이 무섭소' 라며 문제를 드러냈다. 이것이 문학의 힘이다. 똥이 무섭지 않은 세상을 만드는 것이 장애인복지라고 말하고 싶다.

혀로 사는 세상

노차돌[9)]

난 오늘도 혀로 세상을 산다

혀로 컴퓨터를 하고, 혀로 쇼핑도 하고
혀로 흘러가는 세월 구경도 하고
혀로 떠나려 하는 그 사람도 잡는다

어쩌면 이런 내가 보기가 싫어서
이렇게 아프게 하고 떠나려고 하는지 모르겠다

난 오늘도 혀로 컴퓨터를 켜서
그 사람의 사진을 한참 바라본다.

9) 노차돌: 남, 1972년생, 뇌성마비, 『솟대문학』 추천완료(2008), 시집 「어느 화성인의 사랑 이야기」

왜 혀인가?

우선 시인 노차돌 소개부터 해야겠다. 노차돌은 18세가 될 때까지 어머니의 보살핌을 받으며 하루하루를 단순하게 보냈다. 그런 노차돌을 시인으로 만든 것은 바로 사랑이었다. 사랑하는 여자 집으로 찾아갈 수도 없고 그 여자가 자기 앞에 있어도 언어장애 때문에 마음을 표현할 수 없었던 시인은 자신의 사랑을 고백하는 방법을 찾다가 글을 쓰게 된다. 무공해 시골 청년에게 찾아온 첫사랑은 그녀에 대한 마음을 글로 쏟아 내며 혼자만의 사랑을 키우는데 사랑이 커질수록 그의 글 실력도 성큼성큼 성장했다.

시인은 뇌성마비로 1급 장애를 갖고 있지만 글을 쓰는 데는 큰 문제가 없었는데 어느 날 심한 경련이 일어난 후 손발을 움직일 수 없게 되었다. 그의 유일한 친구이자 행복이었던 글쓰기를 더 이상 할 수 없게 되었을 때 노차돌은 실연의 아픔과 함께 최악의 상황에 빠졌지만 글쓰기를 포기할 수 없었다. 그래서 시인은 혀끝으로 키보드를 누르기 시작했던 것이다.

시골에 묻혀 살고 있던 그에게 헤드마우스 같은 문명의 혜택을 받는 것은 요원한 일이었기 때문에 혀를 사용할 수밖에 없었다. 하지만 그 혀가 그를 구원해 주었다. 시인으로 만들었던 것이다.

이 시에서 시인은 혀로 사는 세상이 보통 사람들과 크게 다르지 않다는 것을 잘 말해 주고 있다. 혀로 쇼핑도 하고, 흐르는 세월 구경도 하며 사랑하는 사람을 붙잡기도 한다. 혀로 사는 세상에서 시인은 불만보다는 만족을 느낀다. 그녀의 사진을 한참 바라보는 시인의 사랑은 아픔이 아니라 영원한 기쁨인 것이다.

안경

손성일[10)]

세상은 나를 받아들이지 않으려 하는데
나는 세상으로 가까이 가려고

10) 손성일: 남, 1977년생, 뇌성마비, 2006년 솟대문학 추천완료, 제19회 한민국장애인문학상 우수상(동시), 2017년 아동문예문학상 당선, 우리성가노랫말공모 입선, 시집 「나는 별을 세는 소년입니다」

안경을 쓴다

거부받고 상처를 받았음에도
아침만 되면 안경을 쓰고
세상 가까이 가려는 나는
분명 사람이다

신이 나에게 기억시켜 놓은
희망 때문에
나는 세상으로 가까이 가려고
오늘도 안경을 쓴다.

시인은 오늘도 안경을 쓴다

시인은 우리 사회를 향해 말을 건다. 사람은 혼자서는 살 수 없는 사회적 동물이기에 함께 살아가야 한다. 그래서 그 당연한 함께를 위해 몸부림친다. 시인은 중증의 장애 때문에 사회와 단절되어 있다. 아침에 일어나도 특별히 할 일이 없다.

누구를 만날 일도 없고 어디 가야 할 곳도 없다. 그래도 세상 속으로 들어가고 싶어 집 밖으로 나가면 시인은 상처를 받는다. 작은 턱도 넘지 못할 장벽이 되어 시인을 거부한다. 앞으로 나아가지 못하고 머뭇거리는 시인을 향해 화살이 빗발쳐 가슴에 꽂힌다. 사람들은 시인에게

'너 왜 나왔니?'

'가뜩이나 복잡해 죽겠는데 너까지 나와서 더 복잡하게 만드네.'

'우리 아이들 눈에 띄기 전에 어서 들어가.' 라고 퍼붓는 듯하여 풀이 죽는다.

상처만 주는 세상이 싫어 꽁꽁 숨어서 아무것도 보고 싶지 않지만 시인은 자고 아침에 일어나면 다시 세상이 그리워 함께해 줄 사람이 있을 것이란 희망으로 세상에게 말을 건다. 시인은 세상과의 소통을 위해 안경이란 도구를 사용한다.

안경은 잘 보이게 해 주는 기능이 있는데 시인은 안경을 통해 세상을 자세히

보고 싶어 한다. 그것은 세상에 관심이 많다는 것을 의미한다.

세상 사람들 가운데에도 안경을 착용하는 경우가 많은데 왜 그들은 장애인의 고통과 장애인의 욕구를 보려고 하지 않는지 모르겠다. 관심만 있다면 얼마든지 잘 알 수 있으련만 세상은 장애인에 대하여 알고 싶어 하지 않을 뿐더러 외면한다.

그래도 시인은 매일 아침 안경을 쓴다. 시인은 희망을 포기하지 않기 때문이다.

시인이 갖고 있는 이 순수한 희망에 그 누가 돌을 던질 수 있으랴!

늙은 풍차

김옥순[11]

운다
음-음

가쁜 숨 몰아
엎드려 걷는 걸음처럼
가다 서기를 하면서

뼛골이 부딪듯
삐걱, 삐거덕거리며

조그만 바람에도
서럽다, 서럽다고
속 울음을 운다.

속으로 운다

『솟대문학』을 통해 시인의 작품을 접하다가 2013년 구상솟대문학상을 수상하며 처음으로 실제 모습을 보았다. 다른 문예지는 작품이 실리면 작가 약력과

11) 김옥순: 여, 1949년생, 지체장애, 구상솟대문학상 최우수상(2013), 제4회 부천시 시가활짝 수상, 시집 「날씨 흐려도 꽃은 웃는다」, 「11월의 정류장」

함께 사진이 들어가지만 『솟대문학』은 1년에 한 번씩 시행되는 구상솟대문학상 수상자로 선정이 되었을 때만 사진을 올린다. 대부분의 작가들이 사진이 없는 경우가 많고 또 사진 때문에 편견을 갖고 작품을 감상할 우려가 있어서 얼굴을 보여 주지 않기로 하였다.

시상식 때 김옥순 시인의 남편과 아들이 참석하였다. 한눈에 보아도 건강하고 행복한 가족이었다. 김옥순 시인은 뒤늦게 시를 쓰기 시작하였지만 그의 시는 원숙미가 있었다. 자신을 늙은 풍차에 비유하여 가쁜 숨을 몰아쉬고, 가다 서기를 반복하고, 삐거덕거리며 살고 있는 삶을 사실적으로 묘사하였다.

조그만 바람에도 서러워 속울음을 운다고 고백하였는데 이것이 여성장애인의 삶이 아닐까?.

공존의 의미

이선관[12)]

자전과 공전을 하면서 돌아가는 별들
그 별들 중 지구촌 한켠 이 땅에도
지팡이에 의지하며 사는 이가 있네
말 대신 수화를 하며 사는 이가 있네
입으로 볼펜을 물고 글을 쓰며 사는 이가 있네
발가락에 붓을 끼워 그림을 그리며 사는 이가 있네
휠체어를 타면서 사는 이가 있네
평생 일어나 보지 못하고 누워만 사는 이가 있네
그러나
이보다 더욱 불편하게 고통스럽게 사는 이도 있다네

12) 故 이선관: 남, 1942년생, 뇌성마비, 마산시 문화상(1987), 마창불교문화상(1993), 녹화문화상(1997), 통일문화 공로상(2000), 민족문학작가회의 자문위원, 시집 「기형의 노래」, 「독수대」, 「보통 시민」, 「살이 살과 닿는다는 것은」, 「창동 허새비의 꿈」, 「지구촌에 주인은 없다」, 「오늘 우리는 그대 곁으로 간다」, 「배추 흰 나비를 보았습니다」, 「지금 우리들의 손에는」, 「어머니」 등, 1972년에 『씨알의 소리』에 〈헌법 제1조〉 와 〈무제〉를 발표하면서 문단의 주목을 받음.

선천적이든 후천적이든
살아가는 이들에게 사람들은 장애인이라 부르네
그러나, 그러나
우리들은 이야기하고 싶네
장애인이기 이전에 사람이라고 말하고 싶네
자전과 공전을 하면서 돌아가는 별들
그 별들 중 가장 신비롭다는 지구촌 한켠 이 땅에서

우리들은 당신들과 공존하면서 살고 싶네
공존의 의미를 지니고 살고 싶네.

공멸하지 않기 위한 공존

이선관은 중견 시인이다. 그가 장애인이라는 사실을 모르는 사람이 많은 것은 시인으로 문단에서 인정을 받으며 시인으로서의 존재감이 컸기 때문이다. 내가 시인을 만났을 때 시인의 얼굴은 굵은 주름이 하회탈처럼 자리잡고 있어서 뇌성마비의 일그러짐이 크게 드러나지 않았다. 소주를 마시며 하는 세상 얘기는 뇌성마비의 언어장애가 아니라 술에 취해 읊어 내는 어눌한 외침이라는 생각이 들었다.

그의 첫인상은 풍부한 감성으로 치장된 시인다운 중년의 남자였다. 이렇듯 이선관은 시인으로서 우뚝 섰지만 장애를 외면하지 않았다. 지구가 자전과 공전을 하고 있다는 것은 변화하고 있다는 것을 상징한다. 이렇듯 변화무쌍한 지구에는 다양한 사람, 특히 다양한 유형의 장애인이 살고 있다. 다양한 사람들이 살아가기 위해서는 공존을 목표로 해야 한다. 함께 살아가지 않고 누가 누구를 밀어내려고 한다면 공멸한다는 것을 말해 주고 싶은 것이다.

함께 살아가야 살아남을 수 있다. 함께 사느냐? 함께 죽느냐? 고민할 필요도 없이 함께 사는 쪽을 선택하여야 한다.

어머니! 하늘빛이 어떻습니까?

이종형[13)]

어머니!
시방 하늘빛이 어떻습니까?
하늘은 코발트빛 양떼구름 한가로이 놀고
고추잠자리 떼는 나직이 잡힐 듯이 날아갑니까?
십여 년 땀냄새 절은 병상의 이불을 걷어내고
길이 열려 하늘 닿은 곳까지 발목이 시리도록 먼 길을 걸어온 오늘
어머니!
나는 오늘에야 내게도 빛이 비추고 있음을 알았습니다
오늘은 나보다도 더 간절하게 사람을 그리워하는 사람을 만나고
그들과 더불어 호흡하며 나누며
아파도 살아야 하는 이유를 알았습니다
어머니!
시방 하늘빛이 어떻습니까?
아직도 금병산에는 까마귀 떼가 떼지어 날고
하늘에는 먹구름이 몰려듭니까?

어머니!
어머니! 시방 하늘빛이 어떻습니까?

아파도 살아야 하는 이유

초창기 『솟대문학』을 만들 때는 지금처럼 편집부 구성이 완벽하지 못하여 『솟대문학』 사무실로 오는 원고를 읽는 것은 나의 몫이었다. 방송 일을 마치고 집에 들어가기 전에 사무실에 들러 간사가 쇼핑백에 담아 준 원고를 집에 가져

13) 이종형: 남, 1964년생, 지체·시각장애, 구상솟대문학상 최우수상(1992), 한국맹인복지연합회 창작시공모 당선(1996), 시집 「어머니! 하늘빛이 어떻습니까?」

가 책상 아래에 놓아 둔다. 다음 날 방송 원고를 준비해야 해서 『솟대문학』 원고는 늦은 밤이 되어서야 열어볼 수 있었다.

어느 날 가져온 쇼핑백에 와이셔츠 상자가 하나 있었다. 뚜껑을 열어 보니 원고뭉치였다. 30여 년 전은 가정집에 컴퓨터도 없었고 이메일을 사용하지도 않았던 시절이라서 원고지에 직접 써야 했는데 그 와이셔츠 상자 속에 있는 작품은 원고지가 아니라 초등학생이 사용하는 노트에서 찢은 종이, 달력 뒷장, 광고지 뒷장 등 알록달록했다. 글을 쓴 필기도구도 연필, 볼펜, 싸인펜으로 색깔도 다 달랐다.

그런데 이상하게 글씨체도 모두 달랐다. 장난으로 보낸 낙서인가 싶으면서도 맨 위에 있는 편지를 읽어 내려갔다.

고등학교 때 폭발물 사고로 두 눈과 두 손을 잃었기 때문에 점자조차 사용할 수가 없어서 동네 아이들이 놀러오면 대필을 시켰다며 그 이유부터 설명하였다. 어머니와 형과 함께 살고 있는데 형한테 온갖 수모를 당하고 있다는 사연이었다. 처음에는 어머니가 방어를 해 주었었는데 이제 연로하시어 어머니도 형한테 구박을 받고 있다며 고통스런 시간을 보내고 있지만 시를 쓸 때만큼은 행복하다고 하였다.

그 편지를 읽는 순간 '어머니! 하늘빛이 어떻습니까?' 라는 시의 진가를 알 수 있었다. 그는 누구보다 시를 사랑하는 시인이었다.

안녕, 치킨

이명윤[14)]

이번엔 불닭집이 문을 열었다
닭 초상이 활활 타오르는 사각 화장지가
집집마다 배달되었다

14) 이명윤: 남, 1968년생, 지체장애, 전태일문학상(2006), 계간 『시안』 신인상(2007), 수주문학상 우수상(2007), 구상솟대문학상 대상(2008), 시집 「수화기 속의 여자」

더 이상 느끼한 입맛을 방치하지 않겠습니다
공익적 문구를 실은 행사용 트럭이 학교 입구에서
닭튀김 한 조각씩 나눠 주었다
아이들은 불닭집 주인의 화끈한 기대를
와와, 맛깔나게 뜯어먹는다
삽시간에 매운 바람이 불고 꿈은 이리저리 뜬구름으로 떠다닌다
낙엽, 전단지처럼 어지럽게 쌓여 가는 십일월
벌써 여러 치킨집들이 문을 닫았다
패션쇼 같은 동네였다. 가게는 부지런히 새 간판을 걸었고
새 주인은 늘 친절했고 건강한 모험심이 가득했으므로
동네 입맛은 자주 바뀌어 갔다
다음은 어느 집 차례
다음은 어느 집 차례
질문이 꼬리를 물고 꼬꼬댁거렸다

졸음으로 파삭하게 튀겨진 아이들은 종종 묻는다
아버지는 왜 아직 안 와
파다닥, 지붕에서 다리 따로 날개 따로
경쾌하게 굴러떨어지는 소리
아버진 저 높은 하늘을 훨훨 나는 신기술을 개발 중이란다

어둠의 두 눈가에 올리브유 쭈르르 흐르고
일수쟁이처럼 떠오르는 해가
새벽의 모가질 사정없이 비튼다
온 동네가 푸다닥,
홰를 친다.

안녕, 대한민국

시 한 편에 고단한 서민의 삶이 고스란히 드러난다. 시 한 편에 우리의 역사가

그대로 복원된다. 이 시는 조류독감 때문에 동네 골목 골목에서 인기를 누리던 치킨집에 손님이 뚝 끊겨서 치킨집 사장이 한숨짓던 시절에 쓰여진 시이다.

그때는 치킨과 오리집이 타격을 받았지만 2015년도의 메르스는 대한민국의 모든 실핏줄까지 막아 버려 숨조차 쉴 수 없게 만들었다. 지금은 메르스가 모든 것들과 안녕을 고하게 만들고 있지만 지금 이 시를 읽으면서 그런 때도 있었지 하며 조류독감 파동을 옛날이야기처럼 말하듯이 메르스도 곧 과거가 된다.

하지만 조류독감 때문에 가게 문을 닫은 치킨집 주인은 그날의 그 고통이 항상 현재진행형이다. 당사자의 피해는 그 순간으로 끝나는 것이 아니기 때문이다. 메르스 때문에 생명을 잃은 사람들은 말할 것도 없지만 자가 격리자들은 외부와 차단된 그 몇 주 때문에 평생을 좌우할 중요한 기회를 놓쳤거나 경쟁에서 뒤처지는 루저(loser)가 되고 말았다. 그래서 시인은 치킨집 사장과 치킨의 운명을 동일시하며 치킨에게 안부를 묻는 것이다.

지금 우리는 누구에게 안부를 물을 것인가?

지금 대한민국에서 누가 편안한가?

답변하기 어렵다. 하지만 시인은 해가 뜨면 온 동네가 푸다닥 홰를 친다고 일상으로의 회기를 장담하고 있다. 그렇다. 이제 희망의 홰를 치며 대한민국에게 인사를 건네자.

빈집

김민수[15)]

종기처럼 그을린 마을이 늙을 때마다
빈집 하나씩 늘어 갑니다
허전한 맘에 빗물은 아무데서나 울며 흘러가고
꼭두새벽 소죽 끓이며 아침을 열던 부엌도

15) 김민수: 남, 1962년생, 청각장애, 『한맥문학』 신인상, 『시조문학』 신인상, 구상솟대문학상 최우수상(2008), 시집 「겨울강」, 「동백정에서」, 「여태 가던 길 가세」, 수필집 「나는 한량이다」

밖으로 나와 하늘만 봅니다
관절염처럼 삭여진 기둥 옹이에
마파람 설렁설렁 드나들어 휘어지고
지붕은 어느새 어깨까지 내려찍으며 힘들 뿐입니다
궁핍한 삶을 고스란히 찍어 두던 형광등도
깜빡거릴 기력도 없고
구석마다 참견하던 햇살도
추하게 널브러진 마당에 안쓰럽게 서성입니다
평생을 품안에 안고팠던 담장은
어느 날부터 시름 누워 있고
문패 하나 세우지 못한 죄로 대문은 충혈되어
세월의 녹만 멍처럼 번집니다.

집이 병들다

이 시를 읽으면 세심한 관찰력에 무릎을 치게 될 것이다. 도시 개발 등으로 주인을 잃은 빈집이 폐허가 된 모습을 병든 상태에 너무나도 리얼하게 대입시켰다. 기둥은 관절염에 걸려 굽어지고, 현광등은 깜빡거릴 기력도 없이 그저 매달려 있다. 그리고 한때 집을 지키던 늠름했던 담장은 시름시름 누워 있고, 그리고 녹슨 대문을 멍이 든 것으로 표현한 것은 경이로운 시상(詩想)이다.

우리 모두 빈집을 보았지만 그저 귀신 나올 것 같다, 우범지역이라서 무섭다는 정도로 생각하지 이렇게 의인화하여 빈집의 아픔을 드러내지 못한다. 그래서 시인이 위대한 창작을 한 것이고, 시인의 시가 감동을 주는 것이다. 이 감동은 인간이 아니면 누릴 수 없는 것이기에 예술이 인간의 자존감을 높여 준다고 하는 것이다.

시인의 관찰력은 그의 청각장애에서 나왔음을 알 수 있다. 시인은 소리의 세계와 단절된 대신 시각의 세계가 열려 남들이 놓치고 그냥 지나가는 것을 잡아내는 능력을 가졌고, 그것이 시어(詩語)로 표현되어 그 상황을 가장 정확히 전달하는 힘을 갖게 되었다. 시인은 시로 말하는 정말 멋진 화자(話者)이다.

난을 위한 노래

최명숙[16)]

눈보라 매섭던 섣달 그믐께
누구인가 갖다 버린
주인도 모를 난초 한 포기를 안아다가
남동향으로 나 있는 창가에 두었다

꺾인 가지는 동상마저 걸려 진물이 흐르고
바람결에 야윈 살이 트는 천덕꾸러기를
겨울볕을 좋아하는 소망으로
들녘에 아지랑이 피기를 기다리는 봄누리로
보듬고 감싸 주었더니

해가 저물고 또 한 해가 열리는
세월을 잇는 해거름녘에
아아, 이 어찌된 해탈인가

눈물나도록 청아한 화관을 두르고
내 앞에 일어서더니
날카로운 듯 부드럽게 휘어지고
정갈한 듯 수더분한 그 자태
어느 게 이토록 고결한 환생을 이루었는가
어느 게 이처럼 위풍당당한 풍모를 가졌는가

한 생의 기쁨은
숱한 인연의 고해를 건넌 후에야
한결같은 마음으로 보듬어진 보람으로
마침내 새살이 돋아 피어났구나.

---

16) 최명숙: 여, 1962년생, 뇌성마비, 중앙일보 시조백일장 입선(1990), 『시와 비평』 신인상(1992), 대한민국장애인문학상 소설 당선(1995), 구상솟대문학상 대상(2000) 등, 시집 「풀잎 뒤에 맺힌 이슬」, 「당신을 사랑함으로 하여」, 「진실 그 비움에 관하여」, 「버리지 않아도 소유한 것은 절로 떠난다」, 「져버린 꽃들이 가득했던 적이 있다」, 「산수유 노란 숲길을 가다」, 「목련꽃 환한 계단에서의 대화」, 「따뜻한 손을 잡았네」, 「마음이 마음에게」 등, 예술과 불교를 사랑하는 장애문인들의 모임 〈보리수 아래〉 대표.

환생의 노래

시인의 내공이 보통이 아니다. 시인의 시에는 인간의 깊은 철학이 담겨 있다. 버려진 난을 정성껏 키웠더니 청아한 화관을 두른 당당한 모습으로 기쁨을 준다는 것을 노래하면서 시인은 두 가지 메시지를 주고 있다. 첫째는 해탈이고, 둘째는 환생이다. 버려진 난은 세상에서 모진 풍파를 겪으며 외면당한 약자를 뜻하는데 짓밟히며 당한 수모와 고통을 떨쳐 버리고 모든 욕심을 버리면 해탈의 경지에 이를 수 있는 진리를 전하고 있다.

사람들은 그것을 좌절로 인한 포기라고 여기고 존재조차 무시하지만 누군가의 지지만 있다면 더 멋진 모습으로 환생한다는 것이다. 이 세상에는 많은 고통이 있다. 그 고통으로 쓰러지는 사람들이 많지만 작은 관심만 가져 준다면 다시 일어설 수 있다. 시인은 이런 삶의 원칙을 불교에서 가져왔다. 불교사상은 원융이라서 둥글다. 서로에게 영향을 주는 것이다.

지금 당장의 모습보다는 미래를 보라고 시인은 당부한다. 작은 자비심으로 큰 결실을 볼 수 있다고 시인은 조언한다. 시인의 뇌성마비 장애는 고통인 동시에 원융의 지혜를 갖게 한 해탈이 아닐까.

어떤 중매

한상식[17)]

늦가을이 되어서야 배추에게 허리띠를 둘러 주었다
금세 허리가 오드리 헵번처럼 날씬해진 배추 아가씨들
옆 고랑에 서 있던 무뚝뚝한 경상도 무 총각들이 힐긋힐긋 눈길을 주니
새침한 배추 아가씨들 슬쩍, 딴청을 부리며
넓은 배춧잎으로 내 종아리를 툭, 툭 친다

17) 한상식: 남, 1975년생, 전신마비, 구상솟대문학상 최우수상(2003), 대한민국장애인문학상 가작(2003), 국제신문 신춘문예 동화 당선(2005), 대한민국장애인문학상 동화 당선(2006), 구상솟대문학상 대상(2007), 시집 「어떤 중매」, 동화집 「행복한 숲」

평소 심드렁하게 배추 아가씨들을 바라보던 무 총각들
한층 날씬해지고 예뻐진 배추 아가씨들을 보며
저희들끼리 수군거리기도 하고 옷매무새를 다듬느라 분주하다
내 한 끼 허기를 달래기 위해 텃밭에 심어 놓은 배추와 무도
때가 되니 서로에게 이끌려 한 홉의 사랑을 하려 하는구나
그날 밤이었다. 방에 누워 책을 읽고 있는데
배추 아가씨와 무 총각이 소근거리는 소리가 들렸다
설렘으로 물든 그 음성에 별이 핑그르르 돌아앉던 가을밤이었다
올해도 나의 중매는 성공이다. 여느 해처럼.

시인은 마술사

한상식의 시 〈어떤 중매〉는 시가 얼마나 황홀할 수 있는지를 잘 말해 준다. 시골 텃밭에 심은 배추와 무를 보고 시인은 아주 로맨틱한 사랑 이야기를 만들었다. 이 시를 읽으면서 독자들은 온갖 상상을 하게 된다. 배추 아가씨는 탤런트 이나영, 무 총각은 원빈으로 이입하기도 하고, 꼭 이런 스타가 아니어도 자기 주변에 있는 처녀총각을 모두 갖다 붙이고 있을 것이다.

배추가 이렇게까지 섹시한 줄 몰랐다. 무가 이토록 남성미 넘치는 줄 이 시를 보고 처음 느꼈다. 시인은 마술사이다. 그 흔한 배추와 무를 아름다운 밀당의 주인공으로 만들 생각을 어떻게 하였을까? 시인의 상상력은 무죄이다.

시인은 자신을 중매장이로 설정하였다. 자신이 그 사랑을 만든 장본인이기 때문이다. 시인은 고등학교를 졸업할 때까지만 해도 건강한 청년이었다. 그의 몸속에 근육병이 번지고 있는 줄 꿈에도 몰랐던 것이다. 시인은 근육병이 많이 진행되어 현재는 전신마비 상태이지만 근육이 빠져나갈수록 시인의 상상력은 무한대로 넓어진다. 시인은 모든 사물에 생명을 불어넣어 시를 쓰는 마술사가 되었다.

앉은뱅이 꽃

이흥렬[18)]

아파도 앓아 눕지 못하는
앉은뱅이 꽃

마음을 다해 태워도
신열은 향기로만 남는
뿌리 깊은 앉은뱅이 꽃

갈대밭 세상에서
숨어서 보일 듯 보이지 않는
키 작은 내 모양.

시로 투쟁하다

이 시의 제목을 듣는 순간 그것이 장애인을 상징한다는 것을 금방 알 수 있다. 이렇게 분명한 상징은 사람들의 마음을 쉽고 빠르게 움직이게 만든다. 그래서 시인은 〈앉은뱅이 꽃〉이란 시로 세상의 주목을 받았다. 시집 제목으로, 영화 제목으로 대중에 다가갔다. 장애인 당사자인 시인이 장애인에게 금기처럼 되어 있는 이 단어를 왜 사용하였을까?

시인은 시를 통해 장애인운동을 하는 장애인복지 실천가이다. 내가 시인을 처음 만난 것은 대구에 있는 한 장애인 거주시설이었다. 그런데 그는 시설 내에서 대장자리에 있었다. 중증의 뇌성마비로 몸을 가누기도 힘들고 언어장애로 의사소통에도 어려움이 있었지만 그의 주변에는 많은 자원봉사자들이 그를 보좌하고 있었고, 동료들에게 추앙받는 리더였다.

시인이 다른 동료들과 똑같은 조건 속에서도 리더가 될 수 있었던 것은 바로

18) 이흥렬: 남, 1955년생, 뇌성마비, 『문학세계』 신인상, 한의학문학상 시 부문 가작, 시집 「앉은뱅이 꽃」, 「하늘찾기」

이 시 때문이었다. 시인은 장애인의 현실을 앉은뱅이 꽃에 비유하여 세상을 향해 장애인문제를 고(告)하고 그 해결을 찾기 위하여 투쟁하였다.

시인은 자기 계발을 게을리하지 않았기 때문에 그 투쟁은 신뢰를 받았다. 이홍렬은 시인이며 장애인운동가로 장애인복지의 문화적 접근을 개발한 개척자이다.

낙엽

주치명[19)]

나무에서 가을이 진다
산은 말이 없다
앙상한 가지 사이로 달이 진다
고개를 저으며 하늘 한 번, 땅 한 번
달빛 젖은 얼굴로 먼 산을 바라본다
그래도 산은 말이 없다.

자연의 법칙으로 인생을 보다

이 시는 짧지만 자연을 노래하기에 부족하지 않다. 시인은 가을이 나무에서 진다고 하였다. 가을이 되면 나뭇잎에 단풍이 들어 한 잎 한 잎 떨어져서 앙상한 가지만 남기 때문에 깊어 가는 가을을 나무에서 발견한 것이다.

시인은 나무에서 산으로 시선을 넘겼다. 산은 나무가 가장 많은 곳이라서 가을이 지는 모습이 가장 확실히 드러나기 때문이다. 그런데 왜 산은 말이 없다고 했을까? 사람은 자기 것을 잃으면 분노하거나 좌절하지만 자연은 잃어도 침묵한다. 그 이유는 봄이 오면 새싹이 움트고 초록의 잎으로 되돌아온다는 것을 알고 있기 때문이다. 사람도 자연에 속한 존재라서 이 자연의 법칙이 적용될 텐데도 사람은 되돌아옴에 대한 확신을 갖지 못하여 초조해하고 불안해하여 불 같

19) 주치명: 남, 1962년생, 시각장애, 구상솟대문학상 최우수상(2001), 시집「당신은 모르시나요」,「동백꽃」,「노오란 호박꽃 어머이 어머니」

은 독설을 뿜어낸다. 가만 놔두지 않을 거야, 복수할 거야, 죽여 버릴 거야…….

이제 우리도 자연의 일부라는 것을 인정하고 이 자연의 법칙을 믿고 침묵하는 습관을 가져야 한다. 시인은 이런 자연의 이치를 시각을 잃은 후에야 깨닫게 되었다. 시인이 군복무 중 장갑차 운전 당시 돌이 날아와 왼쪽 눈에 들어와 박힌 것이 훗날 포도막염으로 진행이 되어 실명하였다. 왼쪽 눈이 잘 보이지 않아 오른쪽 눈이 혹사당하면서 오른쪽 눈마저 보이지 않게 된 것이다.

시인은 어둠에 갇히면서 남들이 보지 못하는 자연의 변화를 더 분명하게 볼 수 있게 되었는지도 모른다.

해오라기 난초
김종태[20)]

비록 내게 주어진 자리
습한 곳일지라도
나는 하늘을 향한다

여기 지금 내가 서 있는 자리
그 자리가 바로 내가 서야 할 자리
뿌리내리고 나는 여기서
내 꿈을 펼치리라

알토란 같은 믿음 아무도 몰라도
한 자 높이로 낮은 자 되어
세상 슬픔 모두 안고 남은 자 되어
내 꿈을 기어이 하늘로 펼치리라

20) 김종태: 남, 1953년생, 지체장애, 문화관광부 청소년 권장도서 추천 시집 「내 이름을 불러 주세요」 선정, 『월간 조선』 '한국명사 100인이 뽑은 명문장'에 시 〈잡초는〉 수록, 시집 「이별을 위한 발라드」, 「풀꽃」, 「그때를 아십니까」, 「리모콘」, 「내 이름을 불러 주세요」, 「내 몸의 버리는 것에 관한 보고서」, 「점」, 「스카치테이프 사랑」, 「너 꽃 해」, 「시어가기」, 수필집 「촌스러운 것에 대한 그리움」

땅에 살아도 하늘을 날고
가진 것 가난해도 모두 나누며
항상 기뻐하고 기도하고 감사하며
내게 심으신 그 큰 뜻 모두 이루리라

하늘을 날아도 땅을 버리지 않고
땅에 묻혀도 하늘을 잊지 않고
살리라, 펼치리라, 그리고 날리라.

버려진 것이 더 아름답다

시인은 명문대 법학과를 졸업하고 사법고시에 몇 차례 도전하다가 대기업에 입사하여 직장생활을 하였다. 결혼하고 아빠가 되고 평범한 일상을 보내던 그에게 뜻밖의 사건이 발생하였다. 열차사고로 한쪽 다리를 잃은 것이다. 엘리트로 남들보다 앞서가던 그가 한순간에 뒤로 뒤로 뒤처지기 시작하였다. 그는 퇴사를 해야 했고, 의족을 한 그를 사람들은 장애인이라고 하였다.

할 일 없이 시간을 보내던 그는 문학소년이었던 학창 시절이 그리워졌다. 그래서 그는 시를 쓰기 시작하였는데 그의 시 소재는 야생화였다. 아침에 집에서 나와 망우리 공동묘지에서 하모니카를 불며 하루를 보내던 그의 눈에 들어온 것은 이름 모를 야생화였다. 그는 아무도 관심 가져 주지 않는 야생화에서 고귀한 아름다움을 발견하였다. 그때부터 야생화를 발굴하여 사진을 촬영한 후 그 꽃에 대한 시를 써서 야생화를 소개하였는데 이 작업으로 그는 야생화 시인이란 독특한 경력을 갖게 되었다.

'한국명사 100인이 뽑은 명문장' 에 그의 시 〈잡초는〉이 수록될 정도로 시인은 인정을 받았다. 시 〈해오라기 난초〉도 습지에서 서식하는 난초를 통해 낮은 곳에서도 꿈을 갖고 항상 기뻐하고 감사해하며 살다 보면 큰 뜻이 이루어진다고 희망을 주고 있다.

마지막 연에서 '하늘을 날아도 땅을 버리지 않고, 땅에 묻혀도 하늘을 잊지 않고' 에 시인의 철학이 고스란히 드러난다. 출세했다고 어려웠던 시절 함께하던 사람들을 외면해서도 안되고, 지금 어렵다고 꿈을 포기해서는 더욱 안된다고 하였다. 땅과 하늘은 서로 공존하는 인간의 공간일 뿐임을 일깨워 주고 있는 것이다.

그는 모든 욕심을 내려놓고 시인으로 하늘을 쳐다보며 '버려진 것이 더 아름답다' 고 외치고 있다.

휠체어를 타는 나는 그래도 좋아

김종선[21)]

진달래꽃 만방(萬方)에 흩어진 날
봄을 노래하는 청계산
벌거벗은 요염한 길은
몸을 비틀며 청계산을 오르라
유혹하지만 휠체어를 타는 나는
나는 청계산 품안에 안기지 못하네
그래도 좋아

봄볕 여물어 가는 연못 위에
연꽃 낙관으로 들어앉고
청계산 손님 뻐꾸기 찾아들면
소금쟁이는 긴 다리로 학처럼 춤을 추네
저 혼자 춤을 추네
나는 연못 평지에서만 노는 소금쟁이
그래도 좋아 흥에 겨운 춤을 추네.

---

21) 김종선: 남, 1958년생, 지체장애, 월간 『모던포엠』 신인상, 휴먼스토리공모전 우수작 입선 등, 구상솟대문학상 최우수상(2015), 공동시집 「수평적 번짐의 상상력」, 「나를 키운 바람소리」, 「우리는 문학이 아니라 사람이다」 등

나와 세상 사이의 거리를 좁히는 시

휠체어를 사용하는 사람들은 이 시에 크게 공감을 할 것이다. 휠체어는 나와 세상과의 거리를 만들어 주고 있으니 말이다. 그 거리를 좁히기 위해 시인은 차가운 도시에서 장애인 차별철폐를 부르짖으며 온몸으로 저항하였다. 그러면서 그는 시를 썼다. 그는 시를 은유화시키지 않았다. 있는 그대로 쏟아 내었다. 그렇다고 그의 시가 거칠 것이라고 생각하면 오산이다. 그의 시에 담긴 솔직한 정서가 겸손하게 독자를 향해 손짓하여 편안하다.

김종선 시인은 시 〈휠체어를 타는 나는 그래도 좋아〉를 통해 장애가 불행 요소가 아님을 분명히 하고 있다. 청계산 품안에 안기지 못해도 좋고, 긴 다리로 학처럼 춤을 추지 못해도 좋다며 장애를 초연히 받아들이고 있다.

김종선 시인은 2015년 구상솟대문학상 최우수상을 수상하며 다음과 같은 수상소감을 적었다.

> –나는 대추나무를 좋아한다. 몇 번의 봄비를 맞고 느지막이 싹을 틔우며 가장 빠르게 꽃을 피우고 열매를 맺는 대추나무는 사유가 깊은 나무라고 생각하기 때문이다.
>
> 싹과 꽃을 화려하지 않게 피우며 토실한 열매를 맺는 대추나무, 그런 대추나무를 닮고 싶다.
>
> 늦은 나이에 입문했지만 좋은 시를 쓰고 싶다.–

김종선 시인뿐만 아니라 『솟대문학』 작가들의 소망은 좋은 시를 쓰는 것이다. 좋은 작품을 남기는 것이다. 그리하여 문인으로 인정받는 것이다. 그 소망을 세상에 알리는 역할을 하기 위해 필자는 글을 쓴다.

위에 소개된 작품과 해설은 2015년 1월부터 1년 동안 에이블뉴스 칼럼 〈너의 꽃으로 남고 싶다〉를 통해 소개된 57편 가운데 장애인문학의 특징이 가장 잘 드러난 작품을 고른 것이다.

비장애인 시인이라면 절대로 소재화 또는 주제화하지 않았을 작품이기에 혹자들은 신세타령쯤으로 가볍게 생각할 수도 있다. 그래서 어쭙잖은 실력으로 해설을 붙여 독자와 장애인문학 사이의 거리를 좁히고 싶었다.

참고자료

단행본

권선진, 2008, 「장애인복지론」, 청목
김도현, 2009, 「장애학 함께 읽기」, 그린비
_____, 2011, 「우리가 아는 장애는 없다」, 그린비
박광준, 2010, 「붓다의 삶과 사회복지」, 한길사
박태영·박소영·반정호·성준모·은선경·이재령·이화영·조성희, 2009, 「질적자료 분석론」, 학지사
방귀희·김헌식, 2011,「영화와 예술로 보는 장애인복지」, 양서원
_____, 2014, 「장애인문화예술의 이해」, 도서출판 솟대
_____, 2015, 「세계장애인물사」, 도서출판 솟대
서병진, 2010, 「New Guide 불교사회복지론」, 솔바람
유동철, 2017, 「인권 관점에서 보는 장애인복지」, 학지사
유태균, 2005, 「사회복지 질적연구 방법론」, 나남
윤삼호·양원태, 2012, 「장애문화 정체성」, 한국장애인재단
이계윤, 1996, 「장애인 선교의 이론과 실제」, 한국밀알선교회 출판부
이남인, 2004, 「현상학과 해석학」, 서울대학교 출판부
전지혜, 2009, 「우리 없이 우리에 대한 것은 없다」, 울력
정무성·양희택·노승현, 2006, 「장애인복지개론」, 학현사
정일교·김만호, 2007, 「장애인복지」, 양서원
정창권, 윤종선, 방귀희, 김언지, 2014, 「한국장애인사」, 도서출판 솟대
조원일, 2009, 「장애학에의 초대」, 청목
조흥식·정선욱·김진숙, 권지성, 2010, 「질적연구방법론」, 학지사

학술지 등

김도현, 2012, "문화적 장애모델의 생성", 『솟대문학』, 88호: pp48-55
김언지·차희정, 2015, "한국장애인메세나 운동 모형개발연구", 한국장애예술인협회
김용득, 2008, "2007성공회대학 사회복지연구소 연구성과" 발표회 자료집
김홍열, 1991, "장애인문학의 위상과 발전 방향", 『솟대문학』, no1: pp29-30
방귀희, 1982, "불교의 복지사상에 관한 고찰" 동국대학교 석사 학위논문
_____, 1993, "장애인문학의 현실과 발전 방향", 『솟대문학』, no9: p29
_____, 2008, "불교의 장애인 인식", 『불교평론』, 제10권 제1호, 만해사상실천선양회
_____, 2012, "장애예술인으로 산다는 것은", 『장애인복지연구』, no3(1): pp69-70

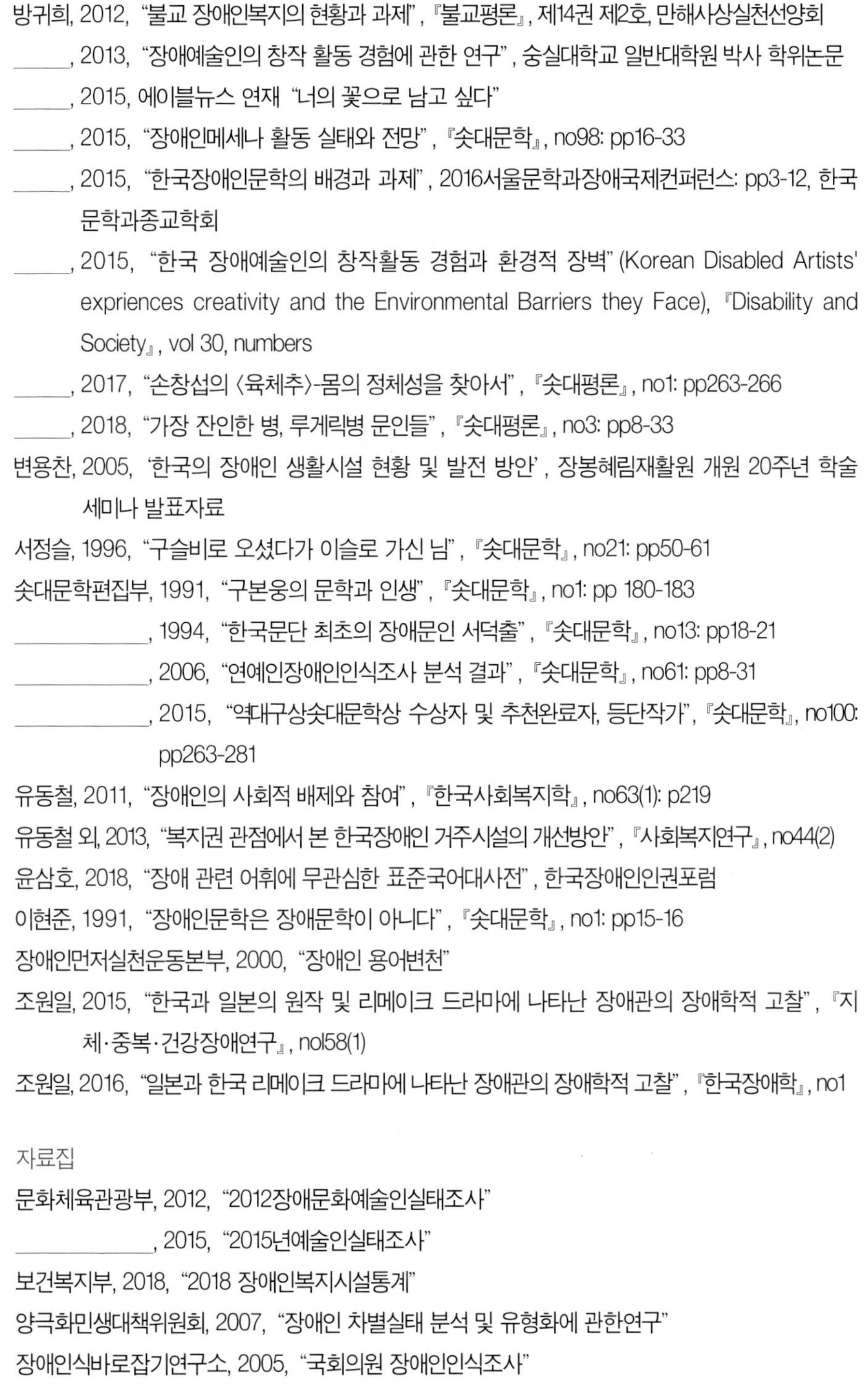

방귀희, 2012, “불교 장애인복지의 현황과 과제”, 『불교평론』, 제14권 제2호, 만해사상실천선양회

_____, 2013, “장애예술인의 창작 활동 경험에 관한 연구”, 숭실대학교 일반대학원 박사 학위논문

_____, 2015, 에이블뉴스 연재 “너의 꽃으로 남고 싶다”

_____, 2015, “장애인메세나 활동 실태와 전망”, 『솟대문학』, no98: pp16-33

_____, 2015, “한국장애인문학의 배경과 과제”, 2016서울문학과장애국제컨퍼런스: pp3-12, 한국문학과종교학회

_____, 2015, “한국 장애예술인의 창작활동 경험과 환경적 장벽”(Korean Disabled Artists' expriences creativity and the Environmental Barriers they Face), 『Disability and Society』, vol 30, numbers

_____, 2017, “손창섭의 〈육체추〉-몸의 정체성을 찾아서”, 『솟대평론』, no1: pp263-266

_____, 2018, “가장 잔인한 병, 루게릭병 문인들”, 『솟대평론』, no3: pp8-33

변용찬, 2005, ‘한국의 장애인 생활시설 현황 및 발전 방안’, 장봉혜림재활원 개원 20주년 학술세미나 발표자료

서정슬, 1996, “구슬비로 오셨다가 이슬로 가신 님”, 『솟대문학』, no21: pp50-61

솟대문학편집부, 1991, “구본웅의 문학과 인생”, 『솟대문학』, no1: pp 180-183

__________, 1994, “한국문단 최초의 장애문인 서덕출”, 『솟대문학』, no13: pp18-21

__________, 2006, “연예인장애인인식조사 분석 결과”, 『솟대문학』, no61: pp8-31

__________, 2015, “역대구상솟대문학상 수상자 및 추천완료자, 등단작가”, 『솟대문학』, no100: pp263-281

유동철, 2011, “장애인의 사회적 배제와 참여”, 『한국사회복지학』, no63(1): p219

유동철 외, 2013, “복지권 관점에서 본 한국장애인 거주시설의 개선방안”, 『사회복지연구』, no44(2)

윤삼호, 2018, “장애 관련 어휘에 무관심한 표준국어대사전”, 한국장애인인권포럼

이현준, 1991, “장애인문학은 장애문학이 아니다”, 『솟대문학』, no1: pp15-16

장애인먼저실천운동본부, 2000, “장애인 용어변천”

조원일, 2015, “한국과 일본의 원작 및 리메이크 드라마에 나타난 장애관의 장애학적 고찰”, 『지체·중복·건강장애연구』, nol58(1)

조원일, 2016, “일본과 한국 리메이크 드라마에 나타난 장애관의 장애학적 고찰”, 『한국장애학』, no1

자료집

문화체육관광부, 2012, “2012장애문화예술인실태조사”

__________, 2015, “2015년예술인실태조사”

보건복지부, 2018, “2018 장애인복지시설통계”

양극화민생대책위원회, 2007, “장애인 차별실태 분석 및 유형화에 관한연구”

장애인식바로잡기연구소, 2005, “국회의원 장애인인식조사”

한국보건사회연구원, 2017, "2017 장애인실태조사"
한국문학평론가협회, 2006, 「문학비평용어사전」, 한국학자료원
한국장애인 문화진흥회, 2012, "한국장애인문학 도서총람"
한국장애인복지시설협회, 2016, "삶이 있는 집 이야기"
한국장애인복지시설협회, 2017, "삶이 있는 이야기"
한국장애인복지시설협회, 2018, "삶이 있는 이야기"
한국장애인재활협회·한국장애인개발원, 2013, "장애인의 의회정치참여 경험에 관한 사례연구"
한국장애예술인협회, 2015, "한국장애인메세나 운동 모형 개발연구"
국립중앙도서관, 2015, "장애인문학 도서 색인"

인터넷 검색

국민일보, 사설 '김용준이 총리가 되어서는 안 된다는 이유', 2013. 1. 30.
______, '어금니 아빠 이영학, 후원금 13억 흥청망청…아내 성매매 강요도 사실', 2017. 11. 24.
서울신문, 김종면 수석논설위원 칼럼 '김용준이 부끄러워해야 할 진짜 이유', 2013. 2. 6.
아시아경제, '어금니 아빠 이영학 지적·정신장애 vs 지능범', 2017. 11. 2.
조선일보, '3세 소아마비, 19세 사시 수석, 75세 총리, 드라마 같은 삶' (정치 2면), '정치 야심 없고, 경험 많고, 야도 반대 힘든 카드. 3박자 갖춘 후보' (정치 3면), 2013. 1. 25.
중앙일보, ' "질문 간단히 써 달라" 보청기총리, 문제 없나', 2013. 1. 28.
한겨레신문, 김종구 칼럼 '김용준, 도덕적 흠결보다 반말 남발 더 심각', 2013. 1. 29.

법률

장애인 고용촉진 및 직업재활법
장애인복지법
장애인차별금지 및 권리구제에 관한 법률
국정의안정보시스템

드라마 자료

에이블뉴스, 'KBS TV소설 〈파도야 파도야〉 장애인의 직업', 2018. 6. 11.
______, 'KBS TV소설 〈꽃피어라 달순아〉 휠체어가 다니는 길', 2018. 2. 2.
______, 'MBC드라마 〈당신은 너무합니다〉 속 시각장애인', 2017. 4. 7.
______, 'SBS드라마 〈딴따라〉 장애인의 슬픈 죽음', 2016. 6. 8.
______, 'SBS 〈마녀의 성〉에서 기어와서 핥아 먹어', 2016. 3. 25.
______, 'MBC 〈내 딸 금사월〉, 휠체어는 액세서리가 아니다', 2015. 12. 18.
______, 'MBC드라마 〈이브의 사랑〉 휠체어사용 장애인', 2015. 9. 1.
______, 'MBC드라마 〈여자를 울려〉 장애인 폄훼', 2015. 8. 10.

에이블뉴스, 'MBC드라마 〈여왕의 꽃〉 나쁜 장애인' , 2015. 6. 16.
________, 'MBC 〈빛나는 로맨스〉 시각장애인과 결혼' , 2014. 6. 3.
________, 'SBS 〈엔젤아이즈〉와 KBS-2TV 〈빅맨〉 장기이식' , 2014. 5. 27.
________, 'MBC수목드라마 〈앙큼한 돌싱녀〉 절단장애인' , 2014. 4. 7.
________, 'KBS TV소설 〈순금의 땅〉에서 소아마비' , 2014. 2. 20.
________, 'KBS-1TV 〈힘내요 미스터 김〉의 편의시설' , 2013. 3. 29.
________, 'SBS드라마 〈다섯손가락〉과 시각장애인' , 2012. 11. 30.
________, '전동휠체어를 탄 공주를 환영한다' (방귀희), 2012. 5. 22.
________, 'TV소설 〈복희누나〉 지적장애인의 결혼' , 2012. 2. 20.
________, 'MBC 〈내 마음이 들리니〉 나쁜 드라마' , 2011. 7. 11.
________, 'MBC아침드라마 〈주홍글씨〉 시각장애 원인' , 2011. 3. 29.

마이데일리, '〈뷰티풀 마인드〉 방대한, 알고 보니 실제 청각장애인' , 2016. 6. 22.
연합뉴스, '〈괜찮아 사랑이야〉, 〈디마프〉, 사회적 약자들 정면으로 조명' , 2016. 6. 19.
이데일리, '〈디마프〉 측, 장애인 논란 해명 편견 깨려는 설정' , 2016. 5. 21.
한겨레신문, '굿닥터는 가능하다' , 2013. 9. 23.

jtbc, 〈사랑하는 은동아〉 공식홈페이지
___, 〈라이프〉 공식홈페이지
___, 〈미스 함무라비〉 공식홈페이지
___, 〈맨투맨〉 공식홈페이지
___, 〈제3의 매력〉 공식홈페이지
___, 〈천상의 약속〉 공식홈페이지
___, 〈스카이 캐슬〉 공식홈페이지

KBS, 〈동네변호사 조들호〉 공식홈페이지
___, 〈태양의 후예〉 공식홈페이지
___, 〈김과장〉 공식홈페이지
___, 〈화랑〉 공식홈페이지
___, 〈월계수 양복점 신사들〉 공식홈페이지
___, 〈오 마이 금비〉 공식홈페이지
___, 〈구르미 그린 달빛〉 공식홈페이지
___, 〈뷰티풀 마인드〉 공식홈페이지
___, 〈슈츠〉 공식홈페이지

KBS, 〈저글러스〉 공식홈페이지
MBC, 〈몬스터〉 공식홈페이지
____, 〈굿바이 미스터 블랙〉 공식홈페이지
____, 〈백성을 훔친 도적, 역적〉 공식홈페이지
____, 〈좋은 사람〉 공식홈페이지
____, 〈투깝스〉 공식홈페이지
____, 〈도둑놈, 도둑님〉 공식홈페이지
____, 〈병원선〉 공식홈페이지
____, 〈훈장 오순남〉 공식홈페이지
____, 〈비밀과 거짓말〉 공식홈페이지
OCN, 〈신의 퀴즈-리부트〉 공식홈페이지
SBS, 〈피고인〉 공식홈페이지
____, 〈아임쏘리 강남구〉 공식홈페이지
____, 〈푸른바다의 전설〉 공식홈페이지
____, 〈사랑이 오네요〉 공식홈페이지
____, 〈당신은 선물〉 공식홈페이지
____, 〈친애하는 판사님〉 공식홈페이지
____, 〈스위치〉 공식홈페이지
____, 〈이판사판〉 공식홈페이지
____, 〈언니는 살아 있다〉 공식홈페이지
____, 〈흉부외과-심장을 훔친 의사들〉 공식홈페이지
____, 〈여우각시별〉 공식홈페이지
tvN, 〈오 나의 귀신님〉 공식홈페이지
___, 〈이번 생은 처음이라〉 공식홈페이지
___, 〈미스터 션샤인〉 공식홈페이지
___, 〈무법 변호사〉 공식홈페이지
___, 〈나의 아저씨〉 공식홈페이지
___, 〈나인룸〉 공식홈페이지
___, 〈알함브라 궁전의 추억〉 공식홈페이지

부록

장애인 포용사회로 가는 길 #100

하나. 모든 행동은 가장 질서를 존중하여, 우리들의 주장과 태도를 어디까지나 떳떳하고 정당하게 하라.

부록

장애인 포용사회로 가는 길 #100

#기본 에티켓

1. 장애인 인권을 지켜 줍니다.
2. 장애를 다양성의 하나로 생각합니다.
3. 장애인의 자기결정권을 존중해 줍니다.
4. 장애는 질병이 아니므로 장애인을 환자로 비유하지 않습니다.
   (장애를 앓다가 아닌 장애를 갖다입니다.)
5. 장애인을 보고 주춤하거나, 힐끗거리며 바라보지 않습니다.
6. 장애인에게 동정 어린 격려 또는 호기심으로 질문을 하지 않습니다.
7. 지나친 관심을 보이는 것은 오히려 장애인에게 부담을 줄 수 있습니다.
8. 장애인을 무조건 칭찬하는 것도 편견에서 비롯된 것입니다.
   장애와 결부시키지 말고 객관적인 시각으로 바라보는 것이 합리적입니다
9. 우리나라는 장애인복지법에 장애영역을 15가지 유형으로 규정하고 있습니다.
10. 장애는 유형마다 특성이 다르기 때문에 동일시 하면 안 됩니다.
11. 장애인에 관련된 용어는 정확히 사용합니다.
12. 장애인에 대한 비하 발언은 무의식중에 나오니 항상 주의해야 합니다.
13. 장애 상태를 부각시키는 농담이 친밀감을 표현한다고 생각하는 사람들이 있는데 상황에 따라 장애 비하로 비춰질 수 있습니다.
    (휠체어사용자에게 '일어나 봐'라는 농담을 건네는 것은 부적절합니다.)
14. 장애를 갖게 된 경위는 사적인 내용이므로 먼저 물어보지 않습니다.
15. 장애인이라고 무조건 도움을 주기보다 필요한 부분에 한해 도움을 주며, '제가 어떻게 해드리면 될까요?' 라고 먼저 물어봅니다.

16. 부모가 장애인이라고 그 자녀도 장애인일 것이라고 판단하는 것은 대단히 잘못된 오류입니다.
17. 장애인이 있는 가족은 장애인이 없는 가족과 다를 것이라고 단정 짓지 않기 바랍니다. 가족은 다 똑같습니다.
18. 장애인은 성적 욕구가 낮거나, 성생활이 불가능할 것이라고 생각하는 것은 무지에서 나온 발상입니다.
19. 장애인이 미(美)에 관심을 두는 것은 자연스러운 것이므로 멋에 대한 관심과 치장을 자연스럽게 받아들여야 합니다.
20. 장애인에게 성적인 농담을 하지 않습니다. 이는 비장애인에게 가해진 성적 농담이 범죄가 되는 것과 같은 이치입니다.
21. 장애인을 도와줄 때 신체적 접촉은 가급적 줄이고 피치 못할 신체적 접촉 시 미리 양해를 구합니다.
22. 여성장애인의 출산과 육아가 매우 어렵다고 생각하는 것은 옳지 않습니다.
23. 단체 행사를 진행할 때 장애인과 비장애인이 함께할 수 있는 활동으로 구성해야 합니다.
24. 자원활동을 할 때는 장애인과 관련된 기본적인 에티켓을 숙지하고, 장애인에게 지시적인 용어를 사용하지 않습니다. 자원 활동은 겸손한 지지에서 이루어져야 합니다.
25. 같은 회사에 다니는 장애인은 동등한 직장 동료입니다.
26. 장애인을 고용한 고용주는 모든 직원들에게 장애 이해교육을 실시해야 합니다.
27. 장애인과 함께 음식점에 갈 때는 출입구, 화장실 등의 이동 동선과 좌석배치를 생각하여 선택합니다.
28. 지하철, 저상버스에 있는 휠체어 전용공간은 비워 둡니다.
29. 휠체어사용자가 저상버스 이용 시 시간이 오래 걸리더라도 재촉하지 않고 여유 있게 기다립니다.

30. 휠체어사용자가 엘리베이터를 이용하려고 할 때 먼저 양보하는 것이 선진 에티켓입니다.
31. 휠체어사용자가 엘리베이터를 이용할 때 타고 내리는 동안 열림 버튼을 눌러 안전한 이용을 돕습니다.
32. 건물의 현관문(회전문, 여닫이문)을 이용할 때는 장애인이 있는지 살피고, 있다면 안전하게 이용할 수 있도록 문을 잡아 줍니다.
33. 휠체어사용자와 대화를 나눌 때는 눈높이를 맞춥니다.
34. 휠체어사용자와 함께 작업을 할 때에는 사무기기를 너무 높은 곳에 배치하지 않도록 합니다.
35. 길거리에서 휠체어사용자나 목발사용자를 만나면, 먼저 지나갈 수 있도록 옆으로 비켜 줍니다.
36. 장애인이 횡단보도를 건너고 있을 때에는 안전하게 건널 때까지 차량 운전자는 서행하고, 보행자는 함께 속도를 맞춰 건넙니다.
37. 장애인이 타인의 도움 없이 계단을 이용하는 경우 내려올 때는 앞에서, 올라갈 때는 뒤에서 티나지 않게 조용히 보호를 해주는 것이 좋습니다.
38. 우리나라의 장애인의 날은 4월 20일이고, 세계 장애인의 날은 12월 3일입니다. 장애인의 날이라고 장애인에게 축하한다는 인사를 건네는 것은 실례입니다. 장애인의 날은 장애인문제를 사회 이슈화시켜서 장애인 포용사회를 만드는 반성과 다짐의 날입니다.
39. 장애인 차별에 대해 궁금하다면 상담전화 1577-1330에 문의합니다.

#편의시설 에티켓

40. 비장애인 차량이 장애인전용 주차구역에 주차했을 경우 적극적으로 계도합니다.
(장애인주차 구역에 주차한 운전자에게 여기는 장애인이 세우는 곳이라고 하자 '우리 와이프가 장애인이에요. 정신장애'라며 부인을 정신장애인으로 만드는 남편을 보고 절망감을 느꼈습니다. 장애는 장난으로 뗐다 붙였다 하는 것이 아닙니다.)

41. 경사로 앞에 자동차를 주차하여 막아 놓으면 장애인은 편의시설이 있어도 이용하지 못합니다. 경사로 앞에 자동차를 주차해서는 안 됩니다.
42. 공적인 행사에서 장애인의 참여와 의사소통을 위한 편의(휠체어석, 수화통역, 점자 안내문 등)는 필수적으로 제공되어야 합니다.
43. 건물 내 편의시설을 설명하고 안내하면 이용하는데 수월합니다.
44. 장애인을 위한 편의시설에 짐이나 광고물을 놓지 않습니다.
45. 장애인전용 화장실은 장애인이 언제든지 사용할 수 있도록 비워 둬야 합니다.

#보장구 에티켓

46. 보장구를 사용하는 장애인에게 보장구는 신체의 일부입니다. 목발이나 흰지팡이를 빼앗듯이 가져가서 다른 곳에 보관하는 것은 무례한 행동입니다.
47. 보행 보장구를 사용하는 장애인은 쉽게 미끄러질 수 있습니다. 바닥에 물이 떨어져 있지 않도록 하는 것도 장애인을 위한 배려입니다.
48. 의수를 사용하는 장애인과 악수를 하는 것을 꺼려하지 말고 먼저 악수를 청해 주세요.
49. 전동휠체어 뒤에 매달리거나, 사용자 위에 올라탄 상태로 운행하지 않습니다.
50. 당사자의 동의 없이 휠체어를 밀지 않습니다.
51. 보장구를 사용하는 장애인과 함께 걸을 때는 보폭을 조절하여 맞춥니다.

#장애 유형별 에티켓

52. 뇌병변장애인이 비틀거리며 걸을 때 부축하면 오히려 불편을 줄 수 있으니 무턱대고 잡아주면 안됩니다.
53. 뇌병변장애인의 식사 보조를 할 경우 교대로 자신도 함께 먹습니다.
54. 뇌병변장애인이 종이컵을 이용할 경우 컵 홀더와 빨대를 함께 제공하고, 식사 시 포크도 제공하는 것이 좋습니다.

55. 뇌병변장애인은 불안하거나 긴장하면 경직이 더 심하게 나타납니다. 친절한 태도를 보여줌으로써 긴장하지 않도록 배려합니다.
56. 청각장애인이 대화에서 소외되지 않도록 필담으로 중간중간 내용을 전해주고 이야기할 기회를 주도록 합니다.
57. 청각장애인 가정을 방문하거나 만나러 갈 때에는 반드시 시간 약속을 정하고 만납니다.
58. 청각장애인과 대화를 나눌 때는 마주보고 이야기를 하며 입 모양을 정확히 하고 또박또박 말해야 합니다.
59. 청각장애인은 상대방의 대화를 느낌으로 다 압니다. 못 듣는다고 함부로 말하거나 반말을 하지 않습니다.
60. 청각장애인을 힐끗힐끗 쳐다보면서 속삭이는 것은 오해를 불러일으킬 수 있습니다.
61. 청각장애인과 함께 일할 때에는 시각적으로 알아볼 수 있도록 시범을 보여 설명합니다.
62. 직장 동료 중 청각장애인이 있는 경우 파티션의 높이를 낮추고, 회의 일정 및 주요 공유 사항은 눈에 잘 띄는 게시판에 게시합니다.
63. 간단한 수어를 익힌다면 청각장애인과 더욱 가까운 사이가 될 수 있습니다.
64. 수어는 각 나라마다 다르며, 각 지역마다 사투리도 있습니다.
65. 수어를 전혀 모르는 상태에서 청각장애인과 전화를 하고자 할 때 107에서 통신 중계 서비스를 받습니다.
66. 시각장애인과 함께 있다가 자리를 비울 때는 휙 나가지 말고 잠시 나갔다 오겠다고 양해를 구합니다.
67. 시각장애인과 만났을 땐 먼저 말을 건네며 자기소개를 합니다.
68. 시각장애인과 대화 중에는 이름을 부르거나 팔을 가볍게 건드려 줍니다.
69. 시각장애인과 함께 걸을 때 턱이나 계단이 있을 때는 미리 준비할 수 있도록 적당한 거리에서 알려줍니다.

70. 시각장애인이 길을 물으면 전후좌우 몇 미터 거리에 위치해 있다고 주변상황을 정확히 알려주어야 합니다.
71. 시각장애인이 길을 건널 때 신호등의 색깔을 알려주며 함께 건넙니다.
72. 시각장애인과 음식점에 가면 메뉴와 가격을 함께 설명해 주고, 음식이 나오면 위치는 시각장애인 기준에서 시계방향으로 설명해 줍니다.
73. 시각장애인에게 위험한 물건은 가까이 놓지 말고, 그런 물건이 있다는 것을 꼭 알려야 합니다. 또한 물건을 살 때 물건에 대한 모든 정보를 설명해줍니다.
74. 시각장애인의 가정을 방문했을 때는 물건의 위치를 함부로 바꾸어 놓지 않습니다.
75. 시각장애인이 의자에 앉을 때에는 의자 등받이에 손을 갖다 대고 확인시켜 주는 것이 좋습니다.
76. 시각장애인에게 돈을 건네 줄 때에는 화폐단위를 설명해 줍니다.
77. 시각장애인과 함께 걸을 때에는 시각장애인이 이용하는 흰지팡이를 사용하는 손의 반대편에서 팔을 잡게 하고, 반 보 앞에서 걷는 것이 좋습니다.
78. 흰 지팡이를 사용하지 않을 때는 자신의 오른팔을 잡을 수 있도록 한 후, 반 발짝 앞서서 인도합니다.
79. 점자는 각 나라마다 다르며, 우리나라의 점자는 '훈맹정음' 입니다.
80. 시각장애인 안내견은 어디든지 동반 출입이 가능하고, 주인의 허락 없이 안내견을 만지거나 음식을 주어서는 안됩니다.
81. 시각장애인과 문자를 주고 받을 때는 초성을 많이 사용한다든지 이모티콘 사용을 자제합니다. 그림은 읽히지 않으니 텍스트로 보내야 합니다.
82. 언어장애가 있어서 의사소통이 안된다고 지적능력까지 낮을 것이라고 생각하는 것은 잘못된 판단입니다.
83. 언어장애는 청각장애와는 달리 소리는 듣고 언어 표현이 힘든 장애입니다.
84. 언어장애인과 자연스럽게 대화하기 위해서는 서두르거나 끼어들지 말아야 합니다.

85. 언어장애인이 쉬어 가면서 천천히 말을 하는 경우, 고개를 끄덕이거나 대답을 하여 경청하고 있음을 알립니다.
86. 지적장애인과 대화할 때는 쉬운 말로 된 짧은 문장을 사용하여 천천히 말하고, 말을 끝까지 들어줍니다.
87. 지적장애인 연령에 맞춰 나보다 연상일 경우 존칭어를 사용해야 하며, '-씨'를 붙여 줍니다.
88. 지적장애인이 식당에서 메뉴를 선택하기 어려울 때 음식 그림 등으로 설명하여 먹고 싶은 것을 선택하게 합니다.
89. 자폐성발달장애인은 상동적이고 반복적인 행동 특성을 보이기도 합니다. 자폐성발달장애인의 반복적 행동에 대해 너무 의식하여 비난하거나 흉내내지 않습니다.
90. 자폐성발달장애인이 언어적 표현이 안될 경우 그림, 행동 등 비언어적 의사표현에 집중합니다.
91. 자폐성발달장애인은 위험한 순간의 대처능력이 현저히 떨어집니다. 뜨거운 물, 전기, 자동차 등 위험할 수 있는 상황에서는 항상 주의를 기울이고, 자신을 보호할 수 있도록 언어적 주의만이 아닌 직접적인 행동으로 케어해 주어야 합니다.
92. 다운증후군을 가진 사람은 생김새가 비슷한 것이 특징인데 '누구랑 똑같이 생겼네.' 라고 말하는 것은 실례입니다.
93. 정신장애인은 기능수행에 제한이 있을 뿐 지능이 낮은 것으로 추측해서는 안 됩니다.

#공공시설 에티켓

94. 청각장애인이 자동차를 운전할 때 교통경찰이 자동차를 세우면 무슨 영문인지 몰라서 어리둥절합니다. 운전자가 청각장애인이라고 말하면 무엇을 위반하였는지 천천히 정확히 설명해 주어야 합니다.

95. 무인시스템이나 모바일 결재에서 시각장애인은 속수무책입니다. 주위에서 '제가 해드릴까요?' 라며 도움을 주는 친절이 필요합니다.
96. 시각장애인은 은행에서 대기표를 받아들고 자기 순서를 놓칠 때가 많습니다. 옆에서 '지금은 몇 번이예요. 대기표 보여 주시면 제가 알려드릴게요.' 라고 해 주면 안심하고 기다릴 수 있습니다.
97. 은행에서 문건 작성 시 서명을 요청할 때 시각장애인은 난감합니다. 은행원은 계속 서명을 요구하고 시각장애인은 서명을 할 테니 손을 잡아 안내를 해 달라고 하며 실랑이가 벌어집니다. 성별이 달라서 직접 손을 잡기 곤란하면 다른 직원에게 부탁해 주세요.
98. 병원에 갔을 때 의사들은 어디가 어떻게 아프냐고 묻습니다. 청각장애인은 열심히 구화와 수화로 말하지만 의사는 들으려는 노력 대신 보호자와 함께 오라고 합니다. 수화통역사가 없다면 미리 종이를 주어 의사의 문진에 대한 답변을 작성도록 하여 처방을 내려주어야 합니다.
99. 청각장애인은 위급한 상황을 119에 신고할 때 문자로 하게 되는데 119에서는 문자 신고를 위급하게 생각하지 않는 경향이 있습니다. 청각장애인은 문자로 신고할 수밖에 없는 점을 유의해 주시기 바랍니다.
100. 휠체어사용자는 화재나 지진 등의 재난이 발생하였을 경우 엘리베이터가 정지되기 때문에 피난이 불가능합니다. 모든 재난에 장애인 먼저 구출한다는 원칙으로 재난 현장에 장애인이 있는지의 여부를 알아보는 것이 필수입니다.

* 1~93은 장애인먼저실천운동본부에서 필자가 주도적으로 참여하여 만든 '장애인먼저실천 100대 에티켓'에서 간추린 내용이고, 94~100은 2018년 RI Korea대회 발표문 '소소해서 더 서글픈 불편–감각장애인의 의식주 생활을 중심으로'에서 연구된 내용입니다.

장애인 포용사회로 가는 길

장애인문학론 (석창우 體)

Introduction to literature of the Disabled

인명찾기

조선 나라를 세운 지 사천이백오십이년 되는 해
상월 초하루

국내

장애인 포용사회로 가는 길

장애인문학론 (석창우 體)

Introduction to literature of the Disabled